中国工程机械行业志系列

中国非公路自卸车行业志

（2011—2020）

中国工程机械工业协会
工程运输机械分会　编

《中国非公路自卸车行业志（2011—2020）》设置综合篇、市场篇、技术篇、企业篇、协会篇和大事记六个部分，全面反映了非公路自卸车在完善系列、提升性能、优化成本等方面取得的重要成果，以及行业企业的发展变迁、在智能化建设方面取得的成效。

《中国非公路自卸车行业志（2011—2020）》主要发行对象为政府决策机构，工程机械、矿山企业相关的决策者，从事市场分析、企业规划的中高层管理人员以及国内外投资机构、贸易公司、银行、证券、咨询服务部门和科研单位的机电项目管理人员等。

图书在版编目（CIP）数据

中国非公路自卸车行业志：2011—2020 / 中国工程机械工业协会工程运输机械分会编 . -- 北京：机械工业出版社，2024.11. -- （中国工程机械行业志系列）.
ISBN 978-7-111-76721-3

Ⅰ．U469.4-092

中国国家版本馆 CIP 数据核字第 2024AR4444 号

机械工业出版社（北京市百万庄大街 22 号　邮政编码 100037）
策划编辑：赵　敏　　　　责任编辑：赵　敏
责任校对：肖　琳　张亚楠　责任印制：李　昂
河北宝昌佳彩印刷有限公司印刷
2024 年 11 月第 1 版第 1 次印刷
184mm×260mm・17.75 印张・7 插页・319 千字
标准书号：ISBN 978-7-111-76721-3
定价：380.00 元

电话服务　　　　　　　　　网络服务
客服电话：010-88361066　　机　工　官　网：www.cmpbook.com
　　　　　010-88379833　　机　工　官　博：weibo.com/cmp1952
　　　　　010-68326294　　金　书　网：www.golden-book.com
封底无防伪标均为盗版　机工教育服务网：www.cmpedu.com

中国非公路自卸车行业志
编辑委员会

主任委员 邬青峰

副主任委员 郭海全　满军城　王　永　朱广辉
　　　　　　　石　实　王青松　牟均发　刘　智
　　　　　　　徐　芳　周志宇

委　　员（排名不分先后）
　　　　　　　李来平　范翠玲　陈　才　闫富荣
　　　　　　　赵　君　唐绪文　冯　明　朱　迪
　　　　　　　付如愿

主　　编 刘　智

副 主 编 李来平　范翠玲

中国工程机械行业志系列

中国非公路自卸车行业志撰稿人

（排名不分先后）

陈　才　贾占军　闫富荣　杨雅婷
徐　芳　满军城　朱广辉　王青松
朱　迪　段艳利　冯　明　袁　瑜

中国非公路自卸车行业志出版工作人员办公室

主　　　任	周宝东
副 主 编	田付新　刘世博
执 行 主 编	赵　敏
编　　　辑	赵　敏　曹春苗　董　蕾　李　菁
地　　　址	北京市西城区百万庄大街22号（邮编100037）
编 辑 部	电话（010）68320642　68997973
发 行 部	电话（010）88379054　88379838

中国工程机械行业志系列

序　言

编纂并发行《中国非公路自卸车行业志（2011—2020）》是中国工程机械工业协会工程运输机械分会为服务行业、会员及政府而采取的一项重大举措。这不仅是新一届协会理事会致力于维护和推动非公路自卸车行业科学、健康、可持续发展的实际行动，更是对行业文化建设的一次重要贡献。

《中国非公路自卸车行业志》作为《中国工程机械行业志》的组成部分，其顺利出版不仅铭刻了行业在技术进步、企业改革、行业发展和文化传承方面的辉煌历程，还填补了我国非公路自卸车行业长期以来没有系统、独立编撰史志的空白。这一成果不仅增强了我国非公路自卸车行业在国内外的影响力，坚定了行业的发展信心，更对促进整个行业的健康有序高质量发展起到了积极的推动作用。

2018年，我国迎来改革开放40周年，我国已成为名副其实的制造业大国，拥有完整的制造业体系。2019年，中华人民共和国成立70周年，工程机械行业同样取得了令人瞩目的成就，行业规模跃居世界前列。非公路自卸车行业也在此背景下茁壮成长，通过引进、消化、吸收再创新，掌握了核心技术，涌现出一批具有完全知识产权的新产品。同时，行业内企业通过并购、重组等方式，激发了竞争活力，实现了优势互补和资源优化配置，产业链上下游结合更加紧密，行业规模持续扩大。

回顾2011—2020年这10年，尽管期间面临着复杂的国际形势和艰巨的国内改革发展任务，尤其是还经历了新冠疫情的严重冲击，然而在以习近平同志为核心的党中央坚强领导下，我国非公路自卸车行业依然取得了显著进步，在大型化、绿色化、智能化和国际化方面，行业展现出蓬勃的发展态势。

这一时期，以北方股份、湘电重装、三一重装、徐工矿机等为代表的自主知名品牌在国内外市场的占有率不断提升，国际化步伐加快，全球化服务能力显著增强。同时，卡特彼勒、小松、沃尔沃等国际知名品牌也积极参与国内市场竞争，与国内企业携手共进，成为推动我国非公路自卸车行业发展的重要力量。

这一时期，是我国非公路自卸车行业进步最快的10年，产品系列不断完善，性能不断提升，新产品及绿色智能产品不断涌现，成本不断下降，服务更加便捷多样，全生命周期服务理念更加深入人心，产业链和供应链的韧性和安全水平快速提升。这10年，我国非公路自卸车行业经历了从高速发展到快速下滑，再到企稳回升的相对完整的波动周期，在非公路自卸车行业的发展历程中具有典型和代表意义。

为了全面、准确地记录这一历史阶段的发展成就，展现业内从业人员的贡献与付出，总结经验并查找不足，以促进行业的持续进步和高质量发展，中国工程机械工业协会工程运输机械分会经过慎重考虑和充分准备，决定编纂《中国非公路自卸车行业志（2011—2020）》。该书内容涵盖综合篇、市场篇、技术篇、企业篇、协会篇和大事记六个部分，并辅以大量数据和大事记，详实记录了10年来我国非公路自卸车行业的发展历程。

在此，我们要特别感谢中国工程机械工业协会各级领导的关心与支持，以及内蒙古北方重型汽车股份有限公司、三一重型装备有限公司、陕西同力重工股份有限公司等众多行业企业的热情参与和大力配合。正是有了大家的共同努力和支持，《中国非公路自卸车行业志（2011—2020）》才得以顺利编纂完成并付梓出版。

志书作为史学典籍的重要组成部分，承载着记录历史、传承文化的重任。我们相信，《中国非公路自卸车行业志（2011—2020）》的出版将进一步推动我国非公路自卸车行业的高质量发展，为实现中国工程机械行业的强国梦贡献力量，并为传承和弘扬行业优秀文化做出新的更大贡献。

最后，我们诚挚地邀请广大读者批评指正本书中的不足之处，以便我们在未来的工作中不断改进和完善。感谢大家的关注与支持！

中国工程机械工业协会工程运输机械分会
2024年5月

专家寄语

中国非公路自卸车行业志

(2011—2020)

专家寄语

中国非公路自卸车行业志（2011—2020）

历史为鉴，共铸辉煌

非公路自卸车行业，历经风雨，铸就今日辉煌。愿以此书为鉴，记载过往，启迪未来，共谋行业发展新篇章。

中国工程机械工业协会工程运输机械分会理事长　舒青峰

创新驱动，引领发展

创新是推动行业发展的不竭动力。让我们以开放的心态，积极拥抱创新，引领非公路自卸车行业不断向前发展，创造更加美好的未来。

中国矿产资源集团有限公司　邵志林

专家寄语
中国非公路自卸车行业志（2011—2020）

继往开来，再创佳绩

回顾过去，展望未来，非公路自卸车行业继往开来，再创佳绩。愿此书铭记历史功绩，激励我们勇攀高峰，不断超越自我。

内蒙古北方重型汽车股份有限公司总经理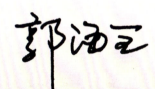

传承智慧，开拓新篇

我们以传承行业智慧为己任，不断开拓创新，为非公路自卸车行业的未来发展描绘新的篇章，书写属于我们的辉煌。

北京科技大学教授

专家寄语

中国非公路自卸车行业志（2011—2020）

智慧引领，共创价值

在非公路自卸车行业的征程中，智慧是引领我们前行的明灯。让我们用智慧的力量，共同创造价值，推动行业不断进步。

三一重型装备有限公司总经理

践行双碳目标，共享零碳未来

在非公路自卸车行业发展中，我们着力构建矿山装备科技创新新高地，推动矿山装备绿色化、智慧化发展。愿此书传递绿色发展理念，为加快发展新质生产力贡献更多重装智慧和力量。

湘电重型装备有限公司党委书记、董事长、总经理

专家寄语

中国非公路自卸车行业志（2011—2020）

责任担当，绿色发展

作为行业的引领者，我们深知责任重大。让我们以绿色发展为己任，积极承担社会责任，为行业的可持续发展贡献力量。

陕西同力重工股份有限公司董事长

与时俱进，开拓创新

非公路自卸车行业内的每一次进步与创新，都将推动国产矿车的发展进程，愿此书见证我们一起前行的脚步，共同开创美好的未来。

山东蓬翔汽车有限公司党委书记、总经理

专家寄语

中国非公路自卸车行业志（2011—2020）

科技驱动，更大价值

非公路自卸车行业，依靠科技创新，完成了大载重、多能源、智能驾驶价值创造。愿此书记录行业科技创新历程，愿更多中国特色产品走向世界！

临工重机股份有限公司总经理

团结协作，共谋发展

非公路自卸车行业是一个大家庭，我们团结协作，共谋发展。愿此书凝聚行业力量汇聚智慧火花，共创行业新辉煌。

雷沃重工集团有限公司总经理

专家寄语
中国非公路自卸车行业志（2011—2020）

守正创新　笃行致远

传承"经济适用"的产品理念和科技进步的成果，笃定产业一线需求，凝神聚力，坚持创新，开创非公路自卸车行业新标准。

西安主函数智能科技有限公司董事长　牟均发

质量为本，信誉至上

非公路自卸车行业，质量为本，信誉至上。愿此书传承行业精神，弘扬质量文化，共筑诚信行业新风尚。

中机寰宇认证检验股份有限公司常务副总经理

专家寄语

中国非公路自卸车行业志（2011—2020）

用户至上，创造价值

满足客户需求是我们的目标，我们将持续不断地优化产品，技术创新，为客户提供高价值的解决方案、助力中国品牌在全球市场上取得更多的成就，共铸非公路自卸车行业的辉煌！

艾里逊变速箱(上海)有限公司中国区销售总经理

质量为本，共筑梦想

质量是我们行业的生命线，是我们共同追求的目标。让我们携手共进，以质量为本，共筑非公路自卸车行业的梦想与未来。

黄石市钜晟重型汽车配件有限公司总经理

专家寄语

中国非公路自卸车行业志（2011—2020）

凝心聚力，共创辉煌

全球矿山智能化、矿车电动化、用户价值化为我们非公路自卸车行业带来了跃上新台阶的机遇。

我们主机零配件企业携手以用户需求为一致性目标，加大力度投入新技术研究和新产品研发，通过系统集成最优实现用户满意的结果，为全球矿业发展做出我们中国非公路自卸车的贡献。

青岛泰凯英专用轮胎有限公司董事长　王传铸

绿色发展，共筑梦想

在非公路自卸车行业发展中，我们坚持绿色发展，勇担社会责任。愿此书传递绿色理念，引领行业走向可持续发展之路。

株洲变流技术国家工程研究中心有限公司副总经理

编辑说明

一、《中国非公路自卸车行业志（2011—2020）》（以下简称《行业志》）作为《中国工程机械行业志》的一个分册，由中国工程机械工业协会主管、主办，《行业志》编委会编撰，机械工业出版社出版。

二、非公路自卸车是工程机械行业的一个重要分支，按照国际标准划分，属于工程机械中的土方机械。2004年我国把该产品纳入工程机械行业管理，与国际实现了接轨。2011—2020年的10年间，非公路自卸车行业受全球金融危机的影响，出现巨幅震荡，并且深度地影响着行业企业，促使企业加速进入重产品品质、重用户体验、重社会效益，向掌握核心关键技术的高质量阶段发展。《行业志》如实记录了这一阶段的发展历程，将行业内众多技术进步、企业改革、行业发展和文化传承的历程于史志留迹，成为记载和展示我国非公路自卸车重要发展历程的大型、资料性工具书。

三、《行业志》设置综合篇、市场篇、技术篇、企业篇、协会篇和大事记六个部分。统计数据源于中国工程机械工业协会工程运输机械分会。

四、《行业志》在编撰过程中得到了中国工程机械工业协会工程运输机械分会会员单位，以及行业前辈和专家的大力支持和帮助，在此深表谢意。

五、未经中国工程机械工业协会工程运输机械分会书面许可，本书内容不允许以任何形式转载。

六、由于作者水平有限，书中难免有不足之处，敬请读者批评指正。

中国非公路自卸车行业志编辑委员会
2024年5月

目　录

综合篇

第一章　概述 ………………………………… 3
　第一节　非公路自卸车的定义与分类 ……… 3
　第二节　10年间（2011—2020年）非公路
　　　　　自卸车行业发展简述 ……………… 6
第二章　非公路自卸车行业规模 ……………… 8
　第一节　矿用车整机生产厂家及产品概览 … 8
　第二节　宽体车整机生产厂家及产品概览 … 10
　第三节　非公路自卸车产业规模 …………… 11
第三章　非公路自卸车主要配套件情况 ……… 15
　第一节　矿用车主要配套件情况 …………… 15
　第二节　宽体车主要配套件情况 …………… 16
第四章　在国民经济发展中的作用及政策指引 … 19
　第一节　在国民经济发展中的作用 ………… 19
　第二节　相关政策指引 ……………………… 21
第五章　非公路自卸车行业成长与进步 ……… 24
第六章　10年的主要成就 …………………… 29
　第一节　矿用车10年主要成就 …………… 29
　第二节　宽体车10年主要成就 …………… 35

市场篇

第一章　国内市场综述 ………………………… 41
　第一节　矿用车市场发展及特点 …………… 41
　第二节　宽体车市场发展及特点 …………… 44
　第三节　"一带一路"倡议影响 …………… 46

第二章　国外市场综述 ………………………… 48
　第一节　非公路自卸车国际市场发展及
　　　　　特点 ………………………………… 48
　第二节　国际市场矿用车保有量及增长
　　　　　情况 ………………………………… 49
　第三节　国际标杆企业矿用车产品应用
　　　　　趋势 ………………………………… 51
　第四节　非公路自卸车进出口情况 ………… 53
　第五节　国内典型企业的国际化实践 ……… 55
第三章　维修、服务与后市场 ………………… 58
　第一节　行业总体情况 ……………………… 58
　第二节　重点企业典型做法 ………………… 59

技术篇

第一章　概述 ………………………………… 71
　第一节　露天矿开采工艺对非公路自卸车的
　　　　　要求 ………………………………… 71
　第二节　矿用车产品技术特征 ……………… 76
第二章　非公路自卸车产品及技术发展历程 … 78
　第一节　机械传动矿用车产品及技术发展
　　　　　历程 ………………………………… 78
　第二节　电传动矿用车（电动轮矿用车）
　　　　　产业及技术发展现状 ……………… 79
　第三节　宽体车产品及技术发展历程 ……… 82
第三章　创新平台建设 ………………………… 85
　第一节　内蒙古北方重型汽车股份有限公司
　　　　　创新平台 …………………………… 85

第二节　陕西同力重工股份有限公司创新
　　　　　　平台 …………………………… 87
　　第三节　三一重型装备有限公司创新平台… 88
第四章　非公路自卸车技术进步 ……………… 90
　　第一节　技术发展与突破 ………………… 90
　　第二节　新产品不断推陈出新 …………… 94
　　第三节　信息化智能化等高新技术的推广
　　　　　　与应用 ………………………… 100
　　第四节　产品绿色化推广与应用 ………… 102
　　第五节　科技成果 ………………………… 103
第五章　知识产权与标准化工作 ……………… 105
　　第一节　知识产权工作情况 ……………… 105
　　第二节　标准化工作情况 ………………… 107

企业篇

第一章　内蒙古北方重型汽车股份有限公司 … 113
　　第一节　企业发展简介 …………………… 113
　　第二节　产品、技术发展 ………………… 116
　　第三节　企业文化与社会责任 …………… 126
　　第四节　企业人才队伍 …………………… 129
第二章　湘电集团有限公司 …………………… 131
　　第一节　企业发展简介 …………………… 131
　　第二节　产品、技术发展 ………………… 133
第三章　三一矿机有限公司 …………………… 139
　　第一节　企业发展简介 …………………… 139
　　第二节　产品、技术发展 ………………… 143
　　第三节　企业文化与社会责任 …………… 146
第四章　陕西同力重工股份有限公司 ………… 148
　　第一节　企业发展简介 …………………… 148
　　第二节　产品、技术发展 ………………… 156
　　第三节　企业文化与社会责任 …………… 160
　　第四节　企业人才队伍 …………………… 165
第五章　柳工（常州）矿山机械有限公司 …… 166
　　第一节　企业发展简介 …………………… 166
　　第二节　产品、技术发展 ………………… 168

　　第三节　企业文化与社会责任 …………… 169
第六章　哈尔滨博威动力设备股份有限公司 … 171
　　第一节　企业发展简介 …………………… 171
　　第二节　产品、技术发展 ………………… 172
　　第三节　可持续发展 ……………………… 173
第七章　艾里逊变速箱公司 …………………… 174
　　第一节　企业发展简介 …………………… 174
　　第二节　产品、技术发展 ………………… 174
第八章　株洲变流技术国家工程研究中心
　　　　　有限公司 …………………………… 177
　　第一节　企业发展简介 …………………… 177
　　第二节　产品、技术发展 ………………… 178
　　第三节　企业文化与社会责任 …………… 191
　　第四节　企业人才队伍 …………………… 192
第九章　青岛泰凯英专用轮胎股份有限公司 … 194
　　第一节　企业发展简介 …………………… 194
　　第二节　产品、技术发展 ………………… 199
　　第三节　企业文化与社会责任 …………… 203
　　第四节　企业人才队伍 …………………… 207
第十章　中机科（北京）车辆检测工程研究院
　　　　　有限公司 …………………………… 210
　　第一节　企业发展简介 …………………… 210
　　第二节　产品、技术发展 ………………… 214
　　第三节　科研成果 ………………………… 222
　　第四节　企业文化与社会责任 …………… 228
第十一章　康明斯有限公司 …………………… 229

协会篇

中国工程机械工业协会工程运输机械分会 …… 237

大事记

2011—2020年非公路自卸车行业大事记 …… 243

中国非公路自卸车行业志

综合篇

综合篇

市场篇

技术篇

企业篇

协会篇

大事记

简要介绍我国非公路自卸车的产业规模、行业情况、产品概览、主要配套件情况,以及2011~2020年行业发展历程和取得的主要成就,以及在国民经济发展中的作用

综合篇

市场篇

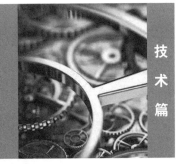
技术篇

企业篇

协会篇

大事记

中国非公路自卸车行业志

综合篇

第一章　概述
第二章　非公路自卸车行业规模
第三章　非公路自卸车主要配套件情况
第四章　在国民经济发展中的作用及政策指引
第五章　非公路自卸车行业成长与进步
第六章　10年的主要成就

第一章　概述

矿业开发是国民经济的支柱产业，采矿工业的发展有赖于矿山机械制造业水平的提高，同时矿山机械行业的发展又会有力地促进矿业开发业的发展。在国家"加快振兴装备制造业"政策的激励下，矿山机械行业在2011—2020年获得了长足发展，矿机产品数量逐年大幅度增加，产品产量不断提高，产品市场容量不断扩大。

放眼当今世界，全球固态矿产（包括建筑材料）的年开采总量约为1 160亿t，其中露天开采方式的开采量约占80%；露天开采具有生产能力大、建设周期短、机械化程度高、开采成本低、劳动生产率高、吨运量投资低、资源回采率高和安全性能好等一系列优点，随着开采技术和装备的发展，全世界主要矿产资源露天开采所占比重越来越大。

作为露天矿山生产的重要设备，非公路自卸车是一种适用于各类露天矿山的非公路车辆，具有运距短（一般在5km以内）、转弯半径小、承载量大等特点，主要应用于冶金、煤炭、有色建材、水利水电及砂石骨料等行业。

第一节　非公路自卸车的定义与分类

1. 非公路自卸车定义及用途

依据GB/T 25605—2010《土方机械　自卸车　术语和商业规格》，非公路自卸车定义为：外廓尺寸、轴荷和质量等特征不允许在公路上行驶的，在非公路工况中作业的自卸车。

非公路自卸车只在特定的场景范围内运行，外形尺寸不受限制，为提高单车运输量，尽可能向大型化发展，其外形尺寸远远超过JTG B01—2003《公路工程技术标准》和GB 1589—2004《道路车辆外廓尺寸、轴荷及质量限值》规定的道路行驶车辆的限值，不允许在公路上行驶。

非公路自卸车的主要应用场景为露天矿山。露天矿山开采是指用一定的开采工艺，按一定的开采顺序，剥离岩石、采出矿石的过程，按作业的连续性，可分为间断式、半连续式和连续式。矿物贮存条件不同，开采的工艺不同，典型的开采工艺是通过"钻-爆-装-运-排"等工序完成，具体为穿孔爆破、采装、运输和排土，这几个环节的协调配合，是完成露天采矿任务的关键。其中，矿岩运输又具有决定性作用，其基建投资费用占总基建费用的40%～60%，运输成本占矿石总成本的50%以上。因此，运输环节的匹配尤为重要。非公路自卸车是间断和半连续生产工艺运输环节的主要装备之一，在露天矿山开采作业中，承担从采掘点到排土场或破碎点的运输任务，在矿区范围内短距离往返行驶，运送矿石、岩石和剥离物等，是煤矿、铁矿、有色金属矿、石灰石等各类矿产资源生产中不可或缺的矿山成套装备之一。

非公路自卸车的变形产品，如煤斗车和洒水车，也用于矿山工程工地作业，属于同一类机型，用来满足露天矿山不同场景应用需求。

非公路自卸车与公路自卸车的区别见表1-1。

表1-1 非公路自卸车与公路自卸车的区别

用途	结构形式	特 征	适用标准
非公路型（露天矿用）	刚性式	整体式车架。机械传动载重量为25～100t，采用4×2驱动方式（矿用车），6×4驱动方式（宽体车）；电传动载重量为108～360t，采用4×2驱动方式（电动轮）	归属于工程机械的土方机械类，由GB/T 8498—2017和GB/T 25605—2010定义，归口SAC/TC 334，对应ISO/TC 127
非公路型（露天矿用）	铰接式	前后分段铰接式车架，载重量10～60t，采用6×6全轮驱动，国外使用率高	归属于工程机械的土方机械类，由GB/T 8498—2017和GB/T 25605—2010定义，归口SAC/TC 334，对应ISO/TC 127
公路型	刚性式	采用6×4或4×2驱动方式，载重量一般在25t以下，是目前我国年销（产）量最高的自卸汽车，在国外早已不是公路型自卸汽车的主力车种	归属于汽车，由GB/T 3730定义，归口SAC/TC 352，对应ISO/TC 22、ISO/TC 177
公路型	半挂式	国外公路半挂自卸车的载重量为20～30t，公路上普及率大于80%	归属于汽车，由GB/T 3730定义，归口SAC/TC 352，对应ISO/TC 22、ISO/TC 177

2. 非公路自卸车分类

根据目前市场在用及需求类型，在全国土方机械标准化技术委员会（SAC/TC 334）非公路自卸车国家标准体系中，非公路自卸车包括非公路机械传动矿用自卸车、非公路电传动矿用自卸车和非公路机械传动宽体自卸车三个种类，也就是业内俗称的"传统矿用车"和"宽体车"（以下分别称为"矿用车"和"宽体车"）；中国工程机械工业协会制定的标准 GXB/TY 0001—2011《工程机械定义及类组划分》也有相应分类及定义，非公路自卸车分类见表 1-2。

表1-2 非公路自卸车分类

类	组	型	产品
非公路自卸车	矿用自卸车	刚性车架自卸车	机械传动矿用自卸车
			电传动矿用自卸车
			混合动力矿用自卸车
			纯电动矿用自卸车
			燃料电池矿用自卸车
		铰接式车架自卸车	机械传动铰接式自卸车
			纯电动铰接式自卸车
	矿用多功能车	刚性车架自卸车	非公路洒水车
			矿用清障车、矿用加油车
	宽体自卸车	刚性车架自卸车	机械传动宽体自卸车
			纯电动宽体自卸车
			混合动力宽体自卸车
			燃料电池宽体自卸车
	回转式自卸车		（非常少见）
	拖式自卸车		（非常少见）

从国内外矿山实际运行车辆的保有量以及实际需求看，国内非公路自卸车产品主要是刚性矿用自卸车和宽体车，国外主要是刚性和铰接式矿用自卸车，其他组别并不多见。对常用矿用车按以下分类：

（1）按车架形式分。矿用自卸车按车架结构形式分为刚性自卸车和铰接式自卸车，我国矿山生产中主要采用刚性自卸车，载重量为 25~400t。铰接式自卸车主流车型载重量为 25~45t，在欧洲应用比较多，国内应用较少。

（2）按传动方式分。按传动方式分为两类，一类是机械传动矿用自卸车，另一类是电传动矿用自卸车（也称为电动轮）。目前国内外各大露天矿山主要使用的矿用自卸车就是这两大类，机械传动矿用自卸车额定载重量一般为 25~100t，电传动矿用自卸车额定载重量一般为 100~400t。电传动同机械传动矿用自卸车相比较，没有变速器、传动轴、主减速器等部件，其动力的传递依靠发动机、发电机、电动机、高压动力电缆和控制元器件等。

（3）按动力方式分。按照当前新能源发展进程，又可分为传统燃油动力型和新能源型，其中新能源型又包括混合动力、纯电动和燃料电池动力等类型。

非公路自卸车属于工程机械，不属于国家《车辆生产企业及产品公告》管理的范围，在国家公布的汽车行业生产企业目录中，不包括该种车型。其中，矿用车产品具有"大产品、小市场""多品种、小批量"的特征，使用寿命长（15年以上）、可靠性要求高（年运行时间可达5 000~7 000h）、单车价值大（300吨级车型售价3 000万元以上）。该类产品在国际上有专门的名词术语（称为off-highway trucks或off-road trucks），属于土方机械类（TC127标准组织）。在中华人民共和国海关进出口税则目录中也有"非公路自卸车"类别（税则号列为87041090）。

第二节　10年间（2011—2020年）非公路自卸车行业发展简述

"十二五"前期，我国矿用车领域延续了矿业"黄金十年"的持续增长趋势，在2011年和2012年经历了两个年度的快速增长，达到本轮增长周期的顶峰。从2012年下半年开始，形势发生逆转，冶金、煤炭等重点市场进入结构调整期，需求急剧萎缩。相应地整个矿用车行业从"十二五"后三年直到"十三五"前两年（2013—2017年）连续经历了5年半的快速回落和持续下滑。与此同时，全球矿用车行业也处于严重低迷期，年需求量从2011年前后的8 000多台下降至2016年的约1 500台左右，呈现了大起大落的发展态势。面对充满挑战的国内外市场形势和艰难复杂的市场下行环境，企业采取各种举措，改进和提升质量，降本增效，在困境中前行。面对困难和种种不利因素，行业各企业在危机中抢抓机遇，苦练内功，积极调整产品结构，转变增长方式，夯实国内基础，积极扩大出口，取得了一定成效，而且在新产品开发、技术创新、质量提升、产业链延伸补链及市场拓展，特别是海外市场开拓等方面取得较好进展。

到"十三五"中期，露天矿山市场开始缓慢复苏，煤炭及铁矿石等资源商品价格持续回升，市场需求和设备的更新改造重新带动了非公路自卸车市场的繁荣，国内外矿用车市场重新开始走强，行业度过了最困难时期。与以往增长表现不同的是，宽体车在此次增长中获得了快速发展，挤占了小吨位矿用车原有的市场空间。受轻资产运行模式和矿山降成本诉求的影响，加上部分矿山采取短期分包、外包的方式，规模有限的中小型矿山企业或个体承包商，在采购新设备时更倾向于选择价格低廉、回报周期短的宽体车，使得大量宽体车在此轮增长周期中表现亮眼，快速进入各大矿山、水电工地和砂石骨料市场，在非公路自卸车的中小吨位产品上进一步挤压了矿用车的市场份额，形成了矿用车和宽体车双向发力、共同增长的良好局面。

2019年中央经济工作会议将推动制造业高质量发展和制造业转型升级作为首个重点

任务，工业和信息化部、国家发展改革委、财政部等部委出台了系列配套政策，为制造业发展尤其是向高级化升级创造了良好的政策环境；市场需求方面，随着"一带一路"倡议的推进和我国对外矿业投资的加大，一批重大矿业开发项目逐步落地，沉寂多年的设备潜在需求得以释放。2019年全球矿用车销售量增长30%以上，但需求结构发生了变化，绝大部分用户希望主机厂提供更加低耗高效的智能化产品和系统解决方案，矿用车的信息化、智能化成为产品转型升级和创新的方向。

"十三五"期间，绿色、安全、智慧、高效成为矿山行业发展的主基调，为顺应矿山行业发展趋势，非公路自卸车不断创新，朝着安全高效、绿色环保、智能化方向发展，坚持先进的技术创新理念和方向，以节能、安全、低排放、低噪声、舒适性、智能化等为标志，贯彻绿色设计、智能设计、可靠性设计，以更好地满足国际高端市场的需求。近些年，非公路无人驾驶机型以及新能源机型开始在各类矿山批量落地运行。

宽体车领域，2011—2020年，随着我国国民经济的持续健康发展，固定资产投资逐年加大，矿山、电力等行业规模快速扩大，机械化步伐加快，促进了工程机械行业的快速发展。尤其是露天煤矿、金属矿、建材矿、水利水电工程的快速发展，露天开采技术与装备的不断进步，应用范围的不断扩大，为非公路宽体自卸车领域创造了巨大的市场需求。

宽体自卸车产品发展，经历了2010年之前的市场开拓、产业链丰富和完善两个阶段。2011—2012年为行业发展的第三阶段，主要表现为产品客户群扩大和应用范围拓展。2013—2015年为行业发展的第四阶段，主要表现为产品调整、品质提升。2016—2020年则是第五阶段，工程机械行业企业如徐州徐工汽车制造有限公司（简称徐工汽车）、柳工（常州）机械有限公司（简称柳工矿机）、三一重型装备有限公司（简称三一重装）、山河智能装备股份有限公司（简称山河智能）等介入，产品进入高速发展期，技术全面提升，生产销售规模显著扩大。产品单车有效载荷由30t级提升至70t级，平均单车年运输效率由18万~20万m^3提升至38万~40万m^3。平均单车年工作小时数由4 000~4 500h提升至5 000h；平均单车出勤率由85%提升至90%。车辆有效服役期工作小时由15 000h提升至35 000h，寿命更长。同时新技术及关键零部件逐渐走向稳定和成熟，促进了产品可靠性进一步提升。安全、环保标准的实施应用，产品主动安全及被动安全、环保性进一步升级。

第二章　非公路自卸车行业规模

第一节　矿用车整机生产厂家及产品概览

矿用车经过几十年的发展，在国际上形成了6家大型集团。主要厂商包括美国的卡特彼勒（Caterpillar）、日本的小松（Komatsu）和日立－尤克力德（Hitachi-Euclid）、德国的利勃海尔（Liebherr）、白俄罗斯的别拉斯（Belaz）和瑞典的沃尔沃（VOLVO）。美国特雷克斯的矿用车业务已全部转让。其中，Unit-Rig电动轮在2011年已归属卡特彼勒，机械传动矿用车于2012年被沃尔沃收购。这些厂家占据了国际市场90%以上的份额。国外矿用车生产厂家及主要产品见表1-3。

表1-3　国外矿用车生产厂家及主要产品

生产厂家	矿用车类型	主要产品规格
卡特彼勒	机械传动矿用车（主力）、电传动矿用车、铰接式矿用车	37t、47t、98t、139～141t、193～194t、231～240t、297t、327t、364t、372t
小松	机械传动矿用车、电传动矿用车（主力）、铰接式矿用车	35t、55t、63t、91t、184t、222t、290～292t、327t
沃尔沃	机械传动矿用车、铰接式矿用车（主力）	32t、36t、41t、55t、65t、91t
别拉斯	机械传动矿用车、电传动矿用车（主力）、铰接式矿用车	32t、45t、55t、90t、130t、160t、200t、320t
利勃海尔	电传动矿用车	181t、218t、237t、363t
日立－尤克力德	机械传动矿用车、电传动矿用车	33t、36t、59t、80t、88t、140t、171t、254t、284t
佩尔利尼	机械传动矿用车	30t、40t、53t、65t、95t

2011—2020年的10年间，高峰期国内涉足矿用车生产和开发的企业已近20家，除去20世纪80年代即开始生产矿用车的5家企业——内蒙古北方重型汽车股份有限公司（简称北方股份）、湘电重型装备有限公司（简称湘电重装）、中环动力（北京）重型汽车

有限公司（简称中环动力）、北京首钢重型汽车制造股份有限公司（简称首钢重汽）和本溪北方机械重汽有限责任公司（简称本溪重汽），又有三一重装、秦皇岛天业通联重工科技有限公司（简称天业通联）、中冶京诚（湘潭）重工设备有限公司（简称中冶京诚）、宇通重工股份有限公司（简称宇通重工）、航天重型工程装备有限公司（简称航天重工）、中车广州电力机车有限公司和中车大同电力机车有限公司、厦工集团、柳工集团和徐工集团等企业相继进入矿用车行业。2014年之后，伴随着国家产业结构调整和经济增长方式的转变，矿用车市场一改之前的快速增长态势，需求大幅萎缩，生产企业面临巨大生存压力。天业通联、中环动力和厦工集团等厂家先后退出行业，首钢重汽逐步被柳工集团并购，现为柳工（常州）矿山机械有限公司。

2011—2020年国内矿用车生产厂家及其主要产品见表1-4。

表1-4 2011—2020年国内矿用车生产厂家及其主要产品

生产厂家	矿用车类型	主要产品规格	备注
北方股份	机械传动矿用车 电传动矿用车 新能源矿用车	28t、32t、45t、55t、65t、91t、120t、136t、172t、220t、236t、326t	新能源矿用车在本10年的后期开发
湘电重装	电传动矿用车	108t、154t、220t、300t	
本溪重汽	机械传动矿用车	22t、55t、68t、85t	
柳工（首钢重汽）	机械传动矿用车 电传动矿用车	32t、42t、170t	
三一重装	机械传动矿用车 电传动矿用车	33t、55t、95t	
中冶京诚	电传动矿用车	220t、300t、400t	
徐工矿机	铰接式矿用车 电传动矿用车	65t、91t、120t、220t、300t	
航天重工	电传动矿用车 （含多轴式）	190t、220t	
广州电力机车有限公司	电传动矿用车 （铰接式）	60t、90t、220t	
中车大同电力机车有限公司	电传动矿用车	190t	
中环动力	机械传动矿用车	20t、32t、52t	2016年退出
天业通联	机械传动矿用车	33t、45t、90t	2014年退出

第二节　宽体车整机生产厂家及产品概览

2011—2015年，国家对宏观经济进行调控，启动供给侧结构性改革，导致工程机械行业经营环境发生变化，非公路自卸车行业细分市场出现收缩，产销量迅速下滑。非公路宽体自卸车生产厂家由2011年的60多家逐步减少至10多家，经过5年的调整，主要生产厂家进行了技术升级，产品技术进一步提升。2016—2020年，我国基础建设投入加大，国家一方面采取积极措施加大政府对基础产业和基础设施建设的投入，另一方面，鼓励外资和民营资本对基础产业和基础设施项目进行投资，使我国基础产业和基础设施水平又有了大幅提高。为促进我国工程机械及装备制造业的发展，相继出台了《工程机械行业"十三五"发展规划》《中国制造业发展纲要（2015—2025）》等一系列相关指导文件及政策，这些政策给非公路宽体自卸车行业带来了新的发展机遇，随着宽体车得到市场广泛认可，众多重型载货汽车及工程机械行业的制造企业纷纷进入宽体车的制造领域。我国宽体车经历了迅速发展阶段，国内外市场规模迅速扩大，涌入了众多参与者，行业市场化程度不断提高。

宽体自卸车在此期间形成承载30t、40t、50t、60t、65t、70t级产品系列。承载40t级产品以陕西同力重工股份有限公司（简称同力股份）的TL85系列产品为代表，TL855车型最为经典；承载45t级产品有临工集团济南重机有限公司（简称临工重机）的CMT66；承载50t级产品有同力股份的TL863；承载60t级产品以同力股份的TL87系列产品、临工重机的MT95车型、三一重装的SKT90S和徐工汽车的XDM80为代表；承载70t级产品以同力股份的TL88系列为代表，典型车型有同力股份的TL883和TL885、临工重机的MT105、徐州徐工矿业机械有限公司（简称徐工矿机）的XDM105等。

国内宽体车生产厂家及主要产品见表1-5。

表1-5　国内宽体车生产厂家及主要产品

生产厂家	宽体车类型	主要产品规格
同力股份	机械传动宽体车 新能源宽体车 自动驾驶宽体车	20t、30t、40t、50t、60t、65t、70t、80t
临工重机	机械传动宽体车 新能源宽体车 自动驾驶宽体车	40t、50t、60t、65t、70t、80t

(续)

生产厂家	宽体车类型	主要产品规格
徐工汽车	机械传动宽体车 新能源宽体车	20t、30t、40t、50t、60t、65t、70t
三一重装	机械传动宽体车 新能源宽体车	60t
山东蓬翔汽车有限公司	机械传动宽体车 新能源宽体车	40t、60t、65t、70t
宇通重工	机械传动宽体车 新能源宽体车	60t
潍柴（扬州）特种车有限公司 （原扬州盛达）	机械传动宽体车	70t、80t、100t
陕西通运重工有限公司	机械传动宽体车	60t、70t
陕西通力专用汽车有限责任公司	机械传动宽体车	60t、70t

第三节 非公路自卸车产业规模

1. 矿用车规模

据中国工程机械工业协会工程运输机械分会（矿用汽车分会）统计，"十一五"期间非公路矿用自卸车行业总体需求不断增长。我国矿用自卸车全行业共销售非公路矿用自卸车3 528台。其中，北方股份5年共销售1 899台，占总产量的54%；中环动力5年共销量955台，占总量的27%。首钢重汽从2006年的50台，增加到期末的98台，销量增长近一倍；湘电重装销量由期初的10台，到期末45台，增幅明显。在此期间，新进入行业的三一重装和天业通联的产品开始形成系列，并实现批量生产。"十一五"期间国内矿山市场实际需求仅为2 800台左右，有效载重量从20t到330t，以中小载重吨位为主。期间，出口车型数量约占总销量的20%，大部分是北方股份的产品。2012年，全行业实际销售700多台矿用自卸车（包括出口），国内矿用自卸车产销每年不足1 000台，产值约50亿元。

"十二五"期间全行业矿用车产销量分别为2 935台和3 135台，见表1-6和图1-1。"十三五"期间全行业矿用车产销量分别为1 355台和1 621台，见表1-7和图1-2。

表1-6 "十二五"期间全行业矿用车产销量情况

年份	2011	2012	2013	2014	2015	合计
产量/台	887	752	530	478	288	2 935
销量/台	849	706	723	550	307	3 135

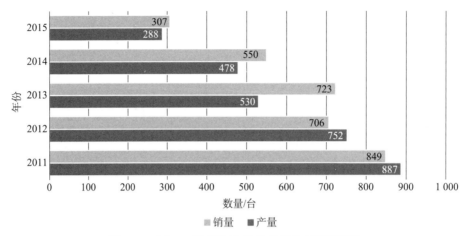

图1-1 "十二五"期间全行业矿用车产销量情况

表1-7 "十三五"期间全行业矿用车产销量情况

项目	2016年	2017年	2018年	2019年	2020年	合计
产量/台	87	318	287	425	438	1 555
销量/台	173	294	302	411	441	1 621

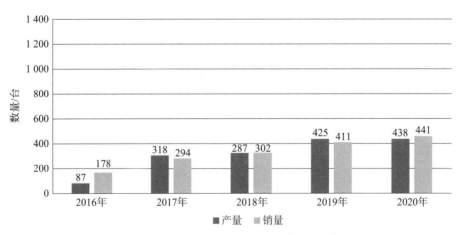

图1-2 "十三五"期间全行业矿用车产销量情况

2011—2020年矿用车企业产销量见表1-8。

表1-8 2011—2020年矿用车企业产销量　　　　　　　（单位：台）

企业名称	2011年 产量	2011年 销量	2012年 产量	2012年 销量	2013年 产量	2013年 销量	2014年 产量	2014年 销量	2015年 产量	2015年 销量	2016年 产量	2016年 销量	2017年 产量	2017年 销量	2018年 产量	2018年 销量	2019年 产量	2019年 销量	2020年 产量	2020年 销量
北方股份	538	519	587	474	297	415	322	373	204	169	61	149	163	146	199	198	202	162	128	196
中环动力	125	149	49	63	36	53	25	26	—	—	—	—	—	—	—	—	—	—	—	—
首钢重汽	32	43	1	20	5	13	21	22	17	16	—	—	—	—	—	—	—	—	—	—
湘电集团	55	51	27	26	18	19	4	0	1	1	1	0	12	12	4	10	2	1	14	14
本溪重汽	7	7	7	7	5	5	—	—	—	—	—	—	—	—	—	—	6	6	6	6
三一重装	32	5	81	56	120	128	106	67	46	56	5	8	63	50	28	31	107	123	150	70
天业通联	98	75	—	—	49	34	—	—	—	—	—	—	—	—	—	—	—	—	—	—
沃尔沃	—	—	—	—	—	—	33	—	4	—	—	—	10	—	0	17	0	17	—	—
卡特彼勒	—	—	60	—	56	—	29	—	41	—	11	—	2	13	13	—	20	—	62	—
中车广州											20	20	15	—						
徐工矿机													5	5	80	74	55	50	107	82	138	76
中车大同																	1	0	1	—	2	—
合计	887	849	752	706	530	723	478	550	288	307	87	173	318	294	287	302	425	411	438	441

2. 宽体车产业规模

2011—2020年行业宽体车销量及同比增长情况见表1-9和图1-3。

表1-9 2011—2020年行业宽体车销量及同比增长情况

项目	2011年	2012年	2013年	2014年	2015年	2016年	2017年	2018年	2019年	2020年
销量/台	10 003	9 056	6 000	4 035	2 989	5 196	8 991	11 965	13 298	14 269
同比增长(%)	69.2	-9.7	-33.7	-32.8	-25.9	73.8	73.0	33.1	11.1	7.3

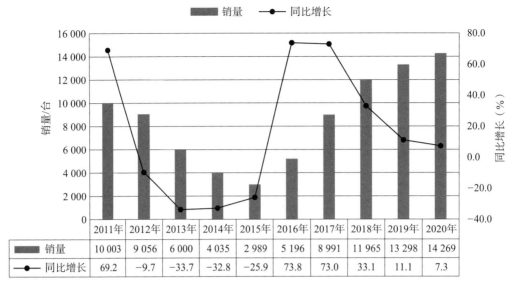

图 1-3　2011—2020 年行业宽体车销量及同比增长情况

2016—2020 年宽体自卸车主要生产企业产销量见表 1-10。

表 1-10　2016—2020 年宽体自卸车主要生产企业产销量　　　（单位：台）

企业名称	2016年		2017年		2018年		2019年		2020年	
	产量	销量	产量	销量	产量	销量	产量	销量	产量	销量
陕西同力重工股份有限公司	1 100	980	2 257	2 203	3 744	3 655	4 336	4 305	4 075	4 393
临工集团济南重机有限公司	1 120	1 050	2 639	2 639	3 214	2 899	4 041	3 865	4 021	4 034
山东鹏翔汽车有限公司	145	145	339	313	443	420	724	624	534	525
徐州徐工汽车制造有限公司	—	—	—	—	—	—	1 000	749	2 898	2 636
三一重型装备有限公司	—	—	—	—	—	—	550	510	1 800	1 388
柳工常州矿山机械有限公司	—	—	—	—	—	—	814	636	763	692
合计	2 365	2 175	5 235	5 155	7 401	6 974	11 465	10 689	14 091	13 668

第三章 非公路自卸车主要配套件情况

第一节 矿用车主要配套件情况

1. 矿用车主要配套件组成

矿用车一般由车架、动力系统、交流电驱动系统、前桥、后桥、平台、驾驶室、车厢、电气系统、液压系统（含转向、举升、制动等）、工程轮胎、信息化系统、智能系统等组成。由于矿用车的运行工况相对恶劣，需要满足全天候24h连续作业要求，还必须具备高效低耗、安全可靠和良好的经济性，因此矿用车普遍具备高的技术装备水平，技术含量高，属于工程机械的高端装备。为了满足矿用车的性能需要，其核心技术和关键配套件主要来源于国际品牌，如发动机、传动箱、交（直）流电驱动系统、后桥齿轮传动系统、湿盘制动器、液压元件、电控元件等，都是来自国际知名品牌的专业生产商。由于国内缺少同等水平的配套能力，本土化配套体系还没有很好地建立起来，导致国内的配套率低，特别是一些关键技术和关重件目前仍掌握在国外少数几家大公司手中，配件供应和整机的生产经常受到上游供应商及国际关系的影响。

2. 主要配套件选型情况

（1）发动机。矿用车所用发动机属于大功率矿用柴油机，百吨级以上车型功率均为1 000~4 000hp（1hp=745.7W）（转速2 100r/min）。目前国内能够比较成熟生产的发动机功率基本在700hp以下，潍柴等厂家在尝试开发大功率发动机，但产品的可靠性、耐久性还没经过实践考核，近几年内难以实现产业化，仍然需要依赖进口。主要进口美国康明斯和德国MTU生产的240~2 670kW全系列大功率低转速移动设备用柴油发动机。

（2）传动箱。矿用车所用传动箱属于低转速大转矩的电控液力耦合传动箱，目前国内还没有厂家能够生产这样的传动箱，完全依赖进口。主要进口美国艾里逊的HR4000、

5000、6000、8000系列非公路移动设备专用电控液力耦合传动箱。

（3）制动器。国产制动器因为摩擦材料在高温环境下热稳定性不好，导致摩擦系数下降，制动性能衰退明显；此外，受密封件性能、密封件及其他材料、表面粗糙度、加工尺寸精度等方面影响，国产制动器在质量方面与进口件存在差距，寿命远低于同类进口产品。国内一些厂家已开始研制该类产品，但从上车应用情况来看与进口产品还有较大差距，对设备安全性有影响，近几年难以实现产业化，基本依赖进口。主要进口霍克复合材料公司生产的"卡莱"牌卡钳式制动器以及油冷却式制动器摩擦片。

（4）轮胎。百吨级以上大吨位矿用车都是用子午线无内胎轮胎，其特点为：无内胎、宽断面、岩石（越野）花纹，胎面以及花纹用高耐磨性和高抗割裂性的混炼胶制成，耐磨损，抗刺扎，承载力强，缓冲性能好。国内天津国际联合轮胎橡胶股份有限公司、福建海安集团都在研发同类产品，但商业化时间较短，还没有得到充分的工业性验证，对比进口轮胎使用寿命和性能还存在一定差距，大部分依赖进口。主要进口厂商是米其林、普利司通和固特异。轮胎规格27.00 R49以上的全部采用工程子午线轮胎。

（5）后桥齿轮箱。国内汇工（河北）机械集团有限公司、中车集团、重庆齿轮厂、大连华锐重工集团股份有限公司都在做矿用车齿轮箱备件。机械传动矿用车的齿轮箱已实现小批量销售，电动轮矿用车的齿轮箱目前处于研发阶段，未通过市场验证，与国外同类产品还有较大差距。美国的GE和德国的SIEMENS提供载重136～400t电动轮车型后桥齿轮箱。

（6）交流传动系统。国内湘电重装、中车集团在着手研制交流传动系统，现处于小功率驱动系统的试制阶段，额定装载质量≥180t的电动轮交流传动系统处于产品研发阶段，没有形成批量生产。目前在全球范围内，只有美国的GE和德国的SIEMENS两大巨头拥有该项技术和成熟产品，具有完整的设计体系和完善的试验设备，在交流传动系统方面有超过20多年的经验，市场占有率超过90%。

第二节 宽体车主要配套件情况

宽体自卸车一般由车架、动力系统、驱动系统、悬架系统、前桥、后桥、平台、驾驶室、车厢、电气系统、液压系统、轮胎、信息化系统、智能系统等组成。

在宽体自卸车主机厂与国内动力总成、行走系统等关键零部件、配套件企业的共同研究下，关键总成技术大幅提升，形成了稳定的专业配套产业链。如发动机、变速器、离合器、车桥和轮胎等由主机厂与配套件企业联合开发，专业制造商制造。有效载荷30～60t级产品用发动机、变速器、离合器、车桥等技术进步显著，制造规模不断扩大，稳定性、可靠性不断提升，满足了整车产品批量生产、销售及使用需求。有效载荷70～80t级产品主要总成零部件技术处于逐步成熟阶段。

（1）发动机。宽体车发动机用的是较大功率非公路工况用柴油机，有效载荷30～80t车型功率均在300～600hp（转速2 100r/min）内。目前国内能够生产的比较成熟的发动机功率在600hp以下，潍柴、锡柴、重庆康明斯等厂家在该功率段均有丰富的产品种类，且可靠性、耐久性均通过了实践考验，得到大量应用。同时，国内厂家正在尝试开发大功率发动机，但产品的可靠性、耐久性还没经过实践考验。大于600hp（转速1 900r/min）在研的发动机产品有潍柴生产的14L、15L、17L排量发动机，一汽解放无锡柴油机生产的16L排量发动机，康明斯发动机有限公司生产的14L、15L排量发动机，广西玉柴机器股份有限公司生产的15L、16L排量发动机，样机仍在试制或试用之中。

（2）变速器。宽体车所用变速器属于低转速大转矩传动器，转矩范围是1 000～3 300N·m，档位总数量一般为7～8个。机械变速器目前国内主要生产厂家为陕西法士特齿轮有限责任公司。部分配套AT液力变速器，转矩超过2 500N·m的变速器主要依赖进口。

（3）离合器。宽体车所用离合器采用膜片弹簧离合器，目前传扭能力在2 800N·m以下、直径430mm以下均有成熟产品。扭矩>2 800N·m，受摩擦材料传扭能力的限制，会加大离合器的损坏风险。后续宽体车传动系统会向液力耦合和电传动方向发展。

（4）悬架。宽体车有效载荷为40～70t的车辆，前悬架一般为滑板式多片钢板弹簧+推力杆+双向筒式减振器结构，后悬架一般为多片板簧+框架式平衡轴结构。有效载荷>70t的车辆，一般采用油气悬架结构。随着车辆进一步大型化，油气悬架应用将越来越广泛。目前可选择的成熟板簧悬架零部件资源厂家有山东永进传动机械有限公司、陕西汉德车桥有限公司等。油气悬架在宽体车上的应用，处于小批量试验阶段，可选择的供应商较少，典型供应商有山东万通液压机械有限公司等。

（5）车桥。宽体车用车桥多为整体式前轴和双联铸钢中后桥。其特点为：桥壳采用大截面、高强度铸钢件，单桥承载能力一般为20～40t。前轴一般为转向桥，中后桥为驱动桥，采用中央减速+轮边减速结构，速比范围一般在9～21之间。制动器结构一般采用鼓式，直径为500～530mm，宽度为200～250mm；可满足矿区车辆承载、转向、制动等安全行车需求。目前有效载荷60～70t级的宽体车，前轴承载能力为20t/25t，中后桥承载能力为35t/40t。车桥的可靠性已得到验证,产品趋于成熟。随着未来车辆进一步向大型化发展,车桥的承载能力将进一步提升,前轴单桥承载能力将提升到30~35t级,中后桥单桥有效载荷将提升到50~60t级;桥壳截面将加大,承载性能将进一步提高,主减速、轮边减速器、制动器等尺寸规格将加大,进一步提升车桥的传扭能力、制动能力。目前宽体车车桥国内成熟的资源厂家有陕西汉德车桥有限公司,经过十余年的矿山车桥验证及优化升级,可提供各种吨位级宽体车车型所用车桥。

(6)轮胎。宽体车轮胎多为工程全钢子午线轮胎,其特点为:胎体及带束层采用高强度钢丝帘线结构,保证了胎体的高强度、高承载及高可靠性;胎面采用大块横沟越野花纹,保证了车辆的牵引性能、胎面耐刺扎性及耐磨性。目前有效载荷为60~70t级的宽体车,轮胎规格为14.00R25及16.00R25,随着产品的大型化发展,未来几年16.00R29及480/95R29等产品将逐步在有效载荷80~100t级的宽体自卸车应用及批量推广。国内知名工程轮胎厂商,均有宽体车成熟轮胎产品。如贵州轮胎股份有限公司生产的"前进"牌轮胎、青岛赛轮集团有限公司生产的"赛轮"牌轮胎、新疆昆仑工程轮胎有限责任公司生产的"昆仑"牌轮胎、风神轮胎股份有限公司生产的"风神"牌轮胎等。

第四章 在国民经济发展中的作用及政策指引

第一节 在国民经济发展中的作用

非公路自卸车属于矿石开采重大成套设备之一，是国民经济建设中不可或缺的装备，2000年以前，国内大型矿山上运行的基本上是国外产品，采购价格昂贵，备件成本居高不下，供货迟滞，采购谈判话语权弱，严重制约着我国矿业发展。从国家战略角度考虑，亟需国产替代。随着以北方股份为代表的国内矿用车企业的发展，一系列产品逐步实现进口替代，解决了长期以来困扰国内矿山用户的诸多"痛点"问题，完成了国家"以产顶进"的战略任务，积累了一批忠诚的用户群体，包括神华集团、华能集团、鞍钢集团、中广核集团等国务院国资委管理的20多家大型矿业集团，降低了我国矿业开发成本，打破了矿用车被国外企业垄断的局面，为国家节省了大量设备采购外汇支出，也确保了我国矿产资源安全。特别是近10年，针对大型电动轮矿用车，国内企业经过潜心研发，从根本上扭转了我国电动轮矿用车长期依赖进口的局面，实现了自主品牌电传动矿用车"从无到有、从小到大、从弱到强"的发展。矿用车的自主化在国民经济发展中起到了重要的作用。

作为有效补充，非公路宽体自卸车为露天矿山开采及水利水电工程等关系国民经济命脉的重要行业提供了高效运输设备。下游行业终端客户主要是露天煤矿、砂石骨料、有色金属等露天资源开采行业。矿产资源作为工业的粮食，随着我国工业化进程的加速，需求也越来越大。非公路矿用自卸车虽然具备优良的性能和安全可靠性，但价格昂贵；普通公路自卸车价格低廉，但在承载能力、爬坡性能、车辆稳定性等工况适应性方面与需求存在较大差距。非公路宽体自卸车兼具两方面优势，既具有一定的安全可靠性，又经济适用，很好地满足了运输效率、运输经济性和工况适应性的要求，适用于矿产资源开发。

宽体自卸车不仅在我国属于相对新兴的产品，在国外也没有相同或类似的产品。基于非公路宽体自卸车良好的适应性和经济性，该产品在国外，特别是在"一带一路"倡议的实施中开始发挥巨大作用，出口规模逐年扩大，主要出口国包括东南亚、非洲、中亚地区和蒙古国、俄罗斯等发展中国家和新兴经济体。

2011—2020年，据不完全统计，国内非公路自卸车销售收入由50亿元提升至100亿元。带动上、下游企业的同步发展，推动了行业进步，促进了我国经济社会发展。

1. 对上游行业的拉动作用

矿用车产业属于高端装备制造业，其特点是多品种少批量，其产业关联度比较明显，专业和互相依从性较强，涉及上游的冶金、机械、电子、橡胶、化工等工业领域。从上游带动效应看，直接需求最大的是机械电子配套件制造业、黑色金属冶炼及加工业、橡胶制品业、化工业等多个行业。由于单台自卸车的外部采购的零部件和配套件的价值占总价值的比例普遍超过50%，因此矿用车产业发展将直接拉动相关上游配套件行业的发展。从产品特征上看，电传动矿用自卸车是集机电液于一体的高度智能化产品，对承载结构件的可靠性、电驱动及控制系统稳定性、操控方面的安全性都提出了极高的要求，从而拉动超大结构件制造焊接、电驱动及控制系统、智能化控制等上游行业的技术进步和质量提升。

2. 对相关行业的溢出效应

非公路自卸车的一些系统技术具有一定的技术溢出效应。比如，电传动及控制技术可向矿山机械、铁路，以及舰船、坦克和轮式装甲车辆等军事领域移植；自动灭火、自动润滑、自动称重、防撞系统等智能化装备技术可用于国防的某些装备上；油气悬架系统的缓冲阻尼技术可用于铁路重载车辆上；超大结构件的制造焊接技术可用于其他行业大型结构件的焊接等。

3. 对下游行业的支撑保障

非公路电动轮矿用自卸车服务的下游行业有钢铁、有色、煤炭、水电、建材等基础能源行业，特别是在矿山开采中具有无可替代的作用。可以说单斗—卡车工艺适用于各种地质矿岩条件，该工艺为目前发展非常成熟的一种开采工艺，在国内外矿山开采中的应用率在85%以上，尤其是开采规模较小的露天矿，几乎全部采用单斗—卡车开采工艺，在非公路自卸车运输占据统治地位。

"十三五"以来，国家提出要加快促进矿山的数字化、智能化、信息化和无人化的建设。为满足智慧矿山建设需求，非公路自卸车作为露天矿山生产作业运输环节的主要设备，无人驾驶矿用车也随之而来。无人驾驶矿用车最大限度降低人员的参与度，有效解决露天矿运输作业存在招工难、效率低、运营成本高的难题。同时，无人驾驶矿用车不会因驾驶员疲劳及误操作而引发事故，安全性增强，能实现零事故；特别是在恶劣环境下，减少安全事故的发生，实现矿山企业的安全管理。

无人驾驶矿用车的创新开发和应用是矿山产业转型升级、实现高质量发展的重要支撑，推动了矿山智能化建设，是全面实现由"规模产量"向"质量效益"转变、"劳动密集"向"技术创新"转变、"传统开采"向"智能开采"转变、"高危生产"向"本质安全"转变的重要手段。

第二节　相关政策指引

国家相关部委和行业协会出台的一些政策，都涉及鼓励国内矿用车生产企业进行自主研发和创新的内容。2009年出台的《装备制造业调整和振兴规划》，2011年出台的《中国工程机械行业"十二五"发展规划》，2012年出台的《重大技术装备自主创新指导目录》，2015年出台的《关于推进国际产能和装备制造合作的指导意见》，均提倡发展国产大型矿山运输设备（矿用车）。

《装备制造业调整和振兴规划》指出，"全面提高重大装备技术水平，满足国家重大工程建设和重点产业调整振兴需要。提高国产装备质量，扩大国内市场，国产装备国内市场占有率稳定在75%左右"。规划还指出，"以平朔东、胜利东二号、白音华、朝阳等十个千万吨级大型露天煤矿，酸刺沟等十个深井煤矿，以及大型金属矿为依托……重点实现电牵引采煤机、液压支架、大型矿用电动轮自卸车、大型露天矿用挖掘机等设备的国内制造"；工业和信息化部、科技部、财政部和国务院国资委联合发布《重大技术装备自主创新指导目录》（2012年版）也将大吨位矿用车列入其中。可见该类产品在这10年的前期属于国家重点支持发展的产品，国家层面上的政策为大型电动轮矿用车的发展指明了方向。

2014年，在财政部、国家发展改革委、工业和信息化部、海关总署、税务总局、国家能源局联合发布的《关于调整重大技术装备进口税收政策的通知》文件中，也同时下发《国家支持发展的重大技术装备和产品目录（2014年修订）》《重大技术装备和产品进口关键零部件及原材料商品目录（2014年修订）》和《进口不予免税的重大技术装备和产品目录（2014年修订）》。非公路矿用车及其零部件均列入这些目录中。

早在2007年，出台的《财政部、国家发展改革委、海关总署、国家税务总局关于落实国务院加快振兴装备制造业的若干意见有关进口税收政策的通知》（财关税〔2007〕11号），规定：自2008年1月1日（以进口申报时间为准）起，对国内企业为开发、制造大型非公路矿用自卸车而进口部分关键零部件、原材料所缴纳的进口关税和进口环节增值税实行先征后退，所退税款作为国家投资处理，转为国家资本金，主要用于企业新产品的研制生产以及自主创新能力建设。该通知第一条所称大型非公路矿用自卸车包括额定装载质量不小于108t的大型电动轮非公路矿用自卸车和额定装载质量不小于85t的大型机械传动非公路矿用自卸车。申请享受进口税收政策的企业需满足大型电动轮非公路矿用自卸车年销售量超过15台，大型机械传动非公路矿用自卸车年销售量超过50台的条件。该政策还提出，自2008年4月1日起，对新批准的内、外资投资项目，进口额定装载质量不大于328t的非公路电动轮自卸车整车、额定装载质量不大于40t的非公路铰接式自卸车和所有规格的机械传动非公路刚性自卸车整车，一律停止执行进口免税政策。

该项政策后续进行了多次修订，最新的政策是2020年1月8日印发：为继续支持我国重大技术装备制造业发展，财政部会同工业和信息化部、海关总署、国家税务总局、国家能源局制定了《重大技术装备进口税收政策管理办法》。《财政部　国家发展改革委　工业和信息化部　海关总署　国家税务总局　国家能源局关于调整重大技术装备进口税收政策的通知》（财关税〔2014〕2号）和《财政部　国家发展改革委　工业和信息化部　海关总署　国家税务总局　国家能源局关于调整重大技术装备进口税收政策有关目录及规定的通知》（财关税〔2015〕51号）同时废止。

与《重大技术装备进口税收政策管理办法》政策文件配套的《国家支持发展的重大技术装备和产品目录》《重大技术装备和产品进口关键零部件及原材料商品目录》和《进口不予免税的重大技术装备和产品目录》调整比较频繁，几乎每一两年就调整一次。调整内容包括：增加或删除国家支持发展的重大技术装备和产品，增加或删除重大技术装备和产品进口关键零部件、原材料，增加或调整进口不予免税的重大技术装备和产品，调整国家支持发展的重大技术装备和产品的技术规格、销售业绩、执行年限等，调整重大技术装备和产品进口关键零部件、原材料的单机用量、执行年限等。

先后进入目录退税的零部件包括矿用车用的发动机、传动箱、制动器、轮胎、后桥齿轮箱、交流传动系统、液压元件、高强度高耐磨钢板、大型轴承等关键零部件。随着国家鼓励创新驱动以及国内企业的技术进步和国产化进程加速，上述关键零部件逐渐从目录中取消。发展到今天，已全部从目录中退出。这体现出国内矿用车企业在整车研制以及核心零部件选项方面都有了非常大的跨越。

在矿用车信息化、智能化、无人化方面，国家及行业密集出台了不少政策。包括2019年国家煤矿安全监察局发布的《煤矿机器人重点研发目录》，明确将大力推动煤矿现场作业的少人化和无人化；到2020年，我国将建成100个初级智能化示范煤矿，2025年全部大型煤矿基本实现智能化；并将"露天矿卡无人驾驶系统"列为重点研发项目。

2020年2月，国家发展改革委等八部委联合发布了《关于加快煤矿智能化发展的指导意见》，推动智能化技术与煤炭产业融合发展，提升煤矿智能化水平。到2035年，各类煤矿基本实现智能化。

2020年4月，工业和信息化部、国家发展改革委、自然资源部联合发布《有色金属行业智能矿山建设指南（试行）》。鼓励开展无人驾驶系统建设与应用；形成煤矿智能化建设技术规范与标准体系。

2021年5月，《国家能源局综合司 国家矿山安全监察局综合司关于支持鼓励开展煤矿智能化技术装备研发的通知》，提出重点研发电铲智能铲装、非公路自卸车无人驾驶等智能化技术装备。

2021年6月，国家能源局、国家矿山安全监察局关于印发《煤矿智能化建设指南（2021年版）》的通知。鼓励应用高精度北斗或GPS模块、防碰撞安全预警系统、设备数据采集、数字孪生、自动驾驶等技术，使单斗—卡车工艺系统具有智能感知和自主决策功能，实现生产少人、无人，系统高效协同运行。

第五章　非公路自卸车行业成长与进步

一、与矿山行业同进步共成长

非公路自卸车广泛运用于煤矿、铁矿、有色金属矿、建材（水泥）矿等各类矿产资源生产中，行业的发展进步促进了矿山的发展，反过来矿山的整体规划、发展也推动了矿用车行业的技术进步和发展。矿用车是运输环节的主要装备之一，它的生存发展与采矿工艺发展紧密相连。随着现代化矿山规模的不断扩大，采矿技术也得到迅速发展，特别是近十几年来，各种现代化采矿工艺和技术都得到了深入研究和广泛应用，工艺的发展也贯穿了采矿装备的发展。

就以应用最普遍的煤矿领域来看，20 世纪 80 年代中期以安太堡露天煤矿为标志，学习引进西方露天矿开采技术及管理理论，建成了我国第一座千万吨级大型露天煤矿，单斗—卡车工艺因机动灵活、投资低、建设周期快，在我国得到快速推广。目前我国生产和在建的露天煤矿有 400 多座，年设计生产能力 7.3 亿 t，其中，年设计生产能力 1 000 万 t 以上的大型、特大型露天煤矿 26 座，建成了多座技术管理处于世界先进行列的露天煤矿，露天煤矿产量达到世界第一，年采剥总量约 100 亿 t。这些露天矿 95% 采用了单斗—卡车工艺，矿用车也得到了长足发展，形成了从载重 20t 级别到 360t 级别全覆盖的小型、中型和大型矿用车系列产品。

2011—2020 年，非公路宽体自卸车技术进步成果突出，产品迭代升级加快，单车有效载荷覆盖 30～70t 级。其类型有机械传动宽体自卸车、纯电动宽体自卸车、混合驱动宽体自卸车以及燃料电池宽体自卸车。行业产品技术路线拓宽，新能源、无人驾驶技术开始导入，大型化趋势明显。无人驾驶方面，同力股份目前已经具备非公路运输车辆无人驾驶全系统的设计能力，包括整车线控化基础平台的设计和生产、传感器感知、数据计算和决策、控制执行系统信息管理等专业能力，并已推出可实际运营的非公路无人驾驶自卸车的成组样车。其中，线控基础车已经向数家无人驾驶企业供货。

二、行业装备水平突飞猛进

可以说国内矿用车产品经过近50年的研究和发展，在技术上和质量上都取得了长足的进步。"十三五"末，随着产品向信息化和智能化方向迅速发展，国内一些产品的技术水平已经逐渐接近国际领先水平，比如：无人驾驶矿用车已经开始在钢铁、水泥和煤炭矿山上批量运行；大吨位电动轮矿用车批量出口以澳大利亚为代表的国际高端市场，装备水平已经达到国际先进水平。

三、行业发展逐渐回归理性

2012年前的10年，经济发展迅猛，矿用车与其他工程机械一样进入了十年"黄金期"，也就是在那一时期，许多企业短时间内加入矿用车领域，矿用车市场供应能力快速增长。长期以来矿用车产业的市场需求规模总量有限，供给与需求严重不对称，以2015—2016年为例，国内年需求量不超过150台，但国内从事矿车制造的企业曾高达十余家，且以央企、国企为主。为了抢占有限市场，市场上开始出现一些零首付、免费试用和以租代售等无序竞争的现象。同时，在行业运行高峰期，很多企业"盲目"进入非公路自卸车行业，过于看重行业发展的短期利益，随着行业下行和市场竞争加剧，许多企业长期处于无法盈利的状态，造成了国有资产的低水平重复投资和资源浪费。自2014年开始，经过严苛的市场洗礼，优胜劣汰显现，有不少企业选择退出该领域，行业逐步回归理性，渐渐成熟起来。

四、以市场为导向、更加贴近用户定制化需求

各企业认识到标准化生产、同质化竞争已经不符合矿用车制造的时代发展需求，能够从产品发展和商业模式创新出发，针对不同用户诉求和不同工况，开发个性化、定制化产品，差异化优势是产品发展的核心竞争力。此外，全款购车的用户所占比例将越来越小，诸如融资租赁、分期付款、工程承包等新的合作方式将会被更多的用户选择和接受，新的商业模式将会不断被催生并得到推广。

五、核心零部件自主可控化进程加快

随着整车技术逐渐成熟，对于之前一直被忽视的矿用车配套件的生产和研发，行业

各企业也开始关注。比如，一些主机厂联合零部件制造企业重点开展诸如大功率矿用发动机、电驱动系统关键核心技术攻关，以增强核心零部件的自主可控能力，解决"卡脖子"的被动局面。中车集团开发了大型电动轮的电传动系统和电控技术，大连华锐重工集团股份有限公司开发了360t矿车配套的齿轮箱，福建海安橡胶有限公司等研制的巨型轮胎等取得一系列突破，使国内矿车生产企业在控制矿用车制造成本方面有了更多选择。

六、在产品的大型化、安全性、舒适性、绿色化、智能化方面取得较大进步

非公路自卸车属于工程机械行业中的一类，兼具汽车和工程机械的特点，是机电液高度集成的大型装备。随着矿山开采规模大型化、装备技术的不断提高、新技术和新材料的广泛应用，以及国家绿色环保、智能制造、装备智能化等产业导向的推动，非公路自卸车不断成长与进步，主要体现在以下几个方面：

（1）产品大型化与国际同步。随着采矿业的转型升级和结构不断调整，现有矿山以及新建矿山规模化生产将不断提高，有向大型化发展的趋势，大型化一方面能满足市场需要，另一方面能提高规模效益。大型矿山发展推动了矿用车大型化：2004年在德国Bauma展览会上，利勃海尔推出了有效载荷达327t的T282B型矿用车；4年后在美国拉斯维加斯MINEXPO 2008展览会上小松推出了327t的960E AC矿用车，卡特彼勒、特雷克斯Unit-Rig（现被卡特彼勒收购）推出了363t级别的矿用车797F（机械传动）和MT6300AC；在2012年美国拉斯维加斯MINEXPO 2012展览会上，利勃海尔推出有效载荷363t的T284型矿用车；2013年9月白俄罗斯的别拉斯推出了载荷达到450t的BELAZ 75710矿用车，是目前世界上最大的矿用车。各种超大型矿用车竞争矿业市场。国内生产企业在大型化方面也没有落后，目前最大产品载荷也达到了363t。

（2）更加关注产品安全性。产品的安全性一直是生产厂家和客户关注的重点，为提高安全性所做的技术创新一定大有可为。比如，为矿用车驾驶室专门设计的FOPS和ROPS结构，使驾驶员在任何情况下都不会受到来自车辆自身的伤害；根据矿用车运行环境差的特点，配置自动减速控制装置，这一功能让驾驶员不再需要时刻检查行驶速度，可在长距离下坡中控制车辆的速度，不会超速行驶；为了解决矿用车自身的视野盲区以及在夜间、雨雪、雾天和有灰尘的环境中能够安全作业，增设目标探测系统；在技术上将可视系统和雷达传感器相结合，形成一种自动监控系统，以适应上述工作环境；考虑到火灾威胁，配置自动灭火系统；最近几年又发展了无人驾驶系统等。

（3）更加关注高效节能，绿色运行。在矿山开采中，单斗—卡车开采工艺最大的一

项成本就是燃油费，如果能通过各种技术降低燃油的消耗，将是一件非常有意义的事。另外，降低自重、提高载重量也是提高效率的重要手段。为此，矿用车大多采用可变功率输出控制，可使用户根据不同的工作条件在"动力模式"和"经济模式"两个模式中选择恰当的驾驶模式，达到理想的输出功率和低燃油消耗；电动轮矿用车采用辅助架线供电＋本身柴油发动机作为双能源运行，节约了能源，又降低了柴油机的废气排放，有利于环境保护；采用变速风扇系统，根据散热系统的温度升高情况来调节风扇的转速，减少不必要的能量消耗；在举升、转向的操纵和控制系统方面采用负荷传感技术，根据不同的负载需求实时提供满足需要的流量，减少额外的溢流损失；通过轻量化设计、新材料应用、结构优化设计降低自重，实现节能降耗。比如，变截面等强度设计理念应用于车架创新设计、新结构复合材料车厢设计，以及不断推出新能源车型等。

（4）更加关注环境友好型要求。排放标准、噪声水平、零部件的再利用程度都是反映环保的指标。目前国外主流矿用车的排放已达到欧洲排放要求的第四阶段标准，而国内目前还基本处在第二、三阶段水平，与世界先进水平相比还存在着较大的差距。第一，需要配置更高排放标准的动力系统，降低排放；第二，要利用各种技术减少振动，降低噪声水平，满足标准要求；第三，要积极探索再制造，创造再制造技术、工艺、生产条件，实现零部件的循环再利用。

（5）舒适性等人机工程要求不断提高。矿用车的悬架系统是影响舒适性的主要因素。通过建立整车振动模型，特别是对悬架系统进行力学模型分析，利用仿真软件和实验测试完成悬架缸非线性刚度和阻尼特性的分析，对阻尼孔等关键结构特征进行优化设计，以实现矿用车在矿区复杂恶劣路面上行驶的平顺性、舒适性。驾驶室体现人性化设计，配置强制过滤送风系统，新风经过过滤后送入驾驶室内部，确保室内处于正压状态，空调制冷能力强，驾驶员的工作条件大为改善。在保证良好视野、造型美观、内部空间宽敞、密封隔振、改善通风、降低噪声等性能的前提下，主体结构强度和刚度符合国际ROPS和FOPS通用要求，各操作位置符合人体工程学特点，操纵自如、省力。

（6）智能化、信息化程度越来越高。电子技术和计算机的发展使机械产品在控制方面发生了质的飞跃，目前越来越多的产品采用了电子控制方式，通过电子控制降低了劳动强度，提高了劳动效率和设备的使用寿命以及矿山的管理水平，给矿山带来了更大的经济效益。矿山管理水平的提高和规模的不断扩大，势必大大加快设备的智能化发展。比如，露天矿用车运行状态智能监测系统，监测的参数包括：传动系统的工作状态参数、关键结构部位的故障状态参数、液压系统状态参数，用于监测、计算车辆的工作效率，集中规划车辆的运行、维护操作；在此基础上，结合电铲工作参数能够完成车辆系统的调度优化，提高矿山的开采效率。智能道路障碍信息监测系统，属于车辆主动安全技术，用于监测车辆行驶道路上的异常信息，辅助驾驶员避免事故，避免轮胎的意外损伤，提高车辆可靠性。国际上矿用车发展的主流方向是智能化和无人化。小松和卡特彼勒公司于2008年和2014年已经先后开始做无人驾驶技术研究和试验，10年前已经开始在澳大利亚等矿山进行编组运行，到现在世界上已经有500台的无人驾驶矿用车在矿山编队运行。国内这些年也开始推出多个型号的无人驾驶矿用车，比如北方股份已实现130多台无人驾驶矿用车在各类矿山的自动运输作业，航天重工不断加大国能准能集团有限责任公司等现场车辆的无人化改造等。

第六章 10年的主要成就

第一节 矿用车10年主要成就

一、产品呈现系列化多元化

2011—2020年，非公路自卸车产品无论是机型、系列还是型号都更加齐全、完备，市场适应性更强。国内各企业可生产销售载重量从20t到360t不等的各种车型，主要包括刚性车架自卸车和铰接式车架自卸车。按照产品特点又具体分为机械传动矿用自卸车、电传动矿用自卸车、混合动力矿用自卸车、燃料电池矿用车、机械传动铰接式自卸车和纯电动铰接式自卸车等；从拉运物料和功能分包括岩斗型自卸车、煤斗型自卸车、矿用洒水车、矿用清障车和矿用加油车等。北方股份的矿用自卸车品种和系列最齐全，包括TR系列机械传动自卸车，MT系列大吨位合资品牌电传动矿用车，以及NTE系列自主开发的电传动矿用车，这些产品都广泛应用于国民经济各个领域。

2019年前后，无人驾驶矿用车和新能源矿用车也陆续研发成功，并投入矿山实际运行，进一步推动了露天矿山的"智慧矿山"建设。

二、技术进步步伐大大加快

与传统机械传动矿用车相比，电传动矿用车具有作业效率高、故障率低、使用经济性好的优势，逐渐得到露天矿山用户认可。我国从20世纪70年代末开始研制小吨位电动轮矿用自卸车，以湘电重装为主体，在国家相关部委的统一协调指导下，企业、研究院所积极配合，研制成功了108t、154t的电动轮矿用自卸车。108t车型虽然成熟度相对高，但终究由于技术相对落后、载重量偏低等因素，没有成为矿山的主流产品。2010年以前，国内电动轮矿用自卸车市场几乎被日本的小松、德国的利勃海尔、白俄罗斯的别拉斯和美国的尤尼特瑞格等国外的产品所垄断，国内大型露天矿山基本通过花费巨资购买进口电动轮矿用车。2010年以来，以北方股份、湘电重装为代表的重点企业在国家政策支持下，积极开展技术创新，加大自主研发力度，取得了明显的技术进步，开始改变我国120t级以上电动轮矿用自卸车严重依赖进口的局面，突破了国内大型矿山发展受制于运输设备的瓶颈，提高了我国高端装备制造业水平。

2011年8月，我国自主研发制造的首台载重量220t级电动轮矿用车在北方股份成功下线，并实现批量出口缅甸。在不到3年的时间里，自主品牌电动轮密集问世，形成136～326t七大系列，基本覆盖全球市场所有主流吨位的电动轮产品体系。系列化电动轮全部批量推向市场，研发成果市场转化率高达100%；产品出勤率、运行经济性和维修便利性等综合指标已逐步接近小松等国际领先产品水平。自2011年以来，以北方股份为代表的企业自主研制生产的近百台电动轮矿用车源源不断地发往国内各大矿山，包括平朔东露天、神华北电胜利和宝日希勒、华能伊敏煤电和鞍钢齐大山铁矿等国家级重点露天矿山，充分满足了我国矿业开采的需要，确保了国家《装备制造业调整和振兴规划》关于发展国产大型电动轮矿用车产业项目的成功实施。

2010年，我国自主品牌的电动轮还远远不能满足市场需求，到2015年我国就形成了全系列自主品牌电动轮矿用车，除能够满足国内市场需求外，还陆续出口到缅甸、澳大利亚，以及非洲等市场。五年的时间自主品牌电动轮矿用车就完成了国内市场的布局，基本实现进口替代，从根本上扭转了我国电动轮矿用车长期依赖进口的局面，走出了自主品牌电传动矿用车引进、消化吸收和再创新的发展之路。

三、无人驾驶非公路自卸车在露天矿山实现编组运行

近年来，国家大力推进智慧矿山建设。2019年1月，国家煤矿安全监察局下发《煤矿机器人重点研发目录》，其中第二十五项就是露天矿矿用车无人驾驶系统；2020年3月，国家发展改革委等八部委发布《关于加快煤矿智能化发展的指导意见》，提出到2025年，实现露天煤矿无人化运输。

北方股份从2015年开始从事无人驾驶矿用车技术的研究，是国内最早进行该项技术研究的矿用车生产企业，近年来，其他生产企业、矿山使用单位及有关科研院所也陆续开展该方面研究。在无人驾驶矿车技术的研究方面，主要有以下成果：

（1）2017年，北方股份实现了载重量45t的机器人驾驶矿用车在厂内的试运行。

(2) 2018年，北方股份开始对白云鄂博铁矿的3台载重量172t的MT3600B和1台载重量136t的电动轮NTE150进行无人驾驶研究和现场改造，实现了4台无人驾驶矿用车编队，匹配1台电铲的全流程连续作业。北方股份自2018年开始在白云鄂博铁矿进行无人驾驶矿用车全过程的实践和应用。

(3) 2018年5月，国家能源集团批准准能集团的"露天煤矿矿用自卸车无人驾驶系统"科技创新项目立项。2019年，准能集团与航天重型工程装备有限公司、株洲中车时代电气股份有限公司达成最终合作意向，由两家公司各承担1台矿用车的无人驾驶系统研制，并在黑岱沟露天煤矿和哈尔乌素露天煤矿开展工业性试验。

(4) 2019年，北方股份对华能伊敏煤电有限责任公司1台载重量186t的NTE200电动轮矿用车和1台MT3700电动轮矿用车进行无人化改造，并于2020年5月完成项目一阶段验收，实现了在测试场内行驶、模拟装载、模拟卸载、障碍物识别等功能的测试。

(5) 2019年4月，慧拓智能机械设备有限公司（简称慧拓智能）与大唐国际宝利煤矿、华威矿业签署合作协议，装备了4台无人驾驶宽体车，开展无人运输系统在矿区的商业化落地运营。

(6) 2020年，中煤集团将"大型露天矿智能自卸车无人驾驶及钻机无人值守技术研究与应用"列为年度重点科技项目。平朔公司与中煤科工西安设计院和慧拓智能签订了合作框架协议，与特雷克斯北方采矿机械有限公司签订了自卸车线控化改造协议。改造一台NTE200自卸车，建成了自卸车无人驾驶试验基地。

(7) 2020年8月，国家电投集团霍林河煤矿与北方股份签订无人驾驶矿用车协议，从北方股份采购10台载重量186t的NTE200无人驾驶电动轮矿用车，在矿山实际环境下运行。同时北方股份承担了对国家电投集团霍林河煤矿在用108t电动轮矿用车进行无人化改造工作。

(8) 2020年1—10月，芜湖海螺从北方股份购进12台TR100AT线控化矿用自卸车，实现了从停车场到铲装自动对位，再到卸料点卸料的全流程无人驾驶。

(9) 2020年6月，中煤平朔东露天煤矿从北方股份采购NTE200电传动矿用车并进行了无人驾驶改造，7月完成改造，当年进行了测试场内行驶、模拟装载、模拟卸载、障碍物识别、遥控驾驶等功能的测试。

(10) 2020年，国家电投集团内蒙古公司南露天煤矿与太原重工股份有限公司正式签订了远程操作智能化挖掘机开发与应用项目合同，开展电铲与无人驾驶矿用自卸车协同装车作业试验，形成5台无人驾驶自卸车与1台远程操作智能化电铲的编组作业。

（11）2020年3月，国家能源集团批复了神延煤炭西湾露天煤矿智能矿山建设示范工程的立项，2020年年底神延煤炭西湾露天煤矿与中国中车株洲交流技术国家工程研究中心有限公司签约，共同研发31台矿用无人驾驶自卸车，并在西湾矿示范应用。

（12）2020年5月，慧拓智能在宝日希勒露天煤矿正式落地全球第一个极寒环境下大型矿用自卸车无人驾驶编组运行项目，这也是国内第一个5G网络下实现5台大型矿用自卸车无人驾驶的工业性运行项目。

（13）2021年4月13日，伊敏露天矿开展了国内首次电动宽体无人驾驶自卸车双班编组测试，实现了4台电动无人驾驶自卸车配套反铲进行白班、四点班连续生产作业测试，标志着该矿率先在国内电动自卸车无人驾驶应用上迈出关键一步。

（14）2021年5月，在国能准能集团煤矿智能化建设现场会上，准能集团黑岱沟露天煤矿、航天重工与慧拓智能联合攻关改造的国内首台载重290t 930E无人驾驶矿用车，在准能集团黑岱沟露天煤矿与4台有人驾驶730E矿用车、1台395型电铲、1台推土机开展混合编组作业，绕障、跟车、清障、装载、会车、卸载等全流程典型作业场景运行流畅，无故障、无人工接管。

四、产品质量提升明显

2011—2020年，矿用自卸车产品质量有了较大提升，用户满意度提高，为用户和主机厂带来了更好的收益，这主要得益于主机厂、配套商在质量管控方面的共同努力。北方股份通过对矿用自卸车制造源头的严格把关、过程关键质量属性的控制，确保矿用自卸车整车的高质量，几年来产品质量等级品率超过85%，未出现返工和召回的情况。

企业普遍高度重视培育质量"零容忍"的企业文化，能够将产品质量上升到关乎企业存亡的高度来对待，实行质量问题"一票否决制"，建立并完善了一整套的质量管理流程，确保能够落实"质量第一"原则。以获得内蒙古自治区主席质量奖的北方股份为例，该公司结合高端装备制造领域矿车行业"大产品、小市场"的特点，经过不断探索和创新，形成了具有自身特色的质量管理模式，即"三五TIQM"一体化跨公司质量链管理模式。该模式是基于质量、创新、品牌、效益和合作五个维度，针对典型客户、战略供应商、行业标杆和竞争对手、公司内部研发生产和服务、社会相关方在内的一体化跨公司质量链管理。质量管理上采取的方法，一是出现质量问题要"双归零"，二是日常过程控制要"飞行检查"，三是执行制度要"不走捷径不绕道"。高度重视市场反馈信息，综合运用"5W报告""8D报告"等质量分析和整改方法，实现了质量问题"挂号、会诊、治愈"的闭环管理。

以上做法已经成为企业管控质量问题、提升质量水平的主要手段。坚持每月召开质量分析会，做到质量问题有通报、质量追踪有反馈、质量整改有落实，明责任、严奖惩、重解决，更是成为所有企业的通常做法。

五、满足客户差异化需求，装备保障度提升

从产品品种、系列和车型种类看，国内矿用自卸车已经涵盖从小吨位到大吨位的全系列，能够保障市场对各个吨位级别产品的需求。但随着市场向定制化需求趋势发展，为用户提供个性化产品，更好地满足用户差异化要求，使用户创造最大价值成为必然。国内典型企业的做法是，全面实行"订单式"生产和定制化研发，通过流程再造提高了定制设计和柔性制造能力，让用户的个性化诉求在产品设计阶段得到充分响应，包括不同动力总成装置的匹配、不同驱动系统的搭建、各种极端气候和工况下的差异化设计等。这已经不是对产品进行的小修小补，而是一次次大的"手术"和设计重构，每一个型号甚至每一台车都是为用户"私人订制"，从而提高了用户认可度和企业竞争力。

六、大客户营销模式见成效

国内矿用车主要生产制造企业制定并实施以矿用设备细分市场龙头企业为目标的大客户营销管理策略，通过优化合作模式、提供全生命周期服务保障、整合国际资源、运用集团公司平台、布局重点区域、开发高端品牌等方式，实现了大客户营销管理策略在矿用设备细分市场的"落地"，占据了国内矿用车行业龙头地位，并在国际主流矿用车企业格局中占据了更加重要的位置，创造了显著的经济效益和社会效益。2011—2020年国产矿用自卸车国外市场拓至53个国家和地区，全球市场占有率达到8%。伴随着大型中央企业海外投资步伐加快，国产矿用自卸车产品国际影响力也在不断提升。其中，我国自己生产并拥有完全自主知识产权的矿用车产品已占据蒙古国、缅甸、印度尼西亚等国家相当的市场份额，在非洲、南美、中亚、俄罗斯等区域也具有广泛的影响力。同时，借助大客户的影响力，将进一步推动国产产品向主要目标市场辐射，提高国际市场占有率，扩大品牌优势。

七、矿用车标准体系建设推进成效明显

1. 首次建立非公路自卸车标准体系

随着用户对非公路自卸车的技术性能和使用性能的要求越来越高，生产企业和研究单位也越来越希望有相应的技术标准作为产品设计和研究的基础。为了解决最初行业内标准缺失、标准工作非常薄弱，甚至都没有建立标准体系的问题，2011年7月，在全国土方机械标准化技术委员会的组织协调下，成立了由北方股份担任组长单位，湘电重装、同力重工、天工院、泰安航天、首钢重汽为副组长单位，其余9家为成员单位的非公路自卸车工作组。利用2年的时间完成了《非公路自卸车标准体系研究报告》，建立起首个非公路自卸车标准体系，成为该领域标准制定和研究的指导性体系文件。

2. 首次制定6项非公路自卸车产品国家标准

随着非公路自卸车国际市场的拓宽和国内进入该行业的生产厂家的增多，产品品质参差不齐，市场环境变差，需要有相关的技术标准来规范矿用车的研发和生产，这就显现了标准制定的急迫性和重要性。根据土方机械非公路自卸车标准体系规划，工作组着手非公路自卸车产品标准的制定。用了近5年的时间完成了GB/T 35192—2017《土方机械　非公路机械传动宽体自卸车　试验方法》、GB/T 35193—2017《土方机械　非公路机械传动矿用自卸车　试验方法》、GB/T 35194—2017《土方机械　非公路机械传动宽体自卸车　技术条件》、GB/T 35195—2017《土方机械　非公路机械传动矿用自卸车　技术条件》、GB/T 35196—2017《土方机械　非公路电传动矿用自卸车　技术条件》、GB/T 35197—2017《土方机械　非公路电传动矿用自卸车　试验方法》6项国家标准的编制，填补了该产品国家标准的空白，对行业的健康发展和技术提升具有里程碑式的重要意义。

2011—2020年，还完成了与自卸车直接相关的其他6项标准制定，包括GB 25684.1《土方机械　安全　第1部分：通用要求》、GB 25684.6《土方机械　安全　第6部分：自卸车的要求》、GB/T 25605《土方机械　自卸车　术语和商业规格》、GB/T 25625《土方机械　自卸车　教练员座椅/环境空间》、GB/T 25689《土方机械　自卸车车厢　容量标定》、JB/T 12904—2016《土方机械　非公路自卸车　轮胎、轮辋的选择》。

第二节　宽体车10年主要成就

一、宽体车产品逐步形成系列化，进入快速发展期

2011—2020年，单车有效载荷30t、40t、50t、60t、70t级非公路宽体自卸车产品系列形成。在单车承载能力、工况适应性、产品可靠性、技术先进性、服务保障能力等方面取得了长足进步，得到市场、行业、国家权威部门的认可，已经形成稳定的国内市场和逐年持续增长的国外市场，行业进入快速发展期。

二、形成完整的专业配套产业链，满足整车可靠性需求

在非公路宽体自卸车主机厂与国内动力总成、行走系统等关键零部件配套企业共同研究下，关键总成技术大幅提升，形成了稳定的专业配套产业链。主机厂与配套件企业通过联合开发等技术创新方式开发发动机、变速器、离合器、车桥和轮胎等产品，再由专业制造商制造。有效载荷30~60t级产品用发动机、变速器、离合器、车桥等取得了明显的技术进步，制造规模不断扩大，稳定性、可靠性得到提升，满足了批量生产、销售及使用需求。有效载荷70~80t级产品主要总成零部件技术处于逐步成熟阶段。

三、产品性能趋于稳定，年运输效率和安全性上升

非公路宽体自卸车产品性能逐步稳定，可靠性提高，四代产品相继推出，运输效率、安全性更高。据统计，2011—2020年，平均单车运输效率由18万~20万 m^3/a 提升至38万~40万 m^3/a。行业标准体系逐步形成，产品系列逐步丰富。

第一代产品是在满足露天矿山工况所需基本性能的基础上，解决了适应性、经济性问题。第二代产品的可靠性大幅度提升，整机出勤率在80%以上，在适应性、经济性基础上解决了可靠性问题。第三代产品的适应性、经济性、可靠性、安全性、舒适性达到新标准，产品寿命延长，车辆故障实时预判，整机出勤率达到85%以上。第四代产品的动力实现连续功率传递，相比同吨位级别产品，运输效率提高20%以上；自动换挡降低了驾驶员的操作强度及技能要求，提高了操控舒适性；可靠性升级，全生命周期内的可靠性、出勤率得到保证，效益更好，寿命更长；应用了车载信息管理系统，提高了矿山信息化管理水平，降低了管理难度，信息化管理集成度更高；主动安全与被动安全全面

提升，安全性更高。

四、可靠性、全生命周期指标上升，寿命更长

据统计，2011—2020 年，非公路宽体自卸车产品平均单车年工作小时数由 4 000～4 500h 提升至 5 000h；平均单车出勤率由 85% 提升至 90%。车辆有效服役期由 15 000h（工作）提升至 35 000h（工作），使用寿命更长，经济性更为突出。

五、产品标准体系形成

2011—2020 年，形成了非公路自卸车标准体系框图和体系表，发布了 GB/T 35194—2017《土方机械　非公路机械传动宽体自卸车　技术条件》和 GB/T 35192—2017《土方机械　非公路机械传动宽体自卸车　试验方法》等 6 项产品标准，规范了非公路宽体自卸车产品术语、技术指标、技术路线、试验方法等。团体标准 T/CCMA 0094—2020《非公路自卸车　安全技术要求》的发布实施，为产品提供了安全技术规范，提高了产品的安全性。T/CCMA 0082—2019《土方机械　排气烟度　非公路自卸车测量方法》的发布实施，保证了产品的环保性能。这些标准的发布实施是支持行业可持续发展的基础。

六、自主开发能力进一步提升

非公路宽体自卸车具有较高的整体设计技术门槛。经过多年的研发、设计实践，形成了较为雄厚的技术储备。首先，建立了一整套针对非公路自卸车工况特征的设计规范和车型管理办法，为非公路自卸车研发以及量身定制提供了技术保障。同时，根据整体设计需要，结合非公路自卸车特殊的工况适应性要求，通过自主研发、联合设计等多种方式，投入大量资源开展专项技术研究，形成了多项专有知识产权。建立了工程运输机械技术研发中心，从人、财、物等方面为研发提供保障。新技术、新材料、新工艺在非公路宽体自卸车产品上尝试应用。比如在承载系统研究方面，油气悬架开始在非公路宽体车上尝试应用；在货箱设计中，高强度钢板、耐磨钢板开始应用。纯电动车、电辅助驱动等新能源技术开始应用。车辆信息管理系统、自动驾驶技术开始应用。

七、应用范围拓展，国内外销量持续增长

2011—2020 年，国内市场结构发生变化，应用范围进一步拓展。露天煤矿销量占比

由 90% 下降至 60%~80%，水泥砂石骨料矿山和有色金属矿山等销量占比由 10% 上升为 20%~40%。海外市场以东南亚国家为"桥头堡"，逐步向世界各地的矿山市场稳步拓展，从亚洲，尤其是东南亚向中东、中亚、非洲、东欧、俄罗斯、印度拓展，虽然在部分国家和地区还面临技术认证、关税等多重壁垒，出口国别法律、政策多变，但总体上国际市场用户认可度提高，出口量已经逐年稳步上升，未来增长潜力巨大。

八、非公路宽体自卸车使用与保养水平提高

作为在封闭工地上使用的设备，宽体车对于在使用过程中的服务具有非常高的要求，因为在相当恶劣的工地上运营，车辆容易发生故障，若售后服务跟不上，则车辆的出勤率将受到明显的影响，从而直接影响产品的经济性和盈利能力。经过 10 多年的发展，主要宽体车生产制造企业建立了完善的售后服务体系，无论在服务模式的确定、售后服务网点的布局、零配件的配备、维修人员的培训等方面都具有较大的提升。例如：陕西同力重工股份有限公司为保证用户选对车、用好车，开创性地以"同力工法""五个一"养车模式等从选车开始指导用户选车、用车、养车。

中国
非公路
自卸车
行业志

市场篇

主要介绍了我国宽体车行业国内、国际市场发展、保有量及特点，以及进出品情况、产品应用趋势。简要介绍了维修、服务与后市场重点企业的典型做法

综合篇

市场篇

技术篇

企业篇

协会篇

大事记

第一章　国内市场综述
第二章　国外市场综述
第三章　维修、服务与后市场

中国非公路自卸车行业志

市场篇

第一章 国内市场综述

第一节 矿用车市场发展及特点

非公路矿用自卸车需求量与采矿业景气度密切相关,属于强周期行业。"十一五"期间,国家加大基础设施建设投资,以及市场对能源和矿产资源的需求与日俱增,不断扩大的内需对工程运输机械的需求产生了明显的拉动效应。其中,露天开采由于具有无可比拟的工艺和成本优势得以更快地发展,带动了与其发展相适应的矿用设备市场的繁荣。随着市场需求的快速扩大,越来越多资金雄厚,具备很强的研发创新能力,有条件、有实力的企业不断进入非公路自卸车行业,分享市场快速发展带来的投资红利,短时间内形成了非公路自卸车投资的热潮,直到2012年达到了市场的高峰。

2011—2020年,非公路自卸车行业得到了迅猛发展,尽管经历了2008年世界范围内的金融危机,但随着各国不断出台经济刺激计划,特别是我国推出"四万亿"的经济刺激计划,投资热度不减反增,表现为产销快速增长。得益于社会普遍看好工程运输机械行业未来发展,社会对行业未来充满信心,使得非公路自卸车行业再次迎来一个高速发展阶段,形成了一个短暂高峰期。从BICES 2011展会情况看,矿用自卸车集中亮相是该届展会的突出亮点之一。展会上,国内不少企业带来了自己的矿用自卸车,高调宣布进军矿用车行业。知名品牌有北方股份、首钢重汽(现为柳工常州)、中环动力、三一重装等,天业通联和奇瑞重工股份有限公司等也都在展会上进行了实物展示。国家"十二五"规划、西部大开发战略、中部崛起和振兴装备制造业等一系列产业政策的出台,以及世界制造业的转移等,极大地促进了行业的快速发展,非公路自卸车市场规模迅速扩大,表现为供给不断增加,行业从业人员人数不断增长,市场规模不断扩大,到2012年达到了历史高点。在此期间基本形成了我国非公路矿用自卸车门类齐全的产品体系。

行业快速扩容进一步加剧了市场竞争的激烈程度，形成从品牌到价格再到服务的全方位、多层次竞争，使矿用车生产企业的利润进一步走低，部分技术水平不高、服务不及时和管理不到位的矿用车生产企业的盈利能力不断降低，经营指标不断恶化，直至无法正常经营，被迫退出市场。

自2012年下半年开始，受全球范围内大宗商品价格下滑影响，我国的钢铁、煤炭、有色金属等大宗商品的价格出现"腰斩"，极大地延缓了矿产资源开发的进度，也直接导致对矿用车的需求大幅度下滑。同时，随着国家经济结构调整和转型升级的不断深入，基础建设投资被大幅压缩，矿山企业生产意愿不足，限产、减产现象普遍发生，矿业整体发展形势步入近10年来最艰难的时期。在矿业形势持续低迷的影响下，全球矿用车产销失衡进一步加剧。订单减少，库存增加，行业亏损面不断加大，矿用车市场出现"断崖式"下跌。2012年前后，全球需求量达到峰值，总销量高达8 000台，随后逐年递减。2015年全球需求量跌至低谷，总销量接近2 000台，下降75%。从产品市场和种类分布上看，我国市场的矿用车需求量仅占全球需求量的不足10%，其中90%集中在百吨级以下刚性车。随后3年多的时间，全球市场需求持续处于低位徘徊状态。

2012年前矿用车市场经历了大约10年的黄金发展期，行业规模实现了快速扩大，行业加速进入发展期，直接刺激了大量资金涌入矿用车制造领域，资金过剩、质量良莠不齐和同质化竞争局面也早现端倪。长期以来矿用车产业市场需求规模有限，快速发展后紧接着出现了急速下滑，直接造成市场上供给与需求的严重不对称。需求的下降进一步加剧了市场竞争的程度，原有的竞争格局被打破，市场竞争正向着从产品功能到产品价格，从销售模式到销售渠道的全方位竞争发展。优胜劣汰的现象从2012年下半年开始出现，到2013年市场需求从盛到衰，发生了根本性的逆转，在规模有限的市场内，矿用车行业的同质化竞争愈演愈烈，市场出现明显产能过剩的局面。

随着国内经济结构调整，经济增长正由高速向中高速常态化转变，露天矿山受到宏观经济环境影响，收紧投资、压缩产能、暂停设备更新。各种原材料需求的减弱传导到了矿山开采业，直接导致与矿山发展息息相关的矿用车市场需求断崖式下滑。据国家统计局数据，2013年上半年我国采矿业产值同比增长7.3%，低于制造业10%的增速。正是受到了下游矿业资源开发放缓的影响，从2012年下半年开始，国内矿用车市场销量开始出现明显下滑，部分企业2013年开始经营困难。2013年对矿用自卸车行业而言是具有深远影响的一年，市场的反向变化让很多企业猝不及防，深陷盲目扩张的泥潭。在随后的1~2年时间内，不断有企业退出市场。

市场回归理性也促使市场参与主体重新冷静地思考行业未来的发展。在竞争中存留下来的企业，被迫开始思考如何更好地提高产品质量，提升产品品质，以及提高矿用车的运行可靠性，寻求技术创新和商业模式创新。通过在质量、成本和渠道上不断发力，解决矿山用户对国产矿用车产品品质和运行可靠性等方面存在诟病的问题，使国内外用户尽快建立信心，放心选择我国矿山设备。

"十三五"时期，对非公路自卸车行业来说是挑战与机遇并存的时期。我国经济改革进入深水区，标志着经济发展目标将由追求速度、规模向提高经济运行质量和效益转变。行业发展面临着经济增长动力不足与经济下行的压力，必须以科学的发展规划为指导，依靠科技创新驱动，走转型升级的道路，加快寻找新的经济增长方式。从国内情况看，随着国家治理结构由粗放型向节约型社会转变，越来越多的矿山经营者开始愿意接受将矿山的采剥运营权交给专业的施工企业去经营，矿山采剥的外包、分包和矿用车租赁成为重要的生产运营模式。这种外包、分包及租赁的生产方式可以有效降低矿山经营者的安全生产风险，降低设备的固定资产投入，为矿山的低成本运营带来可能。同时，也为宽体车的发展提供了更大的空间。具备"短平快"效应的宽体车获得了巨大的发展空间，开始快速地挤占小吨位非公路矿用车的市场份额，并随着宽体车向大型化发展，有效载荷不断增加，有逐渐替代机械传动矿用车的趋势，最终形成了市场上小吨位矿用车看"宽体"，大吨位矿用车用"电动轮"的局面。

2016年下半年，随着全球经济开始回暖，全球钢铁、煤炭、有色金属等资源价格持续缓慢回升，资源开发稳步加大。特别是煤炭行业在持续的结构调整和全行业高标准的环保要求下重启设备采购，为矿用车市场再次走强提供了坚实的支撑。全球矿业市场在2017年和2018年连续两年出现增长，市场需求重新达到3 000台。然而从2019年开始，随着中美贸易摩擦的不断加剧，世界局部地区的地缘冲突不断扩大，以及英国脱欧都给世界经济发展蒙上了阴影，抵消部分行业的发展动能，使本来就不稳定的增长势头再次被扼制。2020年春节前夕，随着新冠疫情在全球发生，世界经济直线下滑，人员流动停滞，货物往来受阻。受新冠疫情和贸易保护主义影响，全球经济增长呈现衰退，市场预期持续下滑，矿用车需求继续减少。

国家战略层面提倡和鼓励智慧矿山建设，对生态环境及绿色节能环保的刚性要求和供给侧结构性改革带来的深层次架构调整，很大程度地影响着矿用车的需求。短期来讲，会限制矿用车的市场需求。长期来看，国家的经济建设，特别是基础设施建设对基础能源存在巨大需求，需要消耗大量的矿产资源，采矿业发展的重要性无可替代。同时，随着我国高端制造能力的提升和行业高质量发展，我国矿用车性能将不断提升，市场竞争力和品牌影响力会不断增强，国际市场的占有率将会大幅提升。2010—2020年全国采矿业投资情况如图2-1所示。

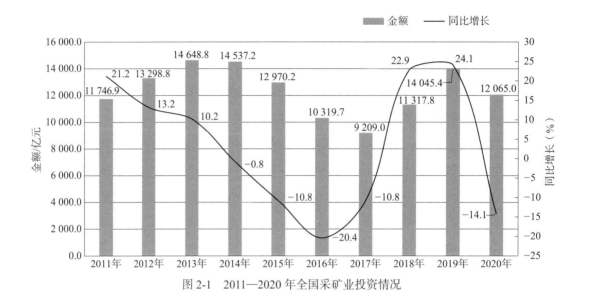

图2-1 2011—2020年全国采矿业投资情况

第二节 宽体车市场发展及特点

"十二五"和"十三五"期间，我国宏观经济始终保持持续、健康、稳步增长，政府采取积极措施不断加大对矿山和大型工程等基础产业和基础设施建设的投入，推进资源类产业的整合，强调发展方式向低能耗、高收益的方向转变，为非公路宽体自卸车行业的快速发展提供了良好的外部环境。我国相继出台的《中国制造2025》《产业结构调整指导目录（2019年本）》和国务院印发《"十三五"国家战略性新兴产业发展规划》等一系列产业相关政策，以及国家长期以来对煤炭、有色金属、建材及水利工程等行业产业政策的支持，有效地促进我国非公路宽体自卸车行业发展。2016年6月，工业和信息化部发布《工业绿色发展规划（2016—2020年）》（工信部规〔2016〕225号），指出面向节能环保、新能源装备、新能源汽车等绿色制造产业的技术需求，加强核心关键技术研发，构建支持绿色制造产业发展的技术体系。按照产品全生命周期理念，以提高工业绿色发展技术水平为目标，加大绿色设计技术、环保材料、绿色工艺与装备、废旧产品回收资源化与再制造等领域共性技术研发力度。重点突破产品轻量化、模块化、集成化、智能化等绿色设计共性技术，研发推广高性能、轻量化、绿色环保的新材料。促进工业绿色发展，加速了新能源非公路宽体自卸车市场的发展。

自 2016 年起，工程机械行业进入新一轮高速增长周期。相比于上一轮周期，支撑本轮周期的因素更加多样化，包括工程机械寿命周期叠加环保政策趋严，加快产品更新换代，采矿业去产能顺应矿山大型化发展，激发了非公路宽体自卸车对小载重量的公路重型载货车的进一步替代，下游矿山的投资平稳增长则带来增量需求。

2011—2020 年，非公路宽体自卸车的产品效率、运能、可靠性、安全性、舒适性、智能化取得了长足进步，包括技术标准的建立完善，得到了市场、行业和政府管理部门的认可，已经形成稳定的国内市场，国内年销量逐步增加，稳定在 15 000 台左右、年销售额超过 100 亿元的市场规模。目前，国内市场主要集中在露天煤矿、水泥砂石骨料矿山和有色金属矿山行业，占比分别为 75%、15% 和 10%。

非公路宽体自卸车在露天煤矿销售的主要市场集中于内蒙古、山西、陕西和新疆。在国内碳达峰和碳中和政策影响下，国内煤炭产量和煤炭消费量在未来将得到控制，但短期内，非公路自卸车销售的主要市场煤炭产量仍将保持增长，将进一步带动非公路宽体自卸车需求增长。

砂石骨料市场方面，国内对天然砂石的限制开采，导致机制砂石的需求量大幅提升，许多大型机制砂石骨料项目集中批复建设，建成投产后，将带动国内非公路自卸车需求大幅增长。

随着非公路宽体自卸车向大型化发展，以及对有色金属矿山和露天铁矿现场工况的适应性增强，需求将进一步增长。

非公路宽体自卸车作为非公路自卸车的新兴产品，具有优越的适应性和经济性，市场发展空间很大。其市场容量和市场规模的增长主要源自三方面：增量市场、存量替代和出口增长。

（1）增量市场：我国国民经济处在高速发展时期，基础建设规模不断扩大，能源项目、水利工程项目发展迅速，必然导致工程运输总量不断增长，市场需求总量持续增长，必将带动非公路宽体自卸车市场在未来几年快速增长。

（2）存量替代：非公路宽体自卸车替代进口大型非公路矿用自卸车和公路自卸车符合经济效益原则。它综合了非公路矿用自卸车和公路自卸车的优势，针对矿山、水利水电工程的实际工况专业打造，具备良好的适用性和安全性，而且经济性优势明显，销售模式灵活，初期资金占用少，更贴近国内中小规模矿山、砂石骨料市场和低投资项目的用车环境。

非公路宽体自卸车将逐步替代现有的同载重量级别的非公路矿用自卸车和公路自卸车。

（3）出口增长：非公路宽体自卸车不仅在我国是相对新兴的产品，在国外也没有相同或类似的产品。基于非公路宽体自卸车良好的适应性和经济性，该产品在国外，特别是在发展中国家也存在相当大的市场需求。随着宽体车相关的法律法规、标准和品牌建设等的不断加强，将会迎来大批量出口的良好局面。

我国经济的快速发展带动了露天煤矿、金属矿、建材矿、水利水电工程的快速发展，从而为非公路宽体自卸车行业创造了巨大的市场需求。

（1）露天煤矿是非公路宽体自卸车的主要应用领域和目标市场，约有半数的非公路宽体自卸车产品被应用于我国露天煤矿的矿石及物料运输领域。《煤矿安全生产"十三五"规划》明确提出，要积极发展大型高效集约化矿井和大型露天煤矿，随着煤炭行业产业结构优化调整，未来露天煤矿产量占比将进一步提高。最近几年我国露天煤矿得到了快速发展，露天煤矿产量比重由约4%提至约16%。根据国家统计局数据，2019年，我国原煤生产量已达38.46亿吨，谨慎按照剥采比 $5m^3/t$ 估算，每年土石方运输量约46亿 t（按每 $1m^3$ 土石方重1.5t计算，5×1.5×38.46亿 t×16%≈46亿 t），按照每台车土方年运量36万 t 估算，不考虑增长的情况下每年运载设备需求约13 000台。

（2）根据《关于推进机制砂石行业高质量发展的若干意见》（工信部联原〔2019〕239号），到2025年，年产1 000万 t 及以上的超大型机制砂石企业产能占比达到40%。大型机制砂石场的普及增加了对路面运载设备的需求。当前非公路宽体自卸车在砂石骨料市场占比不足15%，其余为公路重型载货车等其他运输设备。未来非公路宽体自卸车在砂石骨料市场的新增需求增长空间巨大。谨慎预测非公路宽体自卸车在砂石骨料市场占比每年提高3个百分点，平均每年新增运载设备需求至少1 600台。

近年来，国家对安全生产及节能环保日益重视，不断强调并鼓励矿山的露天开采，为非公路宽体自卸车奠定了良好的发展基础。针对不同工况量身定制的非公路宽体自卸车，具有显著优于公路自卸车的适应性和安全性。国家对安全生产的日益重视和人民安全意识的不断提高，特别是"一带一路"倡议的实施，将进一步推动非公路宽体自卸车行业的发展。总体而言，未来国内市场对非公路自卸车的需求将保持较快的增长速度。

第三节　"一带一路"倡议影响

习近平总书记早在2013年就分别提出建设"丝绸之路经济带"和"21世纪海上丝

绸之路"合作倡议（简称"一带一路"）。"一带一路"沿线国家基础设施建设落后，对工程机械设备有巨大的需求空间。随着"一带一路"倡议继续深入推进，未来有望继续拉动国内企业对外承包工程订单数量增长，进而带来工程机械设备需求的新增。

"一带一路"倡议的实施，将给我国的采选矿设备及配套类装备制造业带来广阔发展空间。在矿产资源领域合作，是"一带一路"建设的重要内容。"一带一路"沿线国家虽然拥有丰富的矿产资源，是世界矿物原材料的主要供给基地，但又普遍存在勘探开发开采能力相对较弱，基础设施建设主要依赖外资支持，关键设备需要由发达国家进口的问题，因此，虽然凭借其资源优势获得了不菲的经济利益，但也面临着不小的降本增效压力。

在矿业全球化的背景下，"一带一路"沿线国家与我国具有良好的矿产资源合作基础，且资源合作能进一步带动产能合作与经济互联，为区域命运共同体建设奠定发展基础。因此，"一带一路"沿线国家的矿产合作，是实现优势互补的必由之路。如今，很多沿线国家已经深切体会到，通过"一带一路"建设，将能够共享中国改革发展的红利，并将本地区的资源、技术与资金优势等转化为市场与合作优势。为此，沿线各国对开展矿业合作的热情高涨。这些无疑会给我国的采选矿设备制造企业和服务商提供广阔的空间，带来发展机遇。

非公路自卸车凭借良好的经济性和适用性在上述海外市场具有广阔的发展前景，并将为非公路自卸车行业提供巨大的增长空间。

第二章　国外市场综述

第一节　非公路自卸车国际市场发展及特点

矿用车产品起源于国外，在国外已有几十年的发展历程，基础技术已经非常成熟。矿用车由于机动性好、周转速度快、载重能力大等优点，成为露天矿开发生产的主要运输工具。

矿用车市场属于完全竞争性市场，竞争激烈。国外的矿用车生产企业普遍具有全球布局、技术实力雄厚、历史悠久的特点，长期引领矿用车产业发展方向。目前国际上只有美国、日本、德国、白俄罗斯、中国和印度等少数几个国家能够自主研发生产矿用车。

近些年来，随着全球人口的不断增多，经济的快速发展，人类对矿产品的需求急剧增长，矿山开采的规模不断增加，大吨位矿用车的需求比例也在逐步增加。有效载重量越大的矿用车，单位运输成本越低，这也成为大型自卸车需求量快速增长的原因所在。在年开采量千万吨级以上的大型露天矿山的运输设备中，非公路电传动矿用自卸车（电动轮）已占据 2/3 的市场份额，承担着世界上 40% 的煤、90% 的铁矿的开采运输量。

矿用车的载重量大，几何尺寸大，系列多、批量小，这就决定了矿用自卸车的研发和试制费用高，资产专用性和流动性高，资金占用大，配套体系要求高；具有比较高的技术壁垒和资金壁垒；而发动机、传动系统及轮胎技术的日臻完善，也带动了矿用自卸车的快速发展。目前，国外品牌主要有美国的卡特彼勒、日本的小松、美国的特雷克斯、日本的日立－尤克力德、德国的利勃海尔和白俄罗斯的别拉斯等，其产品主要集中在 40t 级以上品种。综合而言国外自卸车行业在技术上有比较大的优势，自卸车重载领域国外企业尤其是欧美企业处于全球领先地位，并且在质量稳定性、制作工艺等方面均居市场领先地位。这些厂商占全球矿用自卸车市场90%以上的份额。主要的矿用自卸车客户分布在北美洲的加拿大、美国；南美洲的智利、巴西、秘鲁；大洋洲的澳大利亚；非洲的南非、赞比亚；亚洲的中国、印度尼西亚、印度和蒙古国以及欧洲的俄罗斯等国家。

卡特彼勒当仁不让地成为超大型机械轮矿用车的霸主，市场份额超过70%；而电动轮市场方面，小松、特雷克斯、利勃海尔和日立－尤克力德等几家企业的产销量旗鼓相当。其中90～110t的产品占据了42%的市场份额，成为市场保有量最大的产品。

在刚性矿用车快速发展的同时，铰接式矿用自卸车由于其良好的驱动能力、通过能力和机动性能，也开始在环境恶劣的露天矿山占有一席之地。生产铰接式矿用自卸车的主要厂商有美国卡特彼勒、特雷克斯（相关业务转让给沃尔沃）、凯斯，日本小松，瑞典沃尔沃，芬兰摩克西（被韩国斗山集团收购），英国JCB和南非贝尔等，其中沃尔沃、卡特彼勒和特雷克斯3家公司的年产量占到了全球铰接式自卸车年产量的80%以上。据有关资料统计，铰接式自卸车当前市场保有量30 000余台，年销量也保持在4 000台左右，其中20～40t产品为主流产品。沃尔沃以超过50%的市场份额一举成为铰接式自卸车的龙头。

2011—2020年，国内市场赢得了国际跨国品牌商的重视。小松在江苏常州建立了矿用车生产基地，生产小吨位矿用自卸车。卡特彼勒在印度、俄罗斯建有工厂，主要生产百吨级以下机械传动矿用车，并针对我国需求量巨大的水泥市场推出了定制车型。随着越来越多的国际品牌的参与，国际和国内市场的分界被完全打破，国内市场国际化已成为事实。

第二节　国际市场矿用车保有量及增长情况

1. 10年间国际市场增长情况

2011—2020年，矿用车国际市场需求同国内市场需求的表现相似。据不完全统计，上一轮增长周期刚性矿用车销售量在2012年达到峰值5 681台之后，快速掉头向下，市场需求迅速萎缩，一路走低到2016年的谷底，2016年刚性矿用车的销售量只有1 893台。国际市场从2016年下半年开始触底回升，2017年重新恢复到3年前的水平，2018年刚性矿用车销售再次突破3 000台，达到了3 970台。2019年全球刚性矿用车销售3 051台，较2018年降低23%，2020年随着新冠疫情开始在全球范围内发生和蔓延，全球范围内供应链停工停产，对我国及世界经济增长造成极大的冲击。全球大宗原材料价格需求大幅下滑，2020 年全球矿用车市场继续下滑 25% 以上，重新回落到 2 500 台以下。

2011—2020 年国际市场刚性矿用车、铰接式矿用车销量见表 2-1。

表 2-1　2011—2020 年国际市场刚性矿用车、铰接式矿用车销量　　（单位：台）

年份	刚性矿用车	铰接式矿用车	合计
2011	4 719	6 669	11 388
2012	5 681	8 034	13 715
2013	3 898	6 814	10 712
2014	2 730	7 032	9 762
2015	2 269	6 740	9 009
2016	1 893	5 528	7 421
2017	2 796	6 078	8 874
2018	3 970	7 333	11 303
2019	3 051	7 907	10 958
2020	2 262	5 894	8 156

2. 美国 Parker Bay 公司的统计数据

据美国 Parker Bay 公司[一] 名为《市场分析和预测：装载与运输设备》的报告显示，从 2012 年下半年开始，大型露天采矿相关矿用设备交货开始走低，低迷期持续四年多，2016 年矿用设备指数创 10 年来最低，从 2017 年开始复苏。

2004—2014 年，全球设备制造商交付了 31 000 台大型自卸车（载重量 100t 以上），价值近 800 亿美元。非公路运输自卸车是目前为止移动采矿设备数据库中最大的产品组。目前在世界各地露天矿山作业的负载等级为 90t 及以上的采矿自卸车布局总数为 49 500 辆。不断升级的过量供应，加上中国和其他地区的需求放缓，引发了矿产品价格的下降，该种情况到 2015 年年底仍在继续，这反过来又迫使各公司关闭了许多矿山和降低了其他矿山的产能，并大幅削减资本支出，包括非公路自卸车设备的支出。过剩的设备造成新设备需求大幅减少，这种状况一直持续到 2018 年。

据 Parker Bay 公司数据库分析，在 2019—2020 年（部分与新冠疫情有关）期间，全球大型移动式露天采矿设备市场出现一定的下滑，主要是一些供应链存在问题，但在 2021 年实现了强劲增长。2021 年第四季度，出货量比第三季度增长了 16%，比 2020 年第四季度增长了 43%。2021 年出货量自 2018 年以来首次超过 70 亿美元。Parker Bay 露

[一] Parker Bay 为采矿设备行业提供数据、分析和相关的市场情报服务，包括维护最大、最广泛的露天采矿设备数据库。

天采矿设备指数（恒定美元权重，2007 年第一季度 = 100）从第三季度的 79.5 上升到第四季度的 92.3，但仍远低于 2012 年的峰值水平。按产品线、地理区域和矿业部门分列的交货量看，矿用车占 2021 年发货价值 45 亿美元的大部分，其中交付了近 2 700 辆。

2007—2021 年世界露天采矿设备（主要是矿用自卸车、挖掘机、装载机）的交货变化见图 2-2。

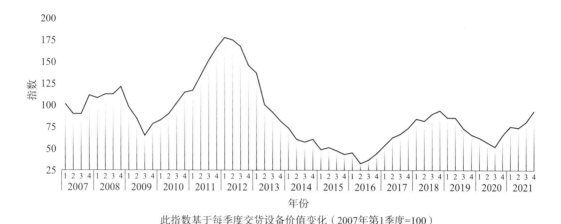

图 2-2　2007—2021 年世界露天采矿设备（主要是矿用自卸车、挖掘机、装载机）的交货变化

注：数据来源于 Parker Bay 公司数据库。

第三节　国际标杆企业矿用车产品应用趋势

1. 卡特彼勒

国际市场上，载重量 220t 的矿用车市场需求量最大，属于主力车型。卡特彼勒的 793 车型是该级别车型的代表。卡特彼勒自 1991 年推出 793 车型以来，目前已经发展到了第五代（793、793B、793C、793D、793F），生产数量达到 5 000 台。第 5 000 台 793 车于 2018 年 9 月交付澳大利亚的一个采矿客户，大部分的 793 车都应用在澳大利亚、北美及南非的矿山，用于铁矿、铜矿、煤矿、金矿及其他矿山的开采作业。卡特彼勒 793 车的产量数据远远超越了同级别其他品牌的自卸车。

该系列最新的一代是 793F，已被选作自动化运行车辆，现在有 100 多台 793F 通过卡特彼勒的自动化矿用车运行系统——自动运输系统（Command AHS）进行运输作业，这是卡特彼勒（矿山之星）的一部分。除了在南美和北美也有部分应用之外，大部分的自动化车辆使用在澳大利亚的铁矿中。

早在20多年前，卡特彼勒就开始了自动化自卸车的开发，首台车型曾参展1996年的MINExpo。2013年，卡特彼勒首次部署了6台商用化自动自卸车，目前该公司的自动化车辆总数超过了275台，型号包括789D、793D、793F、797F，遍及北美、南美和澳大利亚，运行于全球9个不同客户的17个矿区中。"矿山之星"系统通过车队、地形、探测、健康和命令五大职能模块，帮助客户管理物料跟踪到车队、设备健康、无人驾驶等方面。自动化自卸车继续推动着行业发展，卡特彼勒2019年2月宣布其自动化矿用车（使用了矿山之星自动运输系统）运输量达到了10亿t，行驶里程近3 500万km，并在之后呈现出更明显的加速趋势，并于2020年6月达到了20亿t。

卡特彼勒的自动化自卸车使用在澳大利亚、南美和北美。澳大利亚一支由70辆矿用车组成的车队在显著降低成本的同时使产能增加了30%，这又是一个新的突破。当前的卡特彼勒自动化车队主要车型是载重量227t的793F，不过卡特彼勒将扩大车型范围，现正在部署797F（载重量363t）和789D（载重量181t）自动化车型。公司还为用户提供用于其他品牌自卸车的改装套件，使不同制造商的产品在Command运输系统管理下，可在同一车队内与卡特彼勒自卸车协同工作。

在追求高科技突破的同时，卡特彼勒在本身既有的全系列非公路矿用车上也在不断地突破创新。

在2016年的全球矿山博览会上，卡特彼勒推出了794AC型超大型电动轮矿用自卸车，并于2020年9月又分别推出了796AC和798AC型超大型电动轮矿用自卸车。

在卡特彼勒传统的机械轮驱动领域，2020年推出了785型新一代汽车。

致力于为客户创造更好的效益同时，卡特彼勒还非常注重环境和可持续发展，努力帮助客户向零排放矿山转变。

2. 小松

小松Komatsu美国公司于2021年11月15日宣布，FrontRunner自动化运输系统（AHS）的运输量突破了20亿t，这是Komatsu自动化进程中一个重要里程碑。

小松公司的FrontRunner自动化运输系统于2008年在智利国家铜业公司的Gabriela Mistral（Gaby）铜矿首次投入商业化应用。该系统在累计产量方面呈现出指数式增长，2016年突破10亿t，2017年年末达到15亿t。

为了帮助矿山提高矿岩运输效率，小松与其客户密切合作，开发了第一款投放市场的自动化运输系统。2008年，在智利国家铜业的Gabriela Mistral（Gaby）铜矿部署了全球第一个自动运输系统，该系统将小松的超级矿用车与Modular Mining公司的

DISPATCH车队管理系统进行了整合。现在，该自动化运输系统已经商业化应用了10多年，没有报告过与该系统相关的伤害事故。

目前，FrontRunner系统可实现24h运行，在三大洲的13座在产矿山为客户提供运输服务，运输的物料包括铜矿石、铁矿石、油砂和煤炭。截至2021年9月，已有400多辆装备了小松自动化运输系统的自卸车投入运行。

第四节 非公路自卸车进出口情况

2011—2015年，矿用车出口主要是机械传动刚性矿用车，载重量在45～100t之间。直到北方股份大型电动轮矿用车生产线落成投产，以及湘电重装220t级电动轮矿用车试制成功，才从2012年开始有了载重量百吨级以上的大型电动轮矿用车的首次出口。

2011年湘电集团和全球三大铁矿石巨头之一的澳大利亚力拓集团签署了国产矿用自卸车出口合同。湘电集团为澳大利亚力拓集团量身定制了4台230t级电传动矿用自卸车，于2012年年初运抵澳大利亚皮尔巴拉矿区汤姆普莱斯矿进行施工。标志着"中国创造"、具有完全自主知识产权的大型自卸车首次出口国际高端市场。

2010年，北方股份首条电传动矿用车生产线在其矿用车工业园落成通线，首批下线的10台NTE260大型电动轮矿用车成功销往缅甸。2015年，载重量超300t级的特大型电动轮矿用车批量销往非洲纳米比亚。至此，形成了全系列矿用车全面外销的局面。

2011—2020年，国内企业共实现出口矿用车1 466台。同期，进口矿用车426台，矿用车自给率达到了91.8%。

2011—2020年我国矿用车进出口情况见表2-2。

表2-2 2011—2020年我国矿用车进出口情况 （单位：台）

项目	2011年	2012年	2013年	2014年	2015年	2016年	2017年	2018年	2019年	2020年
出口	150	246	146	112	103	23	181	197	192	116
进口	52	60	56	62	41	11	12	13	37	82

2011—2020年我国矿用车出口情况见图2-3。2011—2020年我国矿用车进口情况见图2-4。

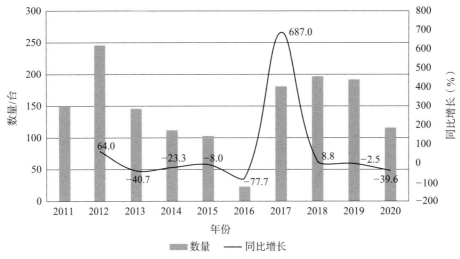

图 2-3　2011—2020 年我国矿用车出口情况

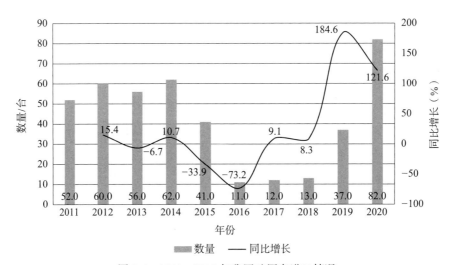

图 2-4　2011—2020 年我国矿用车进口情况

非公路宽体自卸车原创于中国，经过 10 年的充分发展，自 2015 年开始有产品批量出口到海外，数量逐年增加。海外出口在近十多年中，以东南亚国家为"桥头堡"，逐步向世界各地的矿山市场稳步拓展，产品定位、性能、应用价值在发展中国家逐步得到认可，近 6 年迎来了一个快速发展的窗口期。

非公路宽体自卸车生产企业不断提升国际化视野，积极拓展海外市场。截至 2020 年，以同力股份为代表的宽体自卸车生产企业生产的产品已出口至东南亚、南亚、中北亚、非洲、中东、东欧等地区，出口国有马来西亚、泰国、老挝、越南、印度尼西亚、蒙古国、南非、赞比亚、津巴布韦、莫桑比克、乌兹别克斯坦、俄罗斯、尼日利亚、伊朗等，累计出口到 20 多个国家。产品技术完全符合出口国的法律法规规定及满足用户使用需求。

虽然在部分国家还面临技术认证、关税等的多重壁垒，出口国别法律、政策多变，但总体上国际市场用户认可度和出口量已经逐年稳步提高，未来增长潜力巨大。据不完全统计，2015—2020 年，我国企业共实现出口宽体车超 1.2 万台。

进口方面，由于宽体车是完全基于国内应用环境创新出来的一种本土化产品，国外没有同类生产制造企业。因此，直到 2020 年年末，国内没有宽体车产品进口。

2015—2020 年非公路宽体自卸车出口情况见图 2-5。

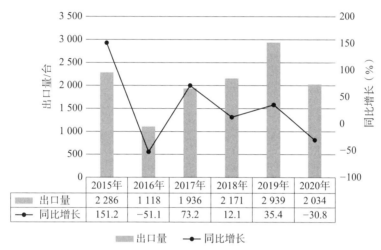

图 2-5　2015—2020 年非公路宽体自卸车出口情况

第五节　国内典型企业的国际化实践

1. 北方股份

截至 2020 年以北方股份为代表的矿用车生产企业生产的产品已出口至全球 63 个国家和地区，主要集中在"一带一路"沿线地区及亚洲和非洲地区，出口额逐年攀升。目前企业的国际化经营模式主要是销售整车、备件及提供技术支持，创新开展了"销售＋服务"的"打包式"营销模式。

在具体方式上，北方股份主要采取"借船出海"（借助大型能源类中央企业的海外投资渠道）、"借路出海"（借助"一带一路"的政策机遇）、"借势出海"（借助集团的平台优势）、"造船出海"（建立海外代理商）、"融资出海"（扩大融资贸易方式）五种方式拓展国际市场。

（1）借船出海。通过借助中国兵器北方车辆、中非基金、中广核、中电建等中央企业，先后进入缅甸、纳米比亚、巴布亚新几内亚、巴基斯坦、利比里亚、伊朗、苏丹、卡塔尔、老挝等国际市场。后续进一步加强与国务院国资委旗下23家开展国际化经营的中央企业旗下矿山企业的交流对接，及时了解和掌握相关信息，寻求合作商机，巩固合作关系，"借船出海"开拓海外市场。

（2）借路出海。"一带一路"沿线区域国家具备广阔的矿产资源开发前景，比如东南亚的印度尼西亚、泰国、越南、缅甸、柬埔寨，南亚的巴基斯坦、尼泊尔，西亚北非的伊朗、阿拉伯联合酋长国、卡塔尔，中亚五国，北亚的俄罗斯等都拥有大量有色、钢铁、煤炭等矿产资源有待开发。中资企业不断进入"一带一路"沿线区域国家进行对外贸易和矿产资源开发，北方股份紧盯相关信息，及时跟进，借助中资企业投资布局"一带一路"沿线矿业市场的东风，"借路出海"开拓海外市场。

（3）借势出海。北方股份矿用车的核心零部件均来自全球顶级配套商，这些供应商均是巨头级企业，在全球拥有完善的营销、服务网络，势头强劲，影响力巨大。北方股份不断深化与这些全球顶级配套商的合作，注重发挥其全球影响力、营销和服务优势，将合作关系由单纯的零备件采购发展为在全球市场联合开发、联手服务的战略合作关系，"借势出海"开拓海外市场。

（4）造船出海。北方股份矿用车沿着"一带一路"和"国际产能合作"路线图，已在印度尼西亚、蒙古国、俄罗斯、缅甸、伊朗等国际矿业大国开发了多家实力雄厚的代理商，并将其打造成为品牌国际化拓展的前沿阵地。同时，也在不断研究完善和丰富代理商政策，力争与现有代理商形成长久稳定的战略合作关系，以实现互惠互利，进一步稳固"造船出海"开拓市场。

（5）融资出海。以中信保保单为基础，进一步在国际市场推广融资贸易模式，将其打造成为北方股份矿用车拓展国际市场的重要手段。积极拓宽渠道，进一步加强与国内专业矿业公司、矿建公司及金融机构合作，为海外终端用户和代理商解决融资贸易难题，"融资出海"拓市场。

2. 同力股份

同力股份2010年组建海外业务部，2010—2015年成立了海外一部、海外二部，确立了以海外区域代理商模式为主要出口方式，发展属地化经销商、服务商的出口模式。经过5年的业务探索和发展，目前主销区域以东南亚为主，公司产品累计出口到全球20

多个国家，出口产品两大类，10余个品种，已经拥有马来西亚、泰国、老挝、印度尼西亚、缅甸、蒙古国、俄罗斯、南非、伊朗、巴基斯坦等10多个签约代理商。产品出口超百台的区域有马来西亚、泰国、巴基斯坦、刚果，年最高出口额达2 000万美元以上，占公司销售收入的10%以上。同时向中国电建、紫金矿业、金诚信股份、中国机械设备工程、中材集团、比优股份等知名国际工程承包商（项目）提供设备和服务。

公司建立了海外服务网络，成立了西安同力有限公司（简称西安同力），主要进行海内外产品服务及服务承包业务。实现零距离驻矿服务、巡回服务、销售人员参与服务等多种模式。

非公路宽体自卸车的出口贸易方式一般为自营出口优先战略，以本地化经销服务模式为基本模式，发展属地化经销商、服务商。为了产品服务有保障，在有经销商的区域同步建设服务团队，但总体海外服务保障能力弱，专业技能不佳，服务满意度低，有待进一步发展提升。

随着非公路宽体自卸车的产品技术逐步升级、可靠性提高、产品系列化、服务保障能力提升和市场逐步拓展，非公路宽体自卸车的产品价值和品牌逐步得到国外用户和国内专业施工公司的认可。产品应用前景愈发广阔，亚洲、非洲和拉丁美洲等地区的发展中国家矿业市场需求旺盛和"一带一路"倡议带来的长期机遇，是公司未来出口业务长远持续发展的一个重要支撑。

第三章 维修、服务与后市场

第一节 行业总体情况

在矿用车领域,售后服务技术支持非常重要,它能够保证矿用车有很高的设备完好率,并具有高的设备出勤率。同时,基本的技术支持和一些现场的情况评估也很重要。主机厂应该科学地评估矿用车的维护状况,并帮助制定非常详细的维护计划;同时主机厂应该去用户的维修车间参观,评估车间的大小,车间起重机吨位大小及吊起高度,评估维修车间的门面大小是否足够车辆进入;还要对矿山的未来发展进行评估,评估矿山深度和运输距离是否会增加等。此外,要根据矿区内的工况需求帮助用户建立并保持适当的配件储备,以便在故障发生后可以及时进行更换、维修。为此,主机制造商需向用户提供包括驾驶员手册、维护手册、组装手册在内的技术文档支持,以及提供备用零件清单,并为用户提供必要的人员培训或讲座,帮助用户更加科学、恰当地使用及维护车辆。

矿用车制造商未来竞争的关键不在于能提供什么产品,而是要看其能提供附加服务的多少。服务是提高产品附加值的一种有效途径。售后服务作为公司后市场维护的重要组成成分,涵盖了矿用车销售后的质量保障、维修保养服务、零备件供应、技术培训、技术咨询及指导、市场信息反馈等与产品和市场有关的一系列内容,它是矿用车产品的一部分,是产品价值的一种延续,良好的服务能将产品的性价比提高9%左右。

在非公路宽体自卸车细分领域,2011年及以前购车用户是大量零散个体经营者,维修模式主要以用户自养维修人员或路边小店为主,对技能要求相对较低,配件市场分化,大量背包客供应零配件,后市场零部件良莠不齐。自2012—2015年市场断崖式下滑后，维修从业人员生存困难，大量人员转行，售后服务行业不景气；2016—2020年市场上行时，行业内用户趋向选购大型化车型，同时维修专业化、团队化趋势明显，如非道路三阶段排放标准的执行要求维修技能专业性更强，以及必要的团队协作。同时，随着用户的车型向大型化发展，配件开始集采，对服务要求有质的提升，对时效性、有效性、服务态度有更高要求，寻找合作服务团队或公司提供服务是很好的服务模式。

非公路宽体自卸车后市场主要是围绕产品的保内开展售后服务（实际是主机厂商的服务外包），包括配件销售、设备维修、设备租赁、二手机销售、再制造、置换及报废机处置。配套的有金融服务、保险服务、物流等业务。近年来，应设备大型化，智能化，无人化等发展趋势的需要，设备技术复杂程度越来越高，用户不能依赖简单的被动维修模式，维修服务需要专业化、多样化的长期服务支撑，涌现出如西安同力等的专业化智能型租赁、服务、再制造企业。

第二节　重点企业典型做法

一、北方股份

北方股份坚持以客户为中心，不断创新商业模式，为用户提供包含维修大修、服务承包和备件供应的营销服务解决方案，发挥北方股份专业化的优势和相关资源整合优势，联合相关方与用户共同开展矿山开发设计、设备选型及后期运营维护，为用户提供矿山运输系统解决方案，进一步增强了用户"黏度"。

推进定制化后市场服务模式，满足用户的个性化、定制化服务诉求。通过有偿服务人员劳务派遣、车辆完好率承包、车辆矿石拉运量承包、车辆维修再制造承揽四大特色服务，引导用户在整车采购洽谈的同时将后期的服务保障纳入其中；此外，通过与用户签订长期战略合作协议和长期供货协议，推行备件直采模式，降低用户的采购成本。在国际市场上，北方股份引进了国际结算信保模式，既保证了备件在国际市场的销售，满足了国外市场用户的需求，也帮助公司规避了国外业务回款的风险，保障了公司的利益。从而实现矿用车在15~20年的全寿命周期中，以运行成本最低的优势和有保障的出勤率赢得竞争优势。

北方股份根据长期坚持的用户理念和服务特点，从市场化的角度正式定位了具有北方股份特色的用户服务方针：共赢的平台，"贤妻良母式"服务，差异化满足，永久性支持。以用户需求为导向，以贴心、周全、快捷的服务方式为手段，从而形成了公司的售后服务体系。北方股份矿用自卸车售后服务体系以信息互联的"三五TIQM"一体化质量链管理为基石，集技术培训、"贤妻良母式"客户现场服务、矿用车远程故障诊断服务平台、矿用车维修再制造、针对典型用户的区块链后市场服务承揽等业务为一体，致力于用户价值最大化的产品全生命周期运行。

（一）技术培训

"技术培训五步法"包括用车前培训、用车后培训、实际拆装培训、巡回培训和技术支持培训五个部分。

（二）"贤妻良母式"现场售后服务

北方股份的售后服务始终坚持以客户为中心，公司矿用车市场的最后一道保障措施为现场售后服务。作为我国矿用车的龙头企业，最大的优势在于能够与国内外客户保持紧密联系，及时为客户解决问题。尽管国外企业在重型矿用车领域领先我国一步，但随着公司在发展资金、高端技术和行业人才等方面与国外企业的差距不断缩小，面对国外竞争对手，公司"有比他们做不到的优质售后服务"。北方股份在标准化的服务作业流程基础上，售后服务过程对用户使用设备既发挥"贤妻"辅助作用，又发挥"良母"式的指导作用，针对用户遇到的任何问题，做到：保修期驻矿，电话微信及时回复，48h人到现场，72h解决问题，永远和用户在一起。以解决问题为第一目标，确保矿用车出勤率、完好率，实现产品全生命周期内运行成本最低，为用户创造最大价值。

特色售后现场服务内容有：

1. 产品保修期驻矿服务 + 后期巡访服务

公司产品自交货之日算起保修期为一年或3 000h（以先到准），针对一般用户售后服务部派售后服务工程师到现场进行驻矿服务，保修期期满后改为巡回方式服务。有效保证了车辆的出勤率和故障间隔时间，有关车辆使用、保养、维修等问题可通过现场服务工程师进行反馈或直接拨打公司用户电话反馈。

售后服务工程师在驻矿期间要做到对用户正确地指导，细致地检查，同时对用户在"预防性保养"方面起到监督作用。具体如下：

（1）正确地指导。售后服务人员要帮助用户制定车辆管理规程，在现场服务工作中指导用户正确操作、维护公司产品。对产品在使用过程中遇到的各种问题能准确、迅速地判断问题所在，正确分析产生原因，明确责任方，并和用户一起将问题解决，对出现的问题能够提出相应的预防措施。

（2）细致地检查。现场服务人员每天要同用户设备点检人员一道，认真检查车辆，对于车辆出现的任何异常情况，要求做到细致认真地查原因排隐患，将故障解决在萌发状态，减少相应损失。对检查不力造成重大损失和因查出险情隐患减少损失的给予相应的惩罚或奖励。

（3）公正地监督。服务人员在现场要监督用户是否按"预防性保养手册"要求维护、保养车辆，车辆是否使用符合要求的原厂备件、油料、滤芯等，如有不符，应及时指出并要求更正。对不听劝告的用户，现场服务人员有权终止相关部件的保修，同时书面通报用户的设备主管部门以及客户服务中心经理。未获取《北方股份系列产品操作合格证》的人员不得操作车辆，否则现场服务人员有权终止对该车辆的保修。

2. 快捷的售后索赔

现场服务人员每天把车辆出现的问题拍成照片，利用售后服务系统手机客户端填写"NHL服务报告"上传流程，根据"新车保修"和"新备件保修"条款，对于符合索赔条件的损坏件，在流程中报告人员意见栏中填写"建议索赔"。现场人员对于符合索赔条件的损坏件，要本着保修不是保换的原则，能修复的必须现场修复，只能索赔修复时所用的零备件。流程根据实际情况从最近的服务队调货，保证车辆停车时间最小化。

3. 服务站和用户备件库

与产品供应链相比，售后供应链随机性更大，预测更困难，为提高售后服务的快捷性，确保每个工作环节的顺畅，需把零部件供应商、公司本部、服务站、用户备件库等各个环节的业务看成一个整体功能过程，通过公司信息化管理技术，集成售后服务中的各环节企业的人员、技术人员、经营管理人员，协同完成预测、生产、运输、库存等方面计划和控制用户管理、技术、财务等运作。用户备件服务站和用户备件库使维修响应时间缩短，更好地满足用户现场车辆需求。

（三）矿用车远程故障诊断服务平台

公司建设矿用车远程故障诊断服务平台，基于北斗定位系统、车辆控制技术、互联网技术、电子网络技术开发矿用车智能安全管理服务平台，利用移动通信技术，将矿用车与云端智能安全管理服务平台建立远程通信连接，数据采用云计算平台进行存储，开展产品运行使用过程大数据收集整理和分析。为智能化矿山用户使用、售后服务提供数据支撑，为用户提供"人、车、管理"整体解决方案，使矿用车运营管理数字化、动态化、远程化控制，实现矿用车的安全、油耗、维保等全方位管理，增强用户体验，提升用户价值和产品市场竞争力。

按照J1939协议及北方股份企业标准《非公路自卸车 控制器局域网（CAN）通信协议》，进一步升级矿用汽车的感知能力、扩展服务平台对外接口，将矿用汽车的位置、工作状态、故障信息、预警提醒等数据实时上传至服务平台进行分析处理，对车辆进行实时远程监控。结合车辆档案、用户档案、服务派工、故障维修、故障指导、在线手册和备件商城等功能，优化甚至重塑企业管理流程、价值链、生态链，同时，不断收集矿用汽车使用过程中的各类工况数据，进行大数据建模分析并不断学习优化，无论是车辆整体运行情况的统计与分析，还是个别车辆的监控与追踪，皆可做到上通下达的实时掌控与反馈互动，从而延长矿车使用寿命，减少燃油消耗，提高设备安全性和可靠性。

（四）矿用车再制造业务

随着国内矿用车市场保有量的不断攀升，以及矿用车使用年限的增加，约60%的在用矿用车达到了大修期，尤其是矿业发展受到国家政策影响，大修行业受到重视，用户不买新设备了，而是要大修。再制造比大修的质量、性能、效益、成本都更高一个层次。这给公司再制造业务的拓展创造了机遇。为深入贯彻公司"挖掘后市场潜力，加强矿用车全生命周期服务支持和智能化改造"，再制造中心以"打造精益理念，再造精品矿车"为宗旨，凭借一支优良的再制造团队，利用各类试验台和检测设备，承揽公司生产的各种刚性矿用车整车和大总成部件的再制造业务。再制造中心先后完成了神华北电、神华宁煤、神华大雁、华能魏家峁、甘肃金川集团、鞍钢矿业、包钢白云鄂博铁矿、太钢集团、中铁九局、中铁十九局等用户的大修和再制造业务，不仅帮助企业获得了车辆价值的最大化，更有效地支持了国家倡导发展绿色循环经济的呼声。

北方股份维修及再制造中心（见图2-6）厂房面积3 780m^2，拥有各类试验台和检测设备，拥有艾里逊变速器的一级代理商资质。按车辆维修工序及功能设车辆分解区、清洗间、钣金焊接区、发动机维修区、变速器维修区、驾驶室维修区、液压缸修理区、后桥修理区、总装区和试验间。

图 2-6　北方股份维修及再制造中心

（五）针对客户的"投建营生态圈"后市场服务承揽

随着"一带一路"的推进和落实，中国企业在海外更加追求互利共赢的发展理念。国际工程项目的商务模式也快速变化，集项目投资、规划设计、建设运营维护于一体的"投建营一体化"模式已成为工程建设企业的重要转型方向。项目建成后，我国的企业负责后续运维、延伸利润链，发挥项目应有的经济和社会效益。

北方股份借力中国兵器投建营一体化工程平台，搭上中国兵器工业集团旗下北方公司及与其合作的中央企业的海外矿产资源开发大船，努力借助"投建营生态圈"进行发展。北方股份专业制造矿用车，并且提供包含服务承包和备件供应的整体营销服务解决方案，利用自身优势，在"投建营生态圈"的运营环节，让"贤妻良母式"售后服务彰显服务优势，服务于冶金、有色、化工、煤炭、建材、水电、交通等类投建营项目。在低耗高效的智能化产品和系统解决方案服务方面，发挥公司售后服务体系的综合竞争能力，实现生态圈的双赢。相应的特色服务有：按车辆台数配备常驻现场的售后服务人员；渠道正宗、质量可靠、品种齐全的备件保障；帮助用户建立额度自定、与北方股份中心库联网且可随时调剂和补充的备件保障库；建立先进的信息化用户服务系统保障平台，系统内拥有相应的车辆出勤率、平均故障间隔时间（MTBF）考核系统。

（1）建立备件库。在投建营的大客户地区就近建立分公司或寄售库，储存相应车型备件，进一步缩短用户待件时间，方便用户使用。用户使用主机厂正宗备件，质量得到有效保证。北方股份销售的每一个零件均为原车装车件，其中部分自产零件多年来销售到英国和美国的 TEREX 公司。分公司或寄售库的备件品种齐全，新老车型备件均有储备,随时能与生产库存相互调剂,确保用户需求。各种类型备件库存量大,常备备件库存货价值2亿元,能确保用户随时使用到备件现货,将用户停车待件时间降至最短。

(2)车辆完好率承包模式。北方股份根据车辆数量和车况选派一定数量的维修人员对车辆进行日常点检、维修、保养,用户必须从北方股份购买正宗备件,驾驶员要接受北方股份维修人员的监督。北方股份服务人员原则上要参加买方车管部门的调度会,有权提出好的建议。在此前提下,保证承包车辆的完好率达到90%以上。用户以每台车为单位支付双方约定的车辆技术服务保障费(除技术服务费外,其他费用由买方自行承担)。

(3)车辆矿石拉运量大承包模式。北方股份根据车辆数量和车况选派一定数量的维修人员对车辆进行日常点检、维护、保养,保证买方提出的年拉运量,每月根据车辆的拉运量按双方约定的方量单价结算。该价格包括:人员工资及相关费用;车辆修理所需要的所有备件费用;车辆保养所需的滤芯、润滑油、油脂、液压油、冷却液、电解液费用;维修保养车辆所需的清洗剂、钢材、焊条、棉纱、氮气、氧气、乙炔等费用;承包期内所使用的产品技术条件等符合国家标准和行业标准的通用设备、专用设备、检测设备、工具、辅助车辆的折旧费用;管理费;利润和税金。轮胎、燃油、驾驶员费用除外,但驾驶员要服从现场项目部的管理。

(4)售后服务人员驻矿服务协助企业培养运行维护人员。矿用车质保期过后,北方股份根据车辆数量和车况选派一定数量的精锐服务团队对车辆进行日常点检、督促、协助用户维修人员对车辆进行日常保养和维护,公司服务人员与用户维修人员吃住在一起,遵守相同的作息时间,确保随时有问题随时解决,另外"授人以渔",毫无保留地对用户矿车驾驶员、维修员进行系统化专业技能培训和交流经验,相关人员经考核合格后独立上岗,服务期限以一年为基准,可长可短。服务期内,用户需支付北方股份服务人员的往返机票费(一年期国内外往返两次)、劳务费以及在国外期间的各种保险费用(以每个人员计),用户为设备厂家服务人员提供现场食、宿、交通等方便条件。北方股份服务人员原则上要参加买方车管部门的调度会,有权提出好的建议。直到客户建立一支可靠稳定的维修队伍为止。

二、同力股份

(一)组织结构和保障体系

为了更好地服务客户及产品,同力股份成立了技术服务中心,下设技术服务部、配件部、培训中心。其中技术服务部主要职责是负责制定设备生命周期内的使用、保养、维修服务方案，建立公司特约服务商，处理用户的投诉索赔，做好产品服务记录并监控服务过程；配件部主要职责是负责设备配件的采购、调拨、仓储、销售，按市场需求制定运输计划发运，费用结算，监控全过程并建立客户档案，关注用户车辆运营且提供配件支持；培训中心主要职责是为用户做好全方位的用车及驾驶员操作技能的培训。面向非公路自卸车后市场业务，同力股份成立了全资子公司——西安同力，主营业务为重工机械产品的技术服务、修理、租赁、销售及配件销售；货物与技术的进出口经营（国家禁止和限制的货物与技术进出口除外）。致力于做"中国非公路运输行业最先进的运能服务商"。专业服务于非公路运输行业，专注于车辆全生命周期的服务，提供运能，提升运能，确保运能。

目前同力股份国内授权服务商有30家，基本覆盖全国各省份。根据销售业务划分为8个大区，各区域指定区域服务负责人，分管各自区域日常工作；海外14家授权代理商，同力股份直接派驻24名海外服务经理。国内同步设有5个直属中心库，27个区域库，物流渠道通畅，保障配件发运便捷高效。针对重大特殊故障设有应急机制，开通绿色通道，保证服务时效性。

（二）服务理念和模式

理念：客户为先，持续为客户提升价值

模式：作为专门化的制造业企业，公司针对非公路宽体自卸车等产品使用区域和时间相对集中的特点，依靠突出的现场服务及配件供应能力，建立完善"零距离"服务体系。配件方面设立中心库、分中心库和现场服务站三级配件体系，人员方面组建由经销商、专业服务商、主机厂、配套厂、公司派驻技术人员组成的现场专业服务团队，确保快捷有效地为用户提供服务，并已获得用户的广泛认可。公司充分认识非公路宽体自卸车的市场特点，采用区别于重型载货车行业普遍采用的4S店服务模式及传统工程机械行业普遍采用的巡回式服务模式，这些服务模式已逐渐成为公司的核心竞争力之一。

1. "质保期"内的服务维修模式

公司产品交付用户后会免费对用户的技术人员、驾驶员和工地的维修人员进行技术服务。非公路宽体自卸车整车保修服务自产品交付最终用户之日起，根据《非公路宽体自卸车质量保证与售后服务保障协议》约定的产品质量保修期进行服务。在该期间，由于质量问题造成的车辆故障，公司负责免费维修或更换，在新车到后每3个月和出保前对用户进行电话回访。具体的服务模式有：

（1）经销商服务，即公司可以委托有维修资质的经销商负责"质保期"内的售后服务。维修服务完成后，公司与经销商进行相关费用结算。

（2）委托第三方服务，即由公司委托第三方服务商提供"质保期"内的售后服务。维修服务完成后，公司与相关服务商进行相关费用结算。

（3）公司直接服务，即如果最终用户的工地附近没有维修资质的经销商或第三方服务商，在"质保期"内如车辆出现故障，公司通过自己的服务站向用户提供售后服务。

（4）用户自助服务，即如果最终用户的工地附近没有维修资质的经销商、第三方服务或公司自己服务站距离较远，在"质保期"内如车辆出现故障，公司通过远程提供技术服务，由公司自主维修，相关费用由公司与用户结算。

上述四种服务模式下，所产生的服务和配件费用，即"三包费"均由公司最终承担。

2. "质保期"后的售后服务

"质保期"后，公司仍可以通过"质保期"内服务维修模式对用户提供售后服务，但相关费用由用户自行承担。公司将在技术、配件、人员等方面提供支持和指导。

3. 维修保养总承包模式

维修保养总承包模式，是用户根据自身需求，在"服务期"内将驾驶人员操作培训、车辆检查、保养、耗材、油品、配件、维修服务进行总包。公司在"服务期"内为用户提供车辆运行所需的保养、维修、配件更换、技术培训等服务，保障用户开采作业的运能，确保车辆出勤率。用户按每月运输方量与公司结算总包服务价款，维修保养所耗用配件成本、人工费、培训费等均由公司承担。

（三）服务内容及主要措施

（1）现场服务按照用户施工要求建立相应管理制度，包括设备档案、应急预案、安全制度、培训制度、与用户设备管理部门的协调制度等。

（2）依据《操作说明书》《保养说明书》《维修手册》，对现场作业设备进行操作人员培训、日常维护、保养和诊断、日常修理（包括总成互换修复）。同力股份服务人员现场完成交车服务，按《操作说明书》培训现场操作人员，建立车辆维修档案。

（3）同力股份服务人员对所有车辆，应严格按照同力股份《保养说明书》及《维修手册》进行定期检查和指导用户维护保养，按技术要求进行维修。以日常维护保养检查预防性修理为主，避免故障扩大。对于运输途中出现的突发事故，为了不影响施工采用总成互换修理法。缩短修理时间，使待修车辆快速恢复性能，提高利用率。

（4）教会用户做好日常状态监控、预防性检查维修。

（5）对出现故障，及时安排人员及配件随时进行修复。

（6）对修复更换总成备件，换下的总成集中在修理厂内修复，确保状态完好待用。

（7）按照矿区作息时间合理安排服务人员班次，随时提供服务。

（8）做好配件管理，及时补充配件，满足服务需求。

（9）完成每项服务工作后及时进行效果评估总结，持续改进服务工作质量。

（10）协调矿方督促安排驾驶员按同力股份《保养说明书》要求进行日常维护保养。

（11）同力股份协助用户对驾驶员进行考核，驾驶员对车况不熟悉，或有不良驾驶习惯的，同力股份有免费培训驾驶员的责任，用户督促驾驶员参加培训，驾驶员经两次培训不合格，建议用户更换驾驶员。

（12）全生命周期内对有需求的用户提供总包或分包服务方案，专业化团队解决用户维修保养的相关难题。

（四）主要经济效益

同力股份服务中心主要是对产品的三包期进行服务，保证用户选对车、用好车，服务本身不产生直接经济效益。专门进行后市场运营的子公司西安同力专业服务于非公路运输行业，专注于车辆全生命周期的服务："提供运能，提升运能，确保运能"。截至2021年年底，公司总资产为36 945万元。2021年公司销售收入11 697万元，利润总额3 728万元，缴纳税收505万元。公司坚持做好国外维修服务总包业务，积极拓展国内租赁业务，力争做我国非公路运输行业先进的运能服务商。目前，公司资金充沛，各项业务保持良性发展势头。

（五）典型案例

为保证用户选对车、用好车，公司开创性地通过"同力工法""零距离"服务、"五个一"养车模式等特色经营模式全程指导用户选车、用车、养车。公司的销售及技术部门根据产品的使用环境和用户自身的资源情况，选择并确定用户适用的服务模式，协助用户提高运输效率，提升工程经济效益。针对中国机械设备工程股份有限公司（CMEC）巴基斯坦塔尔煤田项目车辆，经分析采用服务总包模式。

服务总包内容：依据项目所在地区自然环境、工程量、矿区内道路情况（运距、坡度等）、物料种类、设备情况等，将驾驶员操作培训、设备维护保养、耗材油品的采购存储、日常维修、配件采购和存储、维修队伍组建和管理等进行总包。

2016年同力重工携手中国机械设备工程股份有限公司（CMEC），对CMEC在巴基斯坦塔尔煤田项目施工的125台"同力重工"牌TL875B车型进行总包服务。西安同力在塔尔项目投入人员60人（含巴方人员），备件库存2 200万元。项目运行高峰期，125台车创造了单车月最高运量45万 m^3，集群年总运量5 031万 m^3 的运输纪录。车辆连续5年出勤率高于95%。

西安同力服务荣誉及现场见图2-7。

图2-7 西安同力服务荣誉及现场

综合篇

市场篇

技术篇

中国非公路自卸车行业志

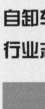
技术篇

主要介绍非公路自卸车行业的技术特征，产品、技术发展历程，发展现状、科技成果和技术进步，同时介绍了行业的知识产权与标准化工作

企业篇

协会篇

大事记

综合篇

市场篇

技术篇

第一章　概述
第二章　非公路自卸车产品及技术发展历程
第三章　创新平台建设
第四章　非公路自卸车技术进步
第五章　知识产权与标准化工作

中国非公路自卸车行业志

技术篇

企业篇

协会篇

大事记

第一章 概述

第一节 露天矿开采工艺对非公路自卸车的要求

一、露天矿山开采工艺及设备

露天开采是指用一定的开采工艺,按一定的开采顺序,剥离岩石、采出矿石的过程,露天矿包括煤矿、铁矿、有色矿和非金属矿等。矿物赋存条件不同,开采的工艺不同,典型的开采工艺是通过"钻—装—运"等工序完成,具体为穿孔爆破、采装、运输和排土,这四项工作的好坏及它们之间的配合程度,是露天采矿的关键。按照采矿作业的连续性,露天矿主要有间断式、连续式、半连续式、无运输倒堆式等开采工艺,各种采矿工艺也可以组合使用。其中间断式、半连续式都要用到单斗—卡车,这里单斗是指铲装设备,包括电铲、大型装载机、液压铲(矿用挖掘机),其中大型矿山以电铲为多;卡车就是非公路自卸车,完成运输任务。

在单斗—卡车工艺中,矿用自卸车承担从采掘点到排土场或破碎站的运输任务,在矿区范围内短距离往返行驶,运送矿石、岩石和剥离物等。常由大型电铲配合装载,到达卸矿溜槽或废石堆积场、排土场时,液压举升缸升起将车厢顶起,车厢举升到25°~30°后,车厢里的矿石、岩石即开始向后滑出和卸掉,完成一次运输作业。其工作特点为运程短,承载重,由于工作在露天矿区,所以外形尺寸不受限制,为了增加运载量,提高生产效率,其体形都设计得非常大,属于超廓型非公路车辆,这种车型的整车外观与布置以及各主要总成部件的结构形式,与我们平常所见的载货汽车或自卸汽车有很大的不同。

单斗—卡车工艺适用于各种地质矿岩条件,坡度可以达15%,适合的经济运距为2~3km。该工艺是目前发展比较成熟的一种开采工艺,在国内外矿山开采中的应用率占

85%以上,尤其是开采规模较小的露天矿,几乎全部采用单斗—卡车开采工艺,可以说非公路自卸车运输占据统治地位。

二、露天矿山对非公路自卸车的使用要求

第一,安全的要求。单斗—卡车工艺以其适应性强、生产组织灵活的优势,在露天矿山得到广泛应用。以国能准能集团有限责任公司为例,现有2座露天煤矿,拥有自卸车198台,额定载重总吨位4.7万t,发动机总功率34万kW。在露天矿山,矿用自卸车运行成本占总成本的比重大,对安全生产的影响大,所以,一直是露天矿山管理的难点和重点。据统计,采用自卸车运输工艺的露天矿山,自卸车相关事故占事故总次数的85%~93%,因此,当今任何矿山都将矿用车安全运行置于首要地位。

第二,环保和健康的要求。传统矿用自卸车,采用柴油发动机作为动力源,噪声大,尾气排放多,运行中产生的道路扬尘,是露天矿山的主要污染源之一,并由此需要配套洒水车进行降尘。驾驶员长期处于高噪声环境中,容易疲劳、烦躁,进而形成新的隐患。因此,需要重视设备的环境友好性、舒适性。

第三,运行经济性的要求。在采用自卸车运输工艺的露天矿山中,运输成本占比较高,尤其是柴油、轮胎、维护费用三大项的消耗,导致运输成本居高不下。随着市场竞争日趋激烈,降本增效成为企业管理的重要目标。

第四,智能化及自动作业的要求。由于自卸车运行工况环境差,驾驶员操作劳动强度高,随着现在整个社会生活水平的不断提高,像矿用自卸车驾驶员这样工作环境相对恶劣,对从业人员的体力要求又较高的岗位招人变得越来越困难;同时,自卸车的日常维护保养,也需要很多人力,工作环境恶劣,劳动强度大,技术要求高,招聘维修工人难度增加,很多人在驾驶员或维护工作岗位上工作了多年以后,身体健康状况下降,导致自卸车运行效率降低,矿山转岗分流压力加大,人工成本增加,企业生产成本增加。这种情况在发达国家非常明显,目前在发展中国家也越来越严重。因此,无人驾驶自动作业也就自然应运而生。

其他要求。随着国内外大型露天矿山规模的不断扩大,电动轮矿用车作用凸显,在同等产量的情况下,大吨位矿用车可以减少用车数量,提高工作效率和安全性,获得较高的经济效益。目前大型电动轮矿用车承担着世界上40%煤、90%铁矿的开采运输任务,在年开采量1 000万t以上的露天矿山中被当作首选运输工具。

三、露天矿开采对非公路自卸车的选型要求

为科学地选出露天矿山最适用车型，首先要根据矿山生产规模确定自卸车的规格（吨位等级），其次是技术性能，再次是技术经济性，另外还需考虑行车安全性。车型规格及台数选择过程是遵循合理原则，采用科学方法进行台效计算，选定具体规格；再从备选车型的技术性、经济性和安全性等方面进行分析比较，在同一吨位级别内择优选定车型。根据铲装设备的铲斗容积、矿岩容重和运距，来核算自卸车吨位与铲装设备斗容匹配是否合理。金属露天矿山经验值一般是1台铲配3~5台车，运距短时车铲比宜小，运距长时车铲比宜大。

1. 技术性能

在车型规格和台数确定后，下一步要选择制造商和型号，选型时不能只关注单项技术指标的优劣，要考察生产厂家的整体技术水平，对比整车综合性能，尤其要考察备选车型在国内外类似矿山的使用效果。最重要的是车型的适用性，选定的车型各项性能最能适应所服务矿山的生产运输条件，最终选出性价比高、性能稳定、故障率低、出勤率高、便于维修、配件齐全、供应及时的适用车型。

车型技术参数主要考虑以下几个方面：

（1）动力性能是车型关键指标。车辆要正常运行，必须保证一定的速度和牵引力。动力性的优劣是由发动机性能和传动系统决定的。动力性能好，车辆加速快，爬坡能力强。矿山道路纵向坡度大，而且运矿一般是重载上坡运行，对车辆动力性能要求更高。评价动力性主要考察以下指标：①加速能力，是在限定时间提速达到预定速度的能力，要求加速度大、提速时间短、加速距离短。②最高车速，是平坡路段车辆满载行驶所能达到的最大速度，一般矿山都会限制矿用车在30km/h车速以下运行，矿用车最高车速没有太高要求，矿山一般运距短，装卸频繁，道路平面线形曲折，纵向坡度大，路面等级低，最高车速难以发挥出来。③爬坡能力，包括最大爬坡坡度和持续爬坡耐久性。矿用车爬坡角度大，则可以相应缩短采场内开拓运输线路展线长度，减少运输平台所占用台阶宽度，从而减少采场的剥岩量，对节省采矿总成本意义重大；连续爬坡耐久性也是矿用车性能一个关键指标，深凹露天矿到了深部开采阶段，重载连续爬坡，如果发动机冷却系统性能不佳，则会造成发动机冷却水箱出现开锅现象，易导致发动机拉缸、抱瓦，甚至整机报废。④比功率，是整车动力性能的参考指标，如果是深凹露天矿山，主要是重载上坡，空载下坡，应选择比功率大的车型；而对于山坡露天矿山，重载下坡多，回程空载上坡或平坡，应选择比功率小的车型。

（2）最小转弯半径是衡量自卸车机动性的重要指标。矿山道路狭窄、弯道多，转弯半径取决于车辆的前后轴距和转向轮极限转角，轴距小则转弯半径小，转向轮极限转角大则转弯半径小；车辆转弯半径大，则要求采场开辟运输线路回头曲线半径越大，道路修筑工程量也越大。

（3）通过能力是矿用车在崎岖路段行驶和穿越障碍的能力，通过能力强的车型转弯半径小、通过半径小、离地间隙大、接近角和离去角大；矿用车一般采用单后桥，有足够的离地间隙，以免发生拖底盘事故，影响正常运营；如果所服务矿山道路条件相对恶劣，路面平整度差，则最好选用有较强通过能力的车型来满足矿山生产需要。

（4）车体的坚固性主要看车架的抗冲击性和厢斗钢板厚度。金属矿山矿岩密度大、硬度高、大块多，要求车厢钢板有一定厚度，车架有良好的抗冲击性能，保证车辆的耐用性和使用寿命。

（5）车厢容积包括平装容积和堆装容积两项指标。根据所服务矿山矿岩松散系数，考虑车厢容积利用系数和载重利用系数的匹配，两者不能有太大悬殊，否则车辆运输能力不能充分发挥。

（6）行驶平顺性，即车辆的减振性能，优良悬架装置和轮胎弹性可以保证车辆的减振性能。车辆在通过矿山生产支线、联络线或临时路段时，路面坎坷造成车体振动，车体容易损坏，驾驶员容易疲劳，不利于安全行车。

2. 技术经济性

车型技术经济因素一般考虑：车辆购置费、使用寿命、燃油消耗、零配件供应价格与可靠性、轮胎使用寿命、故障率、维护费用、润滑油消耗、售后服务、人员费用等。其主要方面如下：

（1）车辆购置费。金属露天矿山运输方面的投资占矿山总投资的40%~60%，直接决定矿山的投资效益。

（2）整车使用寿命。矿用车价格高昂，寿命短，折旧值大。据刊载，国外电动轮矿用车使用寿命仅7~10年。通过运输成本构成分析，估算出国内电动轮矿用车最佳经济寿命为11.38年。鉴于国内矿山车辆管理水平不高，使用寿命如果太长，则保养维修费用、零部件更换费用过高，出勤率降低，运营反而不经济。

（3）百公里耗油量，即车辆的燃料经济性，是评价矿用车运营成本的首要指标。油耗成本在总运输成本中占30%~50%，能耗占矿山总能耗的40%~60%，车型油耗指标的优劣对矿山生产成本影响巨大。

(4)零配件供应价格与可靠性。对大型进口矿用自卸车来说,是一项非常重要的考虑因素,曾有矿山耗巨资进口自卸车,在使用过程中因为零配件价格高昂,甚至国内购买不到合适的零配件,不得不将故障车辆提前报废,拆卸报废车辆的零件,用于在役车辆维修时的更换,造成巨大浪费。

(5)轮胎使用寿命。矿用车轮胎比普通公路汽车轮胎价格高出数倍,轮胎消耗占车辆全部使用费用的20%以上,很大程度上影响着矿山运营成本和总体效益。

(6)故障率。故障率高的车辆不仅影响运营效率,而且维修费用高,零配件消耗高,零配件库存量大,占用大量流动资金。

(7)人工开支。如果选用新车型或进口车型,驾驶员则需要特殊培训,相应增加驾驶员培训费和工资等方面的开支。

3. 行车安全性

(1)制动性能是车辆安全运行的保证。制动性能差而使车辆失控是矿山常发生的运输事故主要原因之一。行车安全是第一位的,矿用车尤其要求制动性能可靠,特别是重载下坡车辆。车辆制动性能包含两方面:①遇到紧急情况能及时减速和停车,主要考察其制动时间、制动减速度和制动距离,一般常用制动距离来衡量,制动距离越短则制动效能越好,行车安全系数越高。对于长、陡、下坡多的山坡露天矿,重载车辆需要连续制动,制动片摩擦升温易导致制动效能下降;②车辆紧急制动时要保证不侧滑、不跑偏和不甩尾,两侧制动片受力不均时易跑偏,当车轮抱死时易甩尾或侧滑,为防止紧急制动时车轮抱死,最好选用安装电子防抱死系统的车型。

(2)轮胎的性能包括轮胎抗滑能力、耐磨性能和耐刺割性能。轮胎的性能直接影响整车的安全性,轮胎质量低劣会导致侧滑、不能及时制动等发生,往往也是酿成行车事故的主要原因。矿山多是临时道路或者低等级面层道路,轮胎磨损和消耗大,对轮胎性能要求更为严格。

(3)易操纵性保证驾驶员操作转向、制动和变速时灵活轻便、省力,缩减动作次数,减轻劳动强度。

(4)操纵稳定性是指车辆对操作的响应性、侧向稳定性、抗倾覆性和受扰回正能力。其影响因素是轮胎弹性、悬架的刚度和车体重心位置。矿山弯道多,尤其逆向弯道("S"弯)多,行驶车辆在车速快、离心力大时易出现侧滑或侧翻,操纵稳定性好的车辆则可以相应减少此类事故的发生。

(5)视野开阔,盲区小,对驾驶员在行驶、转弯、掉头、对位、卸车过程中更方便,保证各项作业安全。

（6）行驶噪声低，驾驶室密封隔声。舒适的工作环境可以消除驾驶员的疲劳，有利于安全行车。在最新的国家标准GB16710—2010《土方机械　噪声限值》中对发动机排放等级及噪声标准有严格规定。

第二节　矿用车产品技术特征

一、整车外观布置及结构特征

（1）车身庞大、吨位巨大。为提高运输效率，降低运输成本，减少矿区范围内的车流密度，对于不同开采规模的矿山，都尽可能采用载重量大的车型，以减少矿用车总数量。例如，年产百万吨级矿石的矿山，多使用载重量25~50t的车型；年产矿石500万~1 000万t级的中型矿山，多使用载重量100t级的车型；1 000万t以上的大型矿山，则使用200t，甚至300t以上的车型。矿用车外形超高超宽，360t级的车型外形尺寸达到了16m×10m×8m（长×宽×高）。

（2）两轴布置（4×2）、后桥驱动、轴距很短。矿区的采掘场随着施工地不断推进，装卸地点及运输路线也不断跟进。矿用车经过的多是坑洼、起伏，弯道多和坡道多的地面，经常需要急转弯。两轴的矿用车往往具有更短的轴距，转弯半径小，车辆运转机动灵活，倒车方便，与三轴车相比，结构要简单许多，相应地降低了故障发生的频率，提高了可靠性。

（3）驾驶室通常为单人或一人半小空间，在车辆左前轮上方偏置布置。

二、主要系统（部件）及特征

（1）动力系统。矿用自卸车的发动机要求功率储备大，也要求尽可能高的转矩，以适应整车车速不高，满载爬坡多的使用特点。

（2）传动系。对于载重吨位100t以下的车型，年需求量稍大，一般仍采用液力机械式变速器和传统式的后驱动桥；而100t以上的车型，批量小、数量低，采用电传动的占绝大多数（卡特彼勒采用机械传动和电传动两种方式），发动机直接带动发电机发电，经过变频整流，驱动后轮毂中的电动机，电动机的高转速经外侧的行星式轮毂减速器降低转速，驱动后轮。

（3）转向系。驾驶员通过转向盘来转动转向阀，控制高压油向转向动力缸前端或后端输送的流量，控制转向动力缸的活塞推杆伸出或缩回，实现车辆的转向，并设有应急转向功能。

（4）制动系。重型矿用自卸车满载总吨位巨大，矿区道路多弯、多坡，因此，为确保矿用车安全，设置了多重制动。一般包括：行车制动、停车制动、装载制动、紧急制动和安全制动5种功能。行车制动，也称工作制动或常用制动，用于矿用自卸车正常行驶时将自卸车停车的主制动。停车制动，也称作停放制动或驻车制动，用于使已经制动住的自卸车保持原地不动状态的制动。矿用自卸车在装载和卸载过程中，为防止溜车而使用的制动称为装载制动。在矿用自卸车运行中遇到紧急情况时，为使自卸车获得最短的制动距离而采取的制动称为紧急制动。当矿用自卸车的制动系统或其他重要系统出现故障，影响到运行安全时，按照安全导向原则，由矿用自卸车控制系统触发的制动称为安全制动。

（5）油气悬架。矿用自卸车的大吨位与短轴距特征，决定了其常采用筒式油气弹簧悬架，筒内顶部空间充满氮气，作为弹性介质减缓车轮的跳动冲击，而筒内液压油，在内外筒伸缩过程中，环形空间变大或缩小，其油液经过节流孔往复进出，起到节流阻尼，减缓伸缩弹跳的频率。

（6）液压举升系统。两个举升缸对称安装在车架纵梁内外侧，以外侧居多，直接顶升车厢底板的纵梁，采用大端在上小端在下的倒置式安装，有利于将缸筒外侧黏附的泥沙、尘土向下推刮并脱离缸筒，提高缸筒的清洁度，减少刮擦磨损。

（7）驾驶室。重型矿用自卸车的驾驶室的总体空间与整车相比显得很小，但其密封、隔声、隔热、减振等功能很好，以保证驾驶员乘坐的舒适性，如空调、无线电话、电子式行车记录仪也一应俱全，并要求具有防落物/防滚翻保护结构。

（8）车厢。重型矿用自卸车车厢的典型式样：底板前低后高，尾部敞开无后挡板，斜坡角一般为12°，这样的斜坡角可以保证自卸车即使是在上坡行车状态，车厢内的矿石也不至于从车尾滚落。车厢由高强度、高耐磨性的低合金钢板全焊接制成；车厢前部向前伸出保护罩，保护驾驶室及发动机罩不被电铲装卸的矿石撞击损坏；在严寒地区使用的车型，为避免碎石渣土与地板冻结不能顺利卸出，则将发动机排气尾管接入车厢底板加强梁的空腔中，加热车厢底板，避免冻结。

（9）车架。车架则由高强度的低合金钢板全焊接而成，纵梁、横梁均为封闭箱形截面，纵梁的截面高度根据其不同部位的受力状态有较大的变化。

第二章 非公路自卸车产品及技术发展历程

第一节 机械传动矿用车产品及技术发展历程

机械传动矿用车起步较早，在国外已有70余年的发展历史，其商品化程度较高。国际制造商主要有美国的卡特彼勒、日本的小松和日立－尤克力德、德国的利勃海尔、意大利的佩尔利尼、白俄罗斯的别拉斯，从吨位上讲，基本上在25～100t范围内。目前世界上机械传动矿用车只有卡特彼勒做到了360t级，小松有一款150t级的车型，其余厂家均在100t及以下。其中以卡特彼勒的产品品种最全、市场占有率最高，其产品从载重量36t到360t不等，是世界上最大的非公路矿用自卸车及工程机械研发和生产供应商。从技术水平上讲，卡特彼勒、小松处于国际领先水平，他们除拥有整车的研发能力外，还具有先进的检测和试验手段，有关键部件的核心技术，在适应性和前瞻性开发上具有技术引领作用。

国内厂家生产的机械传动矿用车均在100t以下，而50～100t级的机械传动矿用车是矿山的主力车型之一，广泛适应矿山采剥的需求，具有明显的性价比优势。这一级别的矿用车产品对技术、质量要求较高，其主要零部件总成，如发动机、传动箱、后桥齿轮传动系统、液压元件、电控元件等与国外产品相同，都是来自世界知名品牌的专业生产商，技术性能先进，产品质量稳定。在国内制造商中，以北方股份为代表的非公路矿用自卸车与国外顶级制造商的矿用车产品相比，技术水平保持在同一档次，除满足国内矿山的需求外，还具有很强的国际市场竞争力，目前已出口50多个国家。

在国内矿用车市场，机械传动矿用车产品仍占主导地位，大约占市场保有量的90%以上，而且每年的新售车型中机械传动矿用车占了较大比例，这是由矿山既有的采掘条件决定的，在目前国内矿山的规模、道路、装载设备现状下，机械传动矿用车必然长期存在。

我国机械传动矿用车行业的形成源于20世纪60年代末70年代初，在当时"开发矿业"和"大打矿山之仗"的国策形势下，一些地方开始研制矿用车，如天津试制出载重量15t（TJ360型）、北京试制出载重量20t（BJ370型）、重庆试制出载重量28t（CQ370型）、上海试制出载重量32t（SH380型）等矿用自卸汽车。但由于各种原因，只有15t、20t和32t三种矿用自卸车曾进入批量生产。这些产品多数是用公路车改造或通过简单仿制而成，不是真正意义上的非公路矿用车，无法适应矿山恶劣的使用条件，因此也始终无法替代进口产品成为我国矿山运输的主力设备，最终没有形成气候，被市场淘汰。

到20世纪70年代中期，本溪重型汽车制造厂开始研制载重量68t的矿用车，作为非公路矿用车进入矿山使用。可是由于技术水平偏低，产品的性能和可靠性与国外产品存在比较大的差异，与矿山的使用需求相差太远，始终没有形成规模。这个阶段，我国还不具备系列矿用车研发和生产能力，还是以进口矿用车为主。

进入20世纪80年代，随着改革开放政策的实施，国家鼓励企业通过与国外企业开展技贸合作等多种方式，从国外引进技术以促进我国矿用车技术的发展。1988年，内蒙古北方重型汽车股份有限公司通过中美合资的方式正式成立。国际先进技术通过合资合作，不断被引进国内，大幅缩短了中国矿用车产品和国外技术上的差距，产品系列逐渐完善。90年代，随着矿用车引进消化吸收和再创新，产品品质快速提升，迅速得到广大矿山用户的认可。特别是在1992年我国三峡长江截流工程中，国产矿用车表现出色，得到了市场检验和认可。至20世纪末，初步完成了"以产顶进"行业发展进程。

第二节 电传动矿用车（电动轮矿用车）产业及技术发展现状

20世纪50年代末，内燃机车供应商通用电气（GE）开始尝试把内燃机车上的电传动技术移植到矿用车上，将牵引电机和减速机构集成在轮毂中，形成了电动轮。1963年，GE与美国Unit-Rig合作制造出了最早采用现代矿用车结构形式的M-85电传动矿用车。经过几十年发展，目前国际上生产电动轮矿车的有五大品牌，分别是：小松、利勃海尔、卡特彼勒（收购了Unit-Rig加强了电传动矿车产品）、日立－尤克力德、别拉斯。这些厂家占据了国际市场90%以上的份额。

小松是世界第二大工程机械集团，从1952年开始生产自卸车，1962年与美国康明斯合作生产柴油发动机，1988年9与美国德莱塞工业公司合资，成立小松德莱塞公司，生产系列矿用车，1994年小松买下全部股份，小松矿用车前身为美国豪派（Haulpak）。

自 1995 年小松公司推出有效载重量 272t 的 930E 型电动轮矿用车以来，在全球市场掀起了新一轮设备大型化浪潮。该款车型的交流电传动系统是由小松和通用电气公司共同开发的。之后又相继开发出 930E-2 和 930E-3 型，有效载重量增大到 290t。到了 2008 年，又推出了有效载重量 327t 的 960E 型 AC 传动电动轮矿用车，该车型采用小松与康明斯合作开发的 SSDA18V170 型发动机，采用了西门子公司专为矿山应用开发的 AC 牵引传动技术，功率 2 610kW，整车总重量 577t。小松拥有的电动轮矿用车型号主要包括 630E、730E、930E、960E，最大载重量的型号为 960E，载重量为 327t。小松公司主要以电动轮矿车为主，其电动轮矿用车的国际市场占有率名列第一位。

利勃海尔于 1949 年创建于德国南部小镇基希多夫，以塔式起重机起家。20 世纪 50 年代开始生产液压挖掘机和装载机等产品。1999 年对美国弗吉尼亚州纽波特纽斯工厂进行大规模改造，重新组建利勃海尔美国公司，以研发和生产电动轮矿用车为主。先是推出了有效载重量 327t 的 T282 型矿用车，到 2003 年又推出有效载重量 363t（400st，1st=0.907t）的 T284 型矿用车，这是目前世界上最大级别的电动轮自卸车之一。2012 年推出了 T264（220t）型矿用车，基于 30 年成熟设计和运行经验的 T264，使利勃海尔再次进入 220t 的市场。为保证安全性，T264 带有载荷和过载警告及具有四轮速度传感能力的牵引控制系统等智能化装备。利勃海尔推出的 T264 型和 T284 型矿用车都装备了 Litromic Plus AC 传动系统，该系统以最佳方式从柴油机接收动力，可使矿用车有足够动力加速运行和爬坡。利勃海尔在 2012—2015 年期间共计投资 4 540 万美元用以提升矿用车的生产能力，使至少三种型号矿用车的年生产能力突破 100 台。在继续生产 400t 级 T284 矿用车的基础上，在 2014 年年初，新型 240t 级 T264 矿用车将投入生产。第三款 320t 级的矿用车也在开发过程中。

卡特彼勒是世界第一大工程机械制造商，矿用车发展历史最长，其矿用车的市场保有量已经超过 5 万台，是矿用车以及工程机械的龙头企业，产品以机械传动矿用车为主。1962 年进入矿用车领域，首款产品是载重量 35t 的 769 型自卸车。在电动轮矿用车大发展的时候，卡特彼勒一直坚持采用机械传动技术路线。1983 年推出载重量 138t 的 785 原型车；1986 年推出载重量 177t 的 789 型自卸车；1991 年推出载重量 218t 的 793 型自卸车；1998 年推出载重量 326t 的 779 型自卸车，这是当时世界上最大级别的矿用车。2002 年升级为 797B，载重量提高到 345t；2008 年升级为 797F，载重量 363t，目前仍是世界最大级别的矿用车之一。该车型采用自行研发的 C-175 型发动机，排放能达到美国排放法规 2 标准。传动系统采用了具有简化液压系统新开发的缓行器和差速器，驾驶室提高了防倾翻保护结构（ROPS）标准，增大了可见度，对噪声和振动作了进一步控制，提高了驾驶员的舒适性。除了机械传动车型，卡特彼勒在2008年推出了交流电传动车型，如载重量227t的793FAC和载重量313t的795FAC。此外，卡特彼勒还对从比塞洛斯收购的Unit-Rig电动轮矿用车进行整合，将MT5300D AC型矿用车（有效载重量290t）的配置标准介于793F和795FAC之间，利用原有的Unit-Rig MT车架、液压、电气系统和悬架，结合卡特彼勒的C175-16型发动机、Cat 360t AC电传动以及车辆信息管理系统，形成新的MT5300D AC型矿用车。用3516C HD型发动机和Cat 240t AC电传动改造原有的Unit-Rig MT4400型矿用车，形成新的MT4400D AC（218t）型矿用车。这两种新改造的矿用车正在卡特彼勒位于亚利桑那州的试验基地进行试验。

日立－尤克力德源于美国尤克力德（Euclid），是最早开发自卸车的企业，1931年成立了Euclid筑路机械有限公司，主要研制土方运输车辆，到20世纪50年代已经成为著名的载重车制造商。1951年，尤克力德推出当时世界上最大的Euclid-1LLD型自卸车，载重量达到50t。1993年尤克力德最终转入日立建机名下，双方合资成立日立－尤克力德重型设备公司，主要生产EH系列电动轮矿用车。最大载重量的矿用车型号为EH5000，自重213t，载重量286t，采用日立与西门子合作开发的交流传动技术。最新推出的EH5000 AC-3型矿用车，采用了新的日立AC电传动系统，其核心是先进的牵引技术，能使矿用车作业能力提高到新水平，将纵摇和制动控制加到原有矿用车打滑和滑动控制之中。利用日立系统监测器，提供全部机载系统和控制装置的信息显示和诊断。

别拉斯位于白俄罗斯首都明斯克以东50km处的佐迪诺（Zhodino），前身为苏联时代（1948年）组建的重型矿山机械制造厂，1958年改为白俄罗斯汽车制造厂，生产MAZ-525、MAZ-535、BELAZ-549、BELAZ-7519等载重量25～110t机械传动矿用车。1982年推出了BELAZ-75211（170t）电动轮矿用车。2005年，别拉斯推出BELAZ-75600（320t）矿用车，这是其批量生产销售的最大型号。我国在20世纪50到70年代，从别拉斯进口了3 000多台20～40t级矿用车。苏联解体后，别拉斯走向衰弱。近年来，别拉斯开始与首钢重汽等中国企业寻求合作。别拉斯于2013年9月推出了载重量达到450t的矿用车，超强的载重能力延续着不断增加载重量以降低每吨运输成本的趋势，该车搭载两台1715kW发动机，功率为4 600马力（1马力=735.5W），并与西门子驱动系统相匹配。75710安装了两个各2 800L的燃油箱，车架结构为双桥，使用了8条轮胎，4×4全轮驱动方式，最大车辆总重量（GVW）达到810t，是当前全球最大的矿用车。别拉斯矿用车技术更新慢，价格便宜，市场主要以苏联地区为主。

综合各制造商的发展过程，可以看出，进入 20 世纪 80 年代，随着大功率发动机和轮胎技术的逐渐成熟，电传动发展迅速，1985 年推出了业界首台常规布局的 240st 车型。随后各厂商纷纷跟进，时至今日，240st 仍然是矿用车销量最大的一个吨位。当矿用车继续发展，迈入 300t 级时，在内燃机车和电力机车领域逐渐成熟的交流传动之风也吹到了矿用车领域，1995 年，小松-德莱塞推出首款交流传动的 930E，载重量 300st，该 300st 级的交流电传动系统是由小松和 GE 共同开发的。之后利勃海尔找到有多年机车电传动经验的西门子为其开发电传动系统。而尤克力德此时也辗转到日立旗下，寻求西门子的产品。日立是一家庞大的工业集团，有着自己的电气系统和机车开发制造经验，因此日立很自然地开始开发自己的电传动系统。此后，矿用车进入交流传动时代。目前，常规布局的电传动矿用车吨位已经达到 400st。随之，其他吨位车型也基本改用了交流传动系统，直流传动正在逐渐被淘汰。

我国从 20 世纪 60 年代末开始研制小吨位电动轮矿用自卸车，以湖南湘电集团为主体，在国家相关部委的统一协调指导下，企业、研究院所积极配合，投入了大量资金和人力，用了半个世纪的时间，研制了 108t 的电动轮矿用自卸车，并形成产业化，但技术发展较慢，国内市场占有率仅为 3%～5%。

2011 年，北方股份在与美国 Unit-Rig 公司合作生产的基础上，开始研发具有自主知识产权的电动轮矿用自卸车。首台 NTE260（240t）采用西门子电控技术的电动轮矿用车于当年 10 月份下线。随后陆续完成 NTE240AC/DC（220t）、NTE150（136t）和 NTE330（300t）、NTE360（330t）的自主开发。随着中冶京诚、徐工矿机和航天重装的电传动矿用车的批量销售，国内市场已经彻底成为国产品牌的天下。

可以说，在 2011 年以来的 10 年间，国产品牌通过技术创新，研发了系列电动轮产品，取得完全自主知识产权，实现了重大技术突破，取得了显著的跨越性进步，开始改变我国 120t 级以上电动轮矿用自卸车严重依赖进口的局面，提高了我国高端装备制造业水平，完成了对国外品牌的替代。但是，我国的电动轮矿用车开始参与国际竞争只有不到 10 年的时间，与国际领先企业相比，整体研发能力、配套水平都有巨大的差距，关键技术和核心配套件仍然掌握在国际供应商手里，实现自主化还需要技术积累的过程。

第三节　宽体车产品及技术发展历程

2003 年，陕西同力重工股份有限公司创始人团队，对露天矿用运输设备，主要是以公路重型载货汽车底盘改装的自卸车的安全、运能和主要故障方面进行专项研究,其后又对运输工况的特征进行了专项课题研究。基于诸多研究成果,创造性地研发了国内首台非公路宽体自卸车。2005年,该公司将首批生产的两台样车TL3400和TL3401投放市场进行工业性验证试验,随后又向中国国家工程机械技术监督检验中心提供了两台样车,进行型式试验和可靠性试验。2005—2007年,该公司开始批量生产非公路宽体自卸车,开拓国内市场,并基于市场应用案例对产品进行反复完善。

非公路宽体自卸车的成功研发,创立了全新的技术路线,存在较高的设计技术门槛,涉及对特定工况条件需求,与之相适应的产品性能及技术方案的准确把握。其技术水平主要体现在整体设计、关键部件研发和主要系统的模块化设计方面。工况条件和产品性能、结构之间的匹配关系不仅需要在理论上进行系统的研究,同时也需要在实践中不断探索、不断积累、不断总结,以推动非公路宽体自卸车技术的升级和逐步成熟。

在生产管理方面,非公路宽体自卸车主要生产厂家都建有产品整机装配生产流水线。宽体车的原材料主要包括钢材、部分外购件,其中外购件包括发动机、变速器、举升系统、车桥和轮胎等。由于在宽体车的成本构成中,原材料占比较高,因此,宽体车生产的主要内容是进行整机装配,关键零部件制造和系统集成,对于其他较为通用的零部件或总成件,则主要是采用外协或联合开发的方式进行生产。生产的组织方式,大多采用以市场为导向的快速应变式产品供应系统,更加合理地安排采购与生产活动,既能满足行业的特点和用户的差异化用车需求,又能有效地提高生产效率和缩短为用户交车的时间,有效地解决了非公路宽体自卸车行业小批量多样化产品和规模化生产的矛盾。

为了有效提高货箱的耐磨强度和使用寿命,高强度耐磨板在货箱中的应用超过90%。后期,为了提高生产效率,在货箱的焊接流水线上开始应用焊接机器人作业。为了进一步提高驾驶舒适性和运行可靠性,部分企业已经开始研究油气悬架在非公路宽体自卸车领域的批量应用。

在新材料应用领域,研究纯电动、油电混合驱动、独立分布式混合驱动等新能源技术,形成非公路宽体自卸车电池、电机选型和应用及电控策略规范,拓宽新能源技术及产品的应用领域,满足绿色矿山对新能源设备的需求。

在产学研合作发展方面,非公路宽体自卸车作为非公路自卸车的一个细分领域,是一个全国产化产品,发动机、自动变速器、油气悬架、大吨位承载用桥、轮胎、车架制造等关键总成的技术开发难度大，配套资源缺乏，以及新能源及无人驾驶技术无现成经验可以借鉴，需要独立研发，都需要广泛的产学研合作和产业链上下游协作。宽体车生产制造企业紧密开展与国内主要配套企业如潍柴动力股份有限公司、陕西法士特齿轮有限公司、汉德车桥有限公司、贵州轮胎股份有限公司等行业内知名配套企业，以及武汉理工大学、长安大学等高等院所之间的产学研战略合作，共同研究新技术、新材料和新工艺，改善提升产品品质，满足市场需求。

第三章　创新平台建设

十几年来，非公路自卸车行业各企业重视创新平台建设，创新能力大幅提升，为推动行业技术进步提供了强有力的能力支撑。典型创新平台如下：

第一节　内蒙古北方重型汽车股份有限公司创新平台

北方股份建有矿用车领域唯一的国家级创新平台，北方股份产品研究院于2001年被认定为自治区级企业技术中心，2002年被认定为兵器工业集团公司重型非公路矿用汽车产品开发中心，2003年被认定为自治区级工程技术研究中心，2007年被内蒙古科技厅认定为自治区企业研究开发中心，2011年获批为国家发展改革委重型非公路矿用车国家地方联合工程研究中心，2020年与北京航空航天大学共同组建的实验室获批为"特种车辆无人运输技术工业和信息化部重点实验室"。

工程研究中心下设12个研究所，现有研发人员84名，其中，高级职称45名，硕士学位53名，在读博士3名。拥有中国兵器科技带头人3名、北重集团级技术带头人2名。自治区突出贡献专家2名。全国土方机械标准化委员会委员2人。

创新平台承担国家工业强基项目1项，国家重点研发计划项目1项，国家重点火炬计划和重点新产品项目12项，省部级（包括兵器集团）及以上科技计划项目29项。公司以智能产品、智能制造、智慧矿山为发展战略，开发了系列大吨位矿用自卸车和无人驾驶矿用自卸车高端装备，形成了完善的自主品牌电动轮产品体系和智能产品装备，并且加快推动电动轮核心零部件的国产化和核心技术的自主化。

创新平台成功研发了360t级NTE360A电动轮矿用自卸车，而且首次批量销售到澳大利亚高端市场，与世界标杆产品同台"竞舞"；成功研制首台国产化电驱动系统120t级电动轮矿用车；以NTE120电动轮矿用车为基础车型开展了无人驾驶矿用车开发，引领了我国矿用车无人化技术发展。通过无人化线控底盘改造完成 TR100AT、NTE200AT 和 NTE240AT 等无人驾驶矿用车的研制，并实现 110 多台无人驾驶车型的批量生产和销售；成功研制国内首台 35t NTH35 混合动力矿用车，与同类燃油车相比可节约能耗 30% 以上，填补了国内空白。成功研发 TR50E 纯电动矿用自卸车，已发往山东济宁海螺矿山试运行，并开始批量生产。

北方股份不断加大科技投入，每年的研发投入占主营业务收入的 5% 左右，科技成果产业转化率 98% 以上，新产品贡献率 50% 左右。投入 4 000 多万元用于研发中心软硬件及创新能力建设。

工程研究中心拥有先进的数字化设计管理平台，集产品数据管理中心、研发业务流程工作平台、研发体系协同平台、研发项目管理平台于一体，已建立起技术信息化、数字化设计环境，广泛使用 CAD/CAPP/CAE 研发手段。在设计软件方面，拥有美国 PTC 公司的三维设计软件（Pro/ENGINEER Wildfire 4.0），拥有德国 EPLAN 公司的电气原理图专用设计软件（EPLAN Electric P8 2.3 专业版）和线束设计软件（EPLAN Harness Pro D 专业网络版），拥有德国西门子的电子手册制作软件 Cortona3D 专业版。在 CAE 辅助分析软件方面，拥有美国安世公司的有限元分析软件（ANSYS 17.0 专业版），拥有美国 MSC.software 公司的多体动力学分析软件 ADAMS 专业版，在结构分析、疲劳分析、机构运动仿真、虚拟实验等方面进行了大范围实践并取得成效。在工艺方面，应用 CAPP 软件系统，并嵌入西门子的 Teamcenter8 产品全生命周期管理系统（PLM），通过 PLM 一体化平台进行工作。

在试验检测方面，拥有比较先进的试验设施，包括：发动机测功机试验台、变速器试验台、美国 HBM 公司 96 通道车辆数据采集系统、驾驶模拟试验台、驾驶室防落物防滚翻（FOPS/ROPS）试验台、电气控制测试试验台、材料疲劳试验台、制动器试验台、悬架系统试验台等；拥有比较先进的测试仪器，包括：轴荷传感器、单显称重显示仪、车速仪、电子经纬仪、电流/电压传感器、多通道数据存储记录仪、点温计或红外线测温仪、制动踏板信号触发器、制动踏板力计、容积式流量检测传感器及配套的数字式流量计、便携式超声波流量计、微型计算机转向参数仪等。可进行矿用车振动测试、载荷谱测试、结构件应力测试、噪声测试、可靠性测试、疲劳试验验证测试、电控系统功能性测试、驾驶室防落物防滚翻（FOPS/ROPS）试验、安全强制性测试、矿山环境模拟驾驶等专项试验和测试。其中驾驶室防落物防滚翻（FOPS/ROPS）试验台可以满足载重量 400t 级矿用车的 FOPS/ROPS 试验，解决了以前国内一直无法进行 100t 级以上矿用车的 FOPS/ROPS 试验问题。

第二节　陕西同力重工股份有限公司创新平台

陕西同力重工股份有限公司始终坚持科技兴企的发展战略，大力推行质量是根、诚信为魂的经营管理理念，以高技术含量、高附加值、多品种、多系列的市场营销策略，构建起了适应工程运输发展要求和市场需求的产品研发、技术创新体系。成立了工程运输机械省级企业技术中心，技术中心由3个部门11个专业室组成。研发一部、研发二部主要负责根据国内外行业产品动态及公司发展战略，提出新产品开发需求，设计新产品并制定规范。组织新产品试用、试销及评价和产品资源管理，优化与提升产品性能。技术管理部设立有标准化室和信息化室，主要任务是建立信息化平台，进行基础技术理论研究，新产品、新机型、系统模块和关键总成的研发与设计，生产工艺设计与优化，质量标准的制定及产品质量的控制，知识产权、知识管理推进、标准化战略工作等。至2020年年底，公司已经培养和建成了一支由131人组成的专业研发团队，占公司员工总数的22.02%。同力股份创新平台组织结构见图3-1。

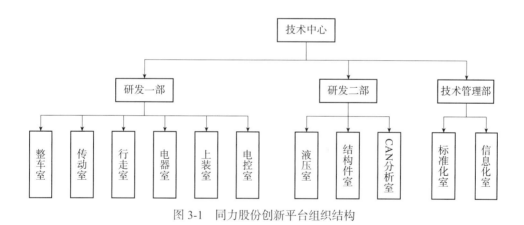

图3-1　同力股份创新平台组织结构

研发队伍中，教授级高工2人，高级工程师6人，由经验丰富的汽车技术专家与工程机械技术专家组成的技术带头人团队，确保了技术的先进性和成熟性，并保证了专业技术和施工经验的有效结合，保证了产品对使用情况的适应性。

目前，同力股份技术中心拥有各类研发设备127种，其中质量管理室拥有用于计量、理化检验的设备〔35种38台（套）〕、研发部电气室拥有电学计量设备、试验检测中心、试制车间、技术中心信息化等硬件设备〔66种230台（套）〕、三维设计、操作系统、二维绘图管理等软件26种，节点满足技术中心131人使用。

公司注重新产品开发，注意加大研发费用投入。在研发方面的投入主要包括：技术人员的工资性支出、业务资料费、管理性成本支出（包括差旅费、会务费、技术开发项目的日常费用）、研究开发设备购置与折旧、技术软件购置费等。2011—2020年，公司的研发投入按每年保证不低于销售收入的3%提取。保证了技术创新能力。

公司成立有质量工艺部，下设工艺室和质量管理室。主要负责公司产品的制造边界设计，自制工艺过程的工艺路线、工艺方案、作业指导书等工艺文件的设计和应用指导；负责关键设计、工艺技术的研发和技术创新工作，负责公司内特殊工艺过程的识别、验证方案制定、控制工艺参数和控制方法的设计及应用指导，形成公司核心工艺技术能力。研究货箱焊接工艺，利用机器人焊接技术，提高货箱焊接质量。在关键核心件车架工艺制作中，形成了多项专利技术。每年用于技术改造方面的投入至少300万元。

技术中心建立了完善而有效的技术创新组织体系，全面负责技术、研发的决策、评审、组织和协调，分专业的项目开发室负责具体产品开发实施。坚持"跟踪－调研－消化吸收－创新－领先－再创新"的技术创新路径与原则，以市场为导向，紧跟国际前沿技术，始终保持行业技术领先优势。同时，制定了形式多样的人才激励政策和绩效考核制度，高度重视对研发人员的再培养，提高研发人员的积极性，为公司技术创新提供了保障。

第三节　三一重型装备有限公司创新平台

三一重型装备有限公司是专业从事煤炭掘、采、运成套设备研发、制造及销售的大型装备制造企业，成立于2004年1月，现有员工3 000余人。已被认定为国家级企业技术中心、国家级高新技术企业、国家创新示范企业、国家"两化"融合创新试点企业。

当前，三一重装试验测试资源共包括用于矿用电气保护特性、功能试验、介电耐压、环境等试验的实验室1个；整机及零部件试验台架20台（套）以及用于整机试验测试的仪器29套，各类传感器100余个。

中心现拥有试验检测设备的价值达5 000万元。在试验检测设施方面，三一重装沈阳矿车综合试验场现已初具规模：矿用车辆类产品已拥有300t车架疲劳试验台、悬缸试验台、300kW发动机试验台、液压制动器试验台、后桥试验台、线束试验台、梭车轮边减速机试验台等。

通用基础类试验装置现已拥有 20t 振动试验台、1.5t 振动试验台、4 自由度液压伺服变载试验台、牵引力推力试验台、液压缸试验台、泵试验台、LMSSCADA 通用测试分析系统、Beetron 无线信号采集系统、结构件振动模态测试分析系统、Fluke 红外热像成像仪、发动机尾气分析仪、多通道记录仪、Fluke 三相电能质量测试仪、Fluke 功率分析仪、HDC 便携式液压测试仪、电气综合试验室等。

目前，实验室可对外提供大型传动件加载实验、电子电器件共振环境实验、结构件振动疲劳实验、结构件疲劳耐久性试验、载荷谱测试、变频器性能测试等检测服务项目。已经对外提供各类测试与检测服务 80 余项，主要为三一集团其他事业部提供服务 7 项，为三一重装零部件供应商提供实验检测服务 29 项，为技术合作高校提供服务 8 项，为检测机构提供服务 33 项。

公司将研发作为首要核心竞争力，每年将销售收入的 7% 以上资金投入到研发上，在煤机产品研制方面取得了突出成绩。在矿用车领域，产品涵盖全系列矿用自卸车（载重量 30~360t）等设备，和集团挖机事业部协同为用户提供露天矿山铲运成套设备整体解决方案。近年来，三一重装通过研发创新不断突破，相继推出了宽体自卸车、电动宽体车、无人驾驶宽体车等新产品，投资 3.9 亿元建设世界一流的智能化宽体自卸车生产线，并对现有矿用车生产线进行升级改造，升级并扩大矿车产能。2020 年宽体自卸车已实现量产。

实验室建立了以企业为主体、市场为导向、产学研相结合的技术创新体系，创新体系由"创新机构""创新联盟"两大硬件平台和"管理体系""品牌文化"两大软件平台组成，共同推动技术创新战略目标的实现。现拥有科技人员 330 人，技术创新管理体系由研究院院长负责，并由公司各研究所所长组成专家技术委员会，负责技术创新体系的建设工作，由研究院技术中心兼任技术创新管理办公室职责，负责技术创新体系的推动实施工作。

每个研究部门设首席设计师 1 名。技术委员会由各首席设计师组成，专家顾问团由高校、科研院所等外聘专家组成。各研究院在技术委员会及专家顾问团的指导下开展课题研究。该种组织机构的设立及运行机制在很大程度上规避了研发过程的管控风险，同时对培养专业领域内的技术带头人起到了重要的作用。

第四章 非公路自卸车技术进步

第一节 技术发展与突破

非公路矿用自卸车属于工程机械范畴，是矿山开采大型成套设备之一，兼具汽车和工程机械的特点，是机电液高度集成的大型装备，其技术发展与产品自身特征、国家产业政策导向和行业用户需求密切相关。随着矿山开采规模的大型化、装备技术的不断提高、新技术和新材料的广泛应用，以及国家绿色环保、智能制造、装备智能化等产业导向，非公路矿用自卸车产品及技术的发展趋势向大型化、安全、高效节能、环保、舒适性和智能化方向发展。

1. 矿用车关键共性技术开发方面

（1）数字化设计开发与制造技术。开展了整机与关键部件的数字化设计技术、整车匹配优化设计和可靠性设计等研究，建立了矿用车正向设计技术、轻量化设计技术、可靠性设计技术以及典型应用平台。对整车和关键零部件的动态设计流程和标准进行研究，建设设计高性能产品的可靠设计流程和标准。

（2）NVH与品质提升技术。围绕矿用车NVH（噪声、振动、声学粗糙度）性能与国际上一流产品的差距，开展理论、方法和关键技术的研究。在矿用车NVH性能控制、分析与评价技术等方面有所突破，取得了一批具有先进应用性的研究成果。

（3）节能环保技术。开展矿用车智能控制节能理论和技术的研究，建立智能节能控制策略模型。提高柴油机的动力性能、燃料利用率和排放质量，减振降噪。

2020年12月28日，生态环境部发布HJ 1014—2020《非道路柴油移动机械污染物排放控制技术要求》，标志着我国非道路移动机械的污染物排放控制开始向第四阶段迈进。同日，生态环境部又发布了GB 20891—2014《非道路移动机械用柴油机排气污染物排放限值及测量方法（中国第三、四阶段）》修改单（发布稿）》，将第四阶段标准实施日期敲定为2022年12月1日，此后第三阶段及以前阶段移动机械将不得在国内生产、销售与进口。随着我国对工程机械环保排放要求的进一步提高，将促进已有工程机械产品的更新换代。

（4）信息实时获取与传输技术。围绕矿用车装备内部容易引发故障的关键零部件及系统，开展装备工作性能状态信息实时获取与传输技术研究及检测点优化研究。研制相应的车载智能检测、监视、信息传输软硬件系统。

（5）新型智能控制器技术。开展矿用车传感技术、自动控制技术、位置识别诱导技术、网络技术、现场总成技术的应用研究，研究矿用车多传感器与CAN总线控制技术、网络通信及远程诊断技术、作业对象的认识及评价技术并用于典型应用平台。对矿用车新型智能控制器及其控制系统设计流程和标准进行研究，研发具有自主知识产权的智能控制器及其控制系统的设计制造技术。

（6）主动安全技术。针对矿用车作业中的不安全性，研究通过预先防范避免事故发生的技术。运用现代设计方法，运用电子、控制、传感器和新材料等技术集成，实现作业监控及信息处理与反馈、对作业危险的提前预警和自动修正等；运用人机工程学理论，以驾驶员为核心，科学设计矿用车转向系统、制动系统、仪表系统、工作装置的操纵系统、驾驶视野、座椅系统等，提高矿用车在使用中的主动安全性。

2. 技术创新

企业与高校、科研院所联合开发自主电动轮控制技术，掌握了电动轮传动及控制技术；开发CAN总线、自动称重、自动灭火等技术，实现矿用自卸车动力传动系统精确匹配和联合控制、用户使用管理智能化，掌握了矿用自卸车智能化技术；通过负荷传感技术实现整车的节能降耗，掌握了新型液压系统设计技术；通过驾驶室骨架设计和车架结构的设计，使驾驶室防滚翻防落物水平达到ISO3471和ISO3449标准的要求，掌握了具有防滚翻防落物功能的驾驶室设计技术；通过配置机器人工作站，提高焊接工艺的自动化程度，实现焊接工艺过程的标准化控制，从而提升大型结构件焊接质量和可靠性，掌握了电动轮产品大型结构件的设计分析和焊接技术；建立整车振动模型，对悬架系统进行非线性刚度和阻尼特性研究，解决了整车舒适性。

矿用车大型结构设计及轻量化方面。车架是矿用车最重要的承载部件，承受矿用车的所有载荷，车架轻量化是在保证其强度、刚度及固有振动频率的前提下，合理地优化其结构和材料，达到减重的目的。

结构轻量化技术。矿用车普遍采用铸焊结构车架，由两根纵梁和若干横梁焊接而成，在高应力区域采用铸钢件，抗扭管采用大截面管材或者铸造钢管。大量铸件的使用增加了车架的重量，有的车型车架铸件使用量达90%以上，导致其重量极大。矿用车车架通过采用拓扑优化技术，根据车架应力流分布情况，采用整体薄钢板焊接结构，实现了优异的轻量化。

材料轻量化技术。通过采用高强度材料减小板厚，可以大幅度减小车架重量。有的车型采用屈服强度为550MPa的ASTM A710钢板，其车架纵梁上下盖板厚度分别为25mm和20mm，而经优化的车型采用屈服强度为345MPa的ASTM A572钢板，其上下盖板厚度分别为45mm和25mm。前者重量比后者轻19t。

矿用自卸车的车厢极其庞大，自重占矿用车总重量的15%~25%，空载情况下约70%的油耗用在货厢上，货厢质量每减轻10%，可减少燃油消耗3%~7%。传统的刚性自卸车在结构上寻求轻量化突破比较困难，车厢是各专业厂家、主机厂和用户重点关注的轻量化目标，与传统车厢相比，轻量化车厢能减重20%~30%。由于轻量化车厢（市场存量2 000台以上）能够带来巨大的燃油节省，深受业主欢迎，当前轻量化货厢以DT、Duratray、VR Steel和AUSTIN为代表，其代表了矿用车车厢的发展趋势。

在产品智能化方面，实现了对驱动行驶系统的自动化控制，以提高燃油利用率及行驶平顺性；实现了对车辆的运行状态、参数和实时数据的监测、记录和统计，并实现监测数据收集及下载，实现健康管理；开发车辆的近距离雷达防撞报警技术、环场影像系统、GIS/GPS/GPRS定位与生产监控调度技术、光纤陀螺仪导向技术等，使运行安全性得到较大提升。开展了无人驾驶矿用自卸车的研究，在自动驾驶技术、自主作业技术、环境感知及路径规划技术、定位及导航技术等方面有了一定突破。

"无人驾驶"开始集中落地。2016年3月，国家发展改革委和国家能源局发布的《能源技术革命创新行动计划》（2016—2030年）要求，2030年实现智能化开采，重点煤矿区基本实现工作面无人化、顺槽集中控制。2016年12月，国家发展改革委、国家能源局发布的《煤炭工业发展"十三五"规划》要求，到2020年，建成集约、安全、高效、绿色的现代煤炭工业体系，煤矿信息化、智能化建设取得新进展，建成一批先进高效的智慧煤矿，促使煤矿企业生产效率大幅提升，全员劳动工效达到1 300t/（人·年）以上。《"十三五"资源领域科技创新专项规划》指出，为全面提升我国矿山行业的生产技术水平，推动传统行业的转型升级，充分利用现代通信、传感、信息与通信技术，实现矿山生产过程的自动检测、智能监测、智能控制与智慧调度，有效提高矿山资源综合回收利用率、劳动生产率和经济效益收益率。从政府的指导性文件可以看出智慧矿山建设是发展趋势与必然方向。无人驾驶矿用车作为智慧矿山的一个重要子模块，可以解决矿区的自动运输问题。无人驾驶车辆使用效率会明显提高，避免了不必要的人为操作引起的燃油备件消耗，降低排放，既节省了人力成本，也减少环境污染，其经济效益较有人驾驶车辆大幅提高。

在绿色设计制造方面，开展了新能源矿用车车型研发。节能降耗，绿色环保与节约成本是国家产业发展的政策导向，是《中国制造2025》优先发展领域。

近年来，国家对节能、环保、降耗等问题非常重视，矿用工程机械产品中的环保节能技术越来越受到用户青睐，建设绿色矿山，实现资源的合理开发利用及资源的可持续性将是今后矿山开采的最为重要的目标，也是未来工程机械运输设备的一个发展方向。新能源非公路自卸车便成为各个厂家新产品的研发方向。目前，新能源非公路自卸车主要以纯电动非公路自卸车为主，主要应用于水泥矿山的重载下坡工况，以及砂石骨料市场。2020年纯电动非公路自卸车销量占比达3%左右。随着纯电动非公路自卸车技术的不断进步，电池容量的不断增大，充电时间的不断减少，服务模式的不断完善，纯电动非公路自卸车将逐步应用于露天煤矿和有色金属露天矿山，为纯电动非公路自卸车打开了广阔的应用市场。

在智慧矿山方面，以大型矿山企业为依托，开展"矿用车在线运行分析与安全预警系统研究"，通过嵌入式传感器，使产品能自诊断、自调整、自适应，实现制造商、用户、产品的互联、物联，为用户提供实时、在线、主动的服务，从而改变传统的研发、销售、服务、管理模式，使公司从生产型制造企业向服务型制造企业转变。

3. 宽体车主要技术进步及创新

（1）建立了非公路车辆运动模型，解决了非公路路面车辆适应性难题，开发了适应于非公路路面的宽体车用桥总成和底盘悬架系统。

（2）非公路道路附着力特性及阻力特性研究取得阶段性成果，优化非公路车辆传动系统、动力系统各大总成设计，为保证其优良的经济性和适应性提供了理论基础。

（3）对车辆的主动安全性和被动安全性进行系统研究，建立了非公路车辆安全体系，为非公路车辆的安全标准制定提供基础理论。

（4）针对非公路车辆转向系统进行专项研究，建立了非公路车辆转向系统设计规范理论基础。

（5）针对既有产品技术的各种不足，将各个部位不合理的结构进行改进，依据市场需求确定非公路宽体车技术指标，经过需求研究、承载系统研究、传动系统研究、转向系统研究，重点解决了非公路状态下的车辆行走系统问题。在30t级产品成熟的基础上，相继开发了承载重量为40t、50t、60t、70t级的产品系列。

（6）纯电动、混合驱动新能源产品，2020年年末销量达400台/a。未来增速加快。形成了无人驾驶线控非公路宽体自卸车在矿山运输中的成组运营试验。

（7）信息化推广应用方面，露天矿山运输信息管理系统在非公路宽体自卸车产品上开始应用，可提供车辆信息的查询和定位，实时了解和管控车辆，是集物联网、大数据、云计算和机器学习等技术为一体的矿山设备管理平台。该平台本着降低车辆运行成本，有效控制费用支出，提高使用效率的节约理念，为用户定制切实可行的运输解决方案，致力于全面改善矿山管理模式，建立以数据为核心的管理方式。

（8）智能化技术推广应用方面，以同力股份为代表的自动驾驶车辆在工地成组运营试验。通过研究，对车辆发动机、变速器、转向、制动等系统进行电控资源匹配设计，实现实时控制；研究工程车辆称重方法、系统及装置，可实现不停车称重；研究非公路宽体自卸车分布式控制系统及控制方法，将多动力源分别布置在不同驱动桥上，并对不同驱动桥进行实时控制，能够确保各驱动桥的转矩输出达到最佳工作区值，提高燃油经济性；研究封闭环境无人驾驶非公路宽体自卸车路径规划方法，在封闭环境下规划行驶路径，寻找安全行驶路径，指导无人驾驶自卸车行驶；研究车辆间通信与交互，实现车辆与车辆、车辆与控制设备之间的实时通信和信息交互，实现多个车辆的协同配合和无人化运行，实现车辆运营环节智能管理。

第二节 新产品不断推陈出新

1. 新产品研发情况

十几年来，主机生产企业积极开展技术创新，新产品研发取得了很多成果，特别是电传动矿用自卸车遍地开花。北方股份成功研制出具有世界先进水平的高性能大吨位NTE150、NTE240AC/DC、NTE260、NTE330、NTE360系列电动轮矿用车，并实现了批量生产及销售。航天重工开发了110t级HT3110型矿用车，该车型采用独立双后轴+摆动轴+四个后轮独立驱动设计，各轮胎载荷均匀，轮胎寿命长，还可配置LNG混合动力发动机；开发了220t级HT5220矿用车，该车型采用多轴小轮胎设计，16×12电驱动形式，重心低、抗倾覆能力强，个别轮胎爆胎失效仍可继续行驶，双发动机、独立驱动技术能有效降低燃料消耗。三一重装开发了 230t 级 SET230 电传动矿用车。首钢重汽（现为柳工矿业）开发了 SGE170、SGE240 电传动矿用车。湘电重装公司开发了 230t 级 SF33901 型电传动矿用车，该车型是根据澳大利亚气候条件和力拓矿山工作环境制造的产品；开发了 300t 级 SF35100 型电传动矿用车，它是湘电目前最大的矿用车；2020 年研发了 SF32000W 型百吨级矿用电动轮洒水车。中冶京诚（湘潭）重工设备有限公司开发了 360t 级 HMTK600B 型电传动矿用车。徐工矿机开发了 170t 级 DE170 和 360t 级 DE400 电传动矿用车，DE170 矿用车在 2011 年 BICES 展会上首次亮相，电传动系统由徐工集团与北车集团共同研制，采用国产发电机、变频器、变频电机和国产核心控制系统。中国北车二七装备公司开发了 190t 级 EQ190AC 交流电传动矿用自卸车。由中国大唐锡林浩特矿业公司与中国航天科工集团公司联合研制出全国首台 4 轴 16 轮 220t（WTW220E）电动轮矿用车，该车型也是全国首台 4 轴 16 轮 220t 电动轮矿用车，改写了目前世界上 220t 矿用车只有 2 轴 6 轮的历史。

在机械传动矿用车方面，北方股份开发了 32t TR35 矿用自卸车，该车型液压系统采用先进的负荷传感技术，达到国内领先水平；首次采用散热风扇温控、液压驱动先进技术，系统节能环保；排放标准达到 Tier 3 标准，满足国外高端市场的需求。开发了 32t NTS35 轻型矿用自卸车，该车型将公路用自卸车与矿用自卸车相结合，开发出一种针对矿山土方剥离层运输及其他散装物料运输使用的新车型，是一款适应于多种特定用途的经济适用型矿用自卸车。开发了 TR50WR 矿用洒水车，该车型专门针对一些冬季寒冷地区的矿山，为了保证矿山道路的除尘，水车在 -20℃ 的环境温度下仍能工作，这时矿山一般采用喷洒一定浓度的盐水来保证低温环境下的作业，是我国行业内第一台不锈钢洒水车。开发了 55t 级 TR60 矿用自卸车，该车型是一种高技术、高效率的产品，特别是在排放标准上达到欧美发达国家标准，技术达到国际先进国内领先水平。

在宽体自卸车方面，2014—2015 年，为适应国外泥工工况需求，解决经济性问题，同力股份在 TL843、TL853、TL855 车型基础上，开发了 6×4 驱动型式的车型 M45；为解决通过性问题，开发了全驱车型 TL848、TL849。2015 年，同力股份推出第四代非公路宽体车同力 D 系列产品。通过在产品自动化、信息化、全生命周期等领域的研究及突破，使得产品技术标准上升到新的台阶。代表车型有 TLD65（有效承载 40t）、TLD90（有效承载 60t）和 TLD110（有效承载 70t）。

同期，国内外各主机厂也相继推出了许多新产品。国际市场推出矿用车情况见表 3-1。

表 3-1 国际市场推出矿用车情况

序号	产品型号（制造商）	基本参数及配置	性能特点	新技术应用	推出年份	应用情况	备注
1	HD405-8 机械传动矿用车（小松）	载重量 40t，装备了 Tier 4 低排放发动机，型号 Komatsu SAA6D140E-7，功率 383kW	安装有 KTCS（小松牵引控制系统），能在各种地表条件下提供最佳的牵引力；还装有 ARSC（自动缓行速度控制）系统，该系统可控制车辆下坡时的行驶速度。通过车载监控和 KOMTRAX 获取详细运行数据	通过应用一系列节能技术，进一步降低了油耗，包括：一个针对驾驶者的"生态引导"功能，自动怠速停机系统，动力和经济运行模式以及改进的液压和传动系统集成	2018		发动机不需要使用 SCR（选择性催化还原）或 DEF/AdBlue（柴油机尾气处理液）就可达到 Tier 4 排放要求
2	HD605-8 机械传动矿用车（小松）	载重量 63t，装备了 Tier 4 低排放发动机，型号 SAA6D170E-7，功率 540kW	安装有 KTCS（小松牵引控制系统），能在各种地表条件下提供最佳的牵引力；还装有 ARSC（自动缓行速度控制）系统，该系统可控制车辆下坡时的行驶速度。通过车载监控和 KOMTRAX 获取详细运行数据	通过应用一系列节能技术，进一步降低了油耗，包括：一个针对驾驶者的"生态引导"功能，自动怠速停机系统，动力和经济运行模式以及改进的液压和传动系统集成	2018		发动机不需要使用 SCR（选择性催化还原）或 DEF/AdBlue（柴油机尾气处理液）就可达到 Tier 4 排放要求
3	HD1500-8 机械传动矿用车（小松）	载重量 142t，Komatsu SDA16V159-3 发动机，功率 1 175 kW	装有最新的 KOMTRAX Plus（康查士 Plus）；标配了有 6 个网络高清摄像头的 KomVision 系统；装备有牵引控制系统（KTCS），自动缓行速度控制系统（ARSC），载荷监测系统（PLM-Payload Meter IV）	采用了 EMESRT（土方安全圆桌会议）提出的理念，以确保符合最高的安全标准	2018	欧洲市场	取得了 CE 认证
4	R100E 机械传动矿用车（沃尔沃建筑设备）	载重量 91t	拥有出色的功率重量比	采用了新的 V 形车斗、高效率液压系统、智能监控系统、舒适的操作环境	2018	南非约翰内斯堡的 Trollope 矿业服务公司	

（续）

序号	产品型号（制造商）	基本参数及配置	性能特点	新技术应用	推出年份	应用情况	备注
5	7558 电传动矿用车（别拉斯）	载重量 90t，Cummins QST 30-C 柴油机	适应于 −50~40℃ 的环境温度，为此设计了发动机油预热器，发动机隔热的侧面百叶窗、发动机保温罩、驾驶室辅助加热器和双层玻璃	AC-AC(交流—交流)	2018	南非、哈萨克斯坦、乌兹别克斯坦、越南和蒙古国等	
6	75320 电传动矿用车（别拉斯）	载重量 290t，Cummins 2125kW 发动机，GE 交流驱动系统	三层车窗玻璃，强化的后方侧方玻璃		2018（测试中）	智利、秘鲁和阿根廷	
7	BH205E 电传动矿用车（贝姆垂）	载重量 205mt（186t）			2018	印度煤炭集团北部煤田公司	还有一款 BH150E 电传动用车
8	eDumper 纯电动矿用车公司（瑞士）	载重量 60t，基于 Komatsu HD605-7 改造而成，电动机持续功率 590kW，峰值转矩 9 500N·m，最大爬坡能力为 13%，锂电池的容量为 700kW·h，可输出 3 000A 电流，重量达到 4.5t	满载下坡时能量回收并存储于锂电池中，电池由 Lithium Storage 公司提供，这些能量用于驱动空载车辆的上坡行驶，多余电量回馈到电网中	用电动机将柴油发动机取代	2018	瑞士 Ciments Vigier 公司的 La Tscharner 石灰石采石场	空载上坡，满载下坡
9	794AC 电传动矿用车（卡特彼勒）	载重量 291t，C175-16 发动机，Cat 交流驱动系统，功率 2 312kW，四轮湿盘式制动器			2015	美国西部的露天铜矿深采坑，也有南美的煤矿和铜矿	传动系统来自更大的 795F AC
10	796AC 电传动矿用车（卡特彼勒）	载重量 326t，Cat C175-16 发动机，并有 3 500 hp（1hp=745.7W）和 3 100 hp 两种动力规格		符合 Tier 4 Final 排放要求	2018		796AC 替代 795AC

（续）

序号	产品型号（制造商）	基本参数及配置	性能特点	新技术应用	推出年份	应用情况	备注
11	798AC 电传动矿用车（卡特彼勒）	载重量 372t，Cat C175-16 发动机，并有 3 500 hp 和 3 100 hp 两种动力规格；轮胎是 59/80R63	其设计基于 MT6300 AC。驱动系统采用了高电压（2 600V）设计，电流比多数其他品牌产品低，该系统与动力系统完全集成，产生的热量少、部件轻、小且寿命长	符合 Tier 4 Final 排放要求	2018（2019 年第三季度上市销售）	特别适用油砂矿	与机械传动型 797F 同属 400st（797F 已生产 1 000 台）
12	930E-5 电传动矿用车（小松）	载重量 291t，SSDA16V160 发动机，功率 2 013kW（2 700hp）	装备 KomTrax Plus 系统和 Payload Meter IV 载荷监测系统	符合 Tier 4 Final 排放要求	2017		930 系列保有量达 1 900 多台
13	980E-4 电传动矿用车（小松）	载重量 363t，SSDA18V170 柴油发动机，GE 交流传动系统 Invertex Ⅱ，GDY108C 牵引电动机			2016 年在澳大利亚首次发布	2016 年 9 月中旬进入北美	
14	T 236 电传动矿用车（利勃海尔）	载重量 100t，Litronic Plus 二代交流驱动系统，带有四轮缓行功能的油浸制动系统	免维护 IP 68 级插头和驱动模块可保证车辆在任何天气下都能可靠运行	主动前端技术，能在缓行过程中更有效利用能量，可变液压系统降低了机器的寄生效应	2016（测试中）		
15	EH4000AC-3 电传动矿用车（日立）	其自有的 Advanced 交流传动系统使用了自己生产的 IGBT 逆变器，交流发动机和轮马达	装备 Hitachi Aerial Angle 外围视像系统，具备物体探测技术的外围视像系统和行驶碰撞警告系统	滑动控制功能既是一个针对湿滑条件的防抱死制动系统；颠簸控制功能减轻了车辆在不平路面上行驶时的冲击和反弹，还减小了停车时的冲击和惯性摇晃			日立一直在致力于架线辅助供电和防碰撞技术研究

2. 代表产品

（1）NTE260电动轮矿用自卸车。该产品由北方股份设计制造，技术上实现了重大自主创新，整车性能达到国际先进水平，部分技术性能达到国际领先水平。该产品申请专利26项，其中发明专利5项，实用新型专利21项。NTE260电动轮矿用自卸车项目2012年荣获兵器集团重大科技创新成果奖；2013年获中国兵器集团科技进步奖一等奖；2014年获内蒙古自治区科技进步奖一等奖；2013年获得国家重点新产品证书；2015年获得内蒙古自治区名牌产品荣誉；并获得中国生产力促进中心颁发的"中国好产品"荣誉奖。

（2）NTE330电传动矿用车。该产品由北方股份设计制造，是我国首次批量出口海外的国产300t级以上特大型电动轮矿用车。该车型以先进的交流系统作为驱动方式，更加突出系统的集成化、智能化、信息化和绿色环保。该车型装备了在国内首次开发成功的架线技术，可实现电传动矿用自卸车双动力解决方案，可采用高压架线的方式对其提供外部电能的输入，从而使电传动矿用自卸车起动力矩更大、沿坡道行驶速度快、运输时间短、生产效率高、柴油消耗小、设备维护费用低，并减少排放造成的空气污染等，最终降低生产成本和实现绿色环保，体现我国绿色制造的当前最好水平。

（3）NTE360A电动轮矿用自卸车。该产品由北方股份设计制造，是针对澳大利亚市场，按照当时国际最高标准设计制造的一款高端车型。该产品通过大功率电驱动系统技术、前后高性能湿盘制动技术以及澳大利亚技术法规和国际矿业领域对土方移动设备安全要求的对标研究，解决了大型矿用自卸车动力与电驱动匹配，电动轮与湿盘制动器集成，高强度车架和车辆信息技术等关键技术问题，符合土方移动设备在产品设计、配套件选型、制造各阶段的国际安全评估标准，达到了矿用车产品进入澳大利亚等高端市场的标准要求。该产品成为由中国制造首次大批量出口到国际高端市场的大型矿用车，具有里程碑意义。

（4）SF33901型电传动矿用车。该车型是根据澳大利亚气候条件和力拓矿山工作环境，由湘电重装生产制造。其设计和制造全面采用澳大利亚标准，配置了正压装置、冰箱、散热器，符合恶劣矿山气候要求。该车采用世界一流的智能控制系统，配备车辆管理系统、车载称重系统、倒车影像系统、矿山调度系统等设备，车辆的通信控制能力先进。另外，该车型还在国内首创液控楼梯、增加了维修楼梯和检修平台，以及可折叠的后桥壳检修楼梯，便于车辆的综合维修保养。

第三节　信息化智能化等高新技术的推广与应用

1. 产品技术的信息化发展

随着数字化、信息化技术的发展，矿用车不同程度地装备了车载通信系统、盲区视频监视及倒车影像系统、调频广播系统、卡调系统，以及防疲劳驾驶、车速监控、驾驶员行为监控、防撞预警系统、防碰撞系统、轮胎气压温度在线监测系统等，辅助和保障安全驾驶。根据矿山用户管理需求，开发智能化系统。比如，燃油消耗一直是矿山最大的成本之一，燃油的精确计量，是实现单机成本核算，便于成本目标管理，降低燃油消耗的重要基础。开发智能燃油管理系统，集提油和发油锁控、精确计量、受油设备智能识别、GPS定位、实时视频监控、GPRS通信和数据传输、数据存储、自动统计分析等功能于一体，可以较好地实现燃油控制智能化。开发大数据信息搜集分析系统，通过信息化手段，建立一个基于车辆网络和移动互联的信息平台，可实现数据信息的实时采集及时上传，再通过移动互联网终端将数据发回到用户信息管理平台；开发健康信息管理监控系统，监控系统能实时提供重要的车辆状况和有效负载数据，能及时获取可能导致车辆发生故障的信息，并能及时提出警报级别及提供相应的维修方案，以便能够很好地保护矿用车，延长使用寿命，降低运营成本。开发矿用车远程健康诊断服务平台，目标是建立一个基于移动互联网的用户服务综合管理平台，将矿用车发动机、变速器、燃油箱、液压系统等各大系统、部件数据通过传感器进行实时数据采集，利用CAN总线技术上传到中央控制器，由控制器通过移动互联网终端将数据发送到运营管理服务器，进行数据收集、存储和大数据分析。同时，能够实现车辆档案、状态、定位轨迹、总览、健康、报表、运行分析、大屏幕展示和手机APP应用。为用户使用和售后服务提供数据支撑，增强用户体验感，为用户提供"人、车、管理"整体解决方案，提升用户价值和产品市场竞争力，帮助用户实现车辆运营管理的数字化、动态化、远程化控制，实现车辆的安全、油耗、维保等全方位管理。

矿用自卸车的数字化、信息化、智能化过程或功能实现主要集中在以下五个方面：一是建立矿用自卸车控制器局域网（CAN）网络平台，制定控制器局域网通信协议系列标准，配置中央控制系统与CAN总线组合仪表，实现数字化控制；二是建立车辆数据采集、传输、信息管理系统，对车辆的运行状态、参数和实时数据进行采集、记录和统计,并实现监测数据收集及下载,维护保养预警,人机交互,实现大数据和健康管理,实现信息化;三是对车辆运行安全性的提升,如配置近距离目标探测防撞报警系统、环场影像系统、自动灭火系统等,实现单车智能化;四是装备GPS定位系统、远程监控系统,通过车联网技术实现矿山生产调度、车队管理;五是在具备上述功能的基础上,应用环境感知、路径规划、自动定位及导航、运动控制、智能调度决策等技术,实现无人驾驶和自动作业。

2. 智能化、无人化进程

无人驾驶矿用自卸车的应用场景为大型露天矿山,能够根据控制中心下发的调度作业任务类型、目的地、任务路径等指令信息,自动完成从停车场发车、装载作业、循迹行驶、卸载作业、收车至停车场、加油等作业任务,无需任何人工干预。国际知名工程机械制造商卡特彼勒和小松在基于矿用车无人驾驶的智慧矿山自动运输技术方面处于领先优势,在20世纪80年代后期便开始了基于矿用车无人驾驶的智慧矿山自动运输技术的研究。卡特彼勒针对智慧矿山自动运输系统开发了智能调度系统FLEET模块,实现了矿山运输系统的自动化;小松收购了国际著名矿山调度系统公司MODULAR,开发了无人驾驶矿用车矿山管理系统(AHS),实现了无人驾驶自动运输作业。到2020年,全球大约有300台无人驾驶的非公路矿用自卸车在矿山运行。在国内,矿山运输主要存在招工难、成本高、事故频发三个突出的痛点问题,年轻人从业意愿低,驾驶员操作不规范造成的车辆维修、油耗高等,使成本高居不下,矿用车尺寸大、盲区多、伤亡事故频发,无人驾驶成为矿区解决此类问题的根本手段。国内露天矿开采使用的智能矿山自动运输系统仍处在试制阶段,当前还没有成熟的应用案例。

2015年,北方股份着手无人驾驶矿用车技术研究方向布局,是国内最早进行该项技术研究的矿用车生产企业。北方股份与中国科学院合作开展了无人驾驶感知系统、决策、规划、定位系统算法的研究;与华为合作共同推动MDC智能计算平台的测试和应用;与华为、中国移动合作开展5G通信网络及场景的搭建和测试。建设了无人驾驶试验场,试验场设有5G和4G专网,路侧通信设备,智能调度作业平台及远程接管终端,可模拟矿车采装、运输、卸载及弯道、实体障碍、洒水过量打滑及干燥扬尘、交叉路口等全工况的运行,同时可进行C-V2X、V2V的模拟通信试验。与北京航空航天大学、清华大学、公安部道路交通安全研究中心和交通管理科学研究所就路车融合无人驾驶安全通行技术展开了合作研究,承担了国家重点研发计划项目"路车智能融合控制与安全保障技术研发"子课题。

2018年，北方股份开始在白云鄂博铁矿进行无人驾驶矿用车工业试验。北方股份通过对白云鄂博铁矿3台载重量172t和1台载重量150t机器人驾驶的电动轮矿用车进行现场改造，实现了由4台无人驾驶矿用车编队，匹配1台电铲的全流程连续作业。目前已经实现在实际矿山条件下，10台MT3600电动轮矿用车匹配2台电铲的无人化编组运行，累计安全运行超过850天，累计运行里程超过55 000km，运输矿石超过40万t。

北方股份以NTE120电动轮矿用车为基础车型在行业内率先开展了无人驾驶矿用车研发。通过无人化线控底盘改造完成TR100AT、NTE200AT和NTE240AT等无人驾驶矿用车的研制，并实现批量生产和销售，满足了相关智慧矿山对自动运输的需求。

第四节　产品绿色化推广与应用

产品绿色化以新能源车型的推出为代表方向。我国纯电动新能源矿用车研究与应用始于2018年前后。据不完全统计，截至2020年年底全国各类露天矿山共有200余台纯电动矿用车，主要核心研发单位为宇通重工、徐工重型、北奔重型汽车集团有限公司、宏威新能源汽车有限公司、河南跃薪智能机械有限公司、北方重工、三一重装、潍柴集团等设备制造厂商。2018年以来，宏威新能源在湖南岳阳、山东曲阜、陕西富平、西藏华泰龙、浙江湖州等地及矿山投运了60多台纯电动宽体车，单车里程已经超过30 000km。2018年4月，北方重工40t级纯电动矿用车在乌海石灰石矿山交付试运。2018年6月，洛阳钼业集团联合河南跃薪研发的SY系列纯电动矿用车在三道庄矿区投入使用，截至目前已累计投入纯电动矿用车30台，无人驾驶纯电动矿用车5台。2019年8月，山西诺浩集团纯电动90t级宽体车在山西朔州交付。2019年12月，宇通重工首批纯电动宽体车应用于中国黄金集团西藏华泰隆矿业公司。2020年6月，三一重装研发的2台SKT90E纯电动无人宽体车应用于紫金矿业青海威斯特矿业公司。目前，纯电动矿用新能源自卸车主要应用于砂石矿山、水泥矿山和金属矿山，在露天煤矿还没有得到广泛应用，仅华能伊敏露天煤矿进行了极寒条件下电动矿用车运行测试。总体上看，我国新能源矿用车刚刚起步，依然处在产业化前期，受电池重量、循环寿命、充电速度、电池性能及安全等因素制约，目前的纯电动新能源矿用车主要为总重量90t、载重量60t左右的宽体车。

内蒙古地区首座60t级矿用车充换电站项目在国家电投南露天煤矿正式投入运行，并顺利完成了超1 230次换电测试；首批20台换电宽体自卸车已到位并已组装18台。

2021年8月，由国家电网、中铁十九局共同建设的西藏玉龙铜矿矿用车"油改电"项目正式投运，标志着世界最高海拔纯电动重型载货车换电站投入运营。据悉，玉龙铜矿位于西藏自治区昌都市江达县，海拔4 200～5 200m，是目前国内最大单体铜矿矿区。玉龙铜矿项目有运输设备300台（套），为减少尾气排放，中铁十九局积极使用新能源设备，投入全自动智能换电工位2座、90t级纯电动宽体车40辆。西藏玉龙铜矿矿用车"油改电"项目是国网电动汽车公司与中铁十九局共同建设的第二代重型载货车换电站首个落地项目，配备了高度自动化的智能换电机器人、集成化的高效热管理系统和安防装置，可4min全自动更换矿用车动力电池，并确保整套系统在极寒缺氧环境下安全稳定运行。项目一期投入使用的40辆纯电动宽体车每年可帮助施工方减少柴油消耗9 983t，相当于减少二氧化碳排放31 809t，替代电量约500万kW·h，有助于打造"绿色矿山"，保护高原生态环境。

北方股份于2020年成功研制出TR50E国内首台纯电动非公路矿用自卸车，该车型具有"零排放、长寿命、高安全性"的特点。该车型开发了矿用车专用动力电池PACK，匹配安全、高效的磷酸铁锂电池，整车电量423kW·h，可实现双枪500A充电，电池最大可回馈电流达800A，充电时间（SOC 30%）<50min，一次充电可满足正向开采工况运行时间12～16h，适应工作环境温度－40～+50℃，海拔0～3 000m。可通过行车充电和制动能量回收实现较高的能量效率，确保矿山复杂道路工况下的安全高效运行。电池采用三支路设计，有效降低了电池充放电次数和电池放电倍率，提高电池使用寿命（远远高于其他自卸车的使用寿命）。自主开发了包括VCU、BMS在内的智能化中央控制系统，实现对驱动电机、电池能量管理、液压系统及其他辅助系统的智能控制。

第五节　科技成果

矿用车行业技术创新理念和方向是以节能、安全、低排放、低噪声、舒适性、智能化等为标志，贯彻绿色设计、智能设计、可靠性设计，以更好地满足国际高端市场的需求。

创新的驱动力来自用户对产品品质的不断提高和多样化需求。2011—2020年，行业通过不断创新使矿用自卸车产品多项技术处于国内领先或国际先进水平，部分技术为国内首创。主要包括：在330t级电动轮矿用车上应用的双能源架线技术为国内首创，并获得发明专利授权；通过湿式油冷盘制动器国产化，实现了制动技术与国际一流水平看齐；

通过大型结构件工艺的突破性创新，实现了大容量车厢使用寿命达到国外同类领先产品水平；产品设计植入智能化信息技术，实现发动机、控制器、集中润滑、称重系统的信息采集和分析，极大提升了国产电动轮矿用车的智能化水平；掌握具有防落物防滚翻功能的驾驶室技术，驾驶室安全标准通过国际认证；全系产品均具备坡道起动防溜功能、重载下坡恒速控制功能、防滑控制功能、低温起动保护及暖机功能，部分产品具备远程监控和数据传输功能，均为行业首创，代表着我国矿用车工业的进步。

  矿用车行业在技术和产品开发上取得硕果累累。截至2020年，通过对北方股份、徐工矿机、三一重装、同力股份和临工重机等行业内非公路自卸车主要生产制造企业的初步统计，共获得50项省部级科技进步奖，多项成果填补了国内空白；发表论文321篇；完成国家级重点火炬计划和重点新产品项目14项；累计申请专利1 088项，95%的专利都得到了实际应用。

第五章　知识产权与标准化工作

第一节　知识产权工作情况

据中国国家知识产权局官网显示,与非公路自卸车、宽体自卸车关键词相关的专利约 480 项,其中发明专利约 60 项,且从 2007 年开始该行业专利申请数量呈快速上升趋势,2013 年年申请量达到百余项。

2011 年以来,在专利申报数量和质量以及专利知识培训、专利制度建设、专利数据库建立、专利信息收集和检索等方面的工作都取得了长足的进步。

1. 建立专利管理组织机构

各大主机制造企业相继设立专门负责专利工作的管理部门。由专人负责专利管理体制设置、专利信息的收集与利用、专利战略的制定与运用,专利技术研发、专利申请、专利运营、专利权维护等相关工作。

2. 建立专利管理相关制度

各地方的知识产权局陆续出台专利奖励政策。为了激发广大员工的创新积极性,增强企业自身的竞争能力,在激烈的市场竞争中获取竞争优势,各企业也相应地配套出台了各类鼓励政策。例如北方股份的做法是建立专利奖励制度,专利作为职务发明统一申报,但对于专利发明人,发明专利每项奖励 20 000 元,实用新型专利每项奖励 1 500 元,外观专利每项奖励 1 000 元。

3. 开展培训工作

随着国家和地方政府相关部门对知识产权和专利工作的要求不断提高,企业对提升自身知识产权和创新成果保护的意识,不断加强。进行专利知识的相关培训,进一步增强对知识产权,特别是对专利的理解和共识,使相关技术人员在专利编写过程中能够抓住专利的创新点和保护点,提高了专利申报的成功率和质量。

4. 建立专利数据库

北方股份建立了非公路矿用自卸车专利数据库。以非公路矿用自卸车为研究对象,对国内、国际矿用车产品相关专利技术进行了检索、归类和整理。旨在通过对企业产品知识产权战略研究,总结矿用车产品专利技术的发展过程及发展现状,分析预测该类车专利技术今后的发展趋势,为企业利用相关专利信息进行产品研发创新提供坚实支撑,并能有效提高企业知识产权保护的前瞻性和预见性。

5. 开展专利战略研究

有条件的企业,积极通过专利战略研究分析行业发展趋势和技术发展动态,了解掌握公司技术水平和产品定位,起到在产品研发过程中注重科技创新,避免触碰已有专利作用。经过充分的专利战略研究后,找到可能的技术突破方向,根据研究结果,规划公司的技术发展路线图;建立专利数据库,加强了科研与专利技术的有机结合。

6. 建立企业知识产权体系

企业根据自身特点,以及专利工作开展情况积极建立各自的知识产权体系。北方股份按照 GB/T 29490—2013 标准的要求,制定了北方股份公司的企业知识产权相关体系文件,并在 2017 年通过国家认证。知识产权体系的建立,以标准的形式进一步明确了《管理手册》《程序文件》和《制度文件》要求,规范日常经营管理活动,使得企业的知识产权管理水平和能力都得到了明显提高。

7. 非公路矿用自卸车行业专利发展趋势

随着动力电池技术的发展与成熟应用,国内市场纯电动非公路矿用自卸车种类越来越多,而且纯电动非公路矿用自卸车逐渐向大吨位方向发展,这势必迎来纯电动技术在非公路矿用自卸车上应用的高速发展阶段,各种应用和创新技术层出不穷。

智能矿山是新一代采矿业技术竞争的核心,智能矿山技术将给世界矿业的发展带来前所未有的机遇,传统的矿山技术将逐渐退出矿业舞台,智能化、信息化、自动化的矿山技术将开启一个崭新而充满活力的矿业发展新局面。无人驾驶非公路矿用自卸车已成为矿山自动化解决方案中的重要组成部分,所以无人驾驶技术在非公路矿用自卸车上也会有一个高速发展时期。

第二节 标准化工作情况

1. 制定行业专属名称

2011—2020年,非公路自卸车标准工作一步步成长,实现了多个首次,筑起了行业规范,凝聚了一批热爱该项事业的标准人,诞生了自己的规范化名称"非公路自卸车"。

非公路自卸车属于工程机械行业工程运输机械类中的一种重要装备,它与公路自卸车或公矿两用车辆在技术参数、技术性能以及车辆结构上都有很大的差别,但该种产品在当时的各类标准中都没有正式的术语定义,造成国家在制定一些相关政策时没有依据,不利于行业发展和产品技术进步。2008年,土方机械标准委正式成立,确定了产品归口范围,明确将自卸车产品的标准归口土方机械标准委制定,与国际接轨。2009年,标准委立项转化ISO 7132:2003《土方机械 自卸车 术语和商业规范》(英文版)标准,工程运输机械分会根据会员单位北方股份的意见,提出在该标准中增加"非公路自卸车"的定义,得到了标准委领导的重视,经过标委会几轮会议的讨论,最终得到认可,在GB/T 25605—2010《土方机械 自卸车 术语和商业规格》标准中,将"非公路自卸车"的术语和定义写入该标准。标志着非公路自卸车成为独立的类别。之后在行业监管、政策制定、用户设备购置等方面更加顺畅,起到了积极的作用。

2. 建立首个非公路自卸车标准体系

随着用户对非公路自卸车的技术性能和使用性能的要求越来越高,生产企业和研究单位也希望有相应的技术标准作为产品设计和研究的基础,但行业专业人士都感到自卸车的标准工作非常薄弱,不仅缺失标准,甚至还没有建立标准体系。鉴于此,开展中国非公路自卸车技术标准体系的研究成为当务之急。

2011年7月,在昆山召开的标委会标准审查会期间,天津工程研究院牵头组织,专门召集国内非公路自卸车的生产企业代表协商本行业标准工作的开展。该会议也被认为是土方机械自卸车工作组的筹备会。会议确定由北方股份牵头编制非公路自卸车标准体系研究报告和工作任务的规划,尽快形成标准体系研究报告初稿以供下次工作组会议讨论。

2011年12月18日,在云南省昆明市召开"土方机械非公路自卸车标准体系研讨会暨标准工作组成立会议"。会议讨论通过土方机械非公路自卸车标准工作组组成方案,由北方股份担任组长单位,由湘潭电机、同力股份、天工院、泰安航天、首钢重汽为副组长单位，其余9家单位为成员单位。会议对《非公路自卸车标准体系研究报告》（讨论稿）进行了审查。

2012年9月19日，在湖南省张家界市召开"非公路自卸车标准工作组第二次会议"，确定了非公路自卸车的标准体系框架图和明细表，并确立了此后几年非公路自卸车类的国家标准制定计划。

2013年8月28日，在内蒙古包头市召开了"非公路自卸车标准工作组第三次会议"。会议由全国土方机械标委会主办，北方股份协办，聚集了业内23家单位的44名代表参加。作为一个工作组会议，得到了业内的积极响应和重视，与会代表对"土方机械非公路自卸车标准体系研究（三稿）"进行了审查，并予以通过。至此，首个非公路自卸车标准体系建立，成为该领域标准制定和研究的指导性体系文件。

非公路自卸车在土方机械标准体系框架图中的位置见图3-2。

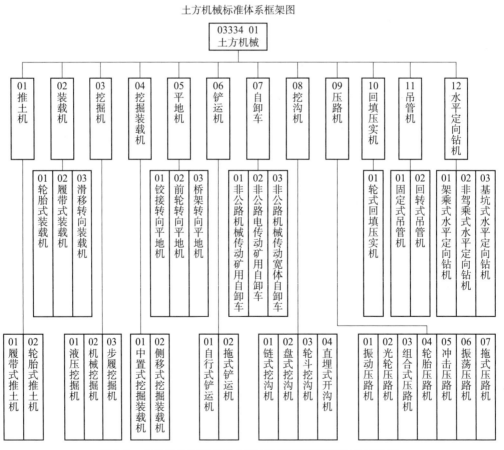

图3-2 非公路自卸车在土方机械标准体系框架图中的位置

2013年形成的非公路自卸车标准体系框图和体系表，明确了非公路自卸车由非公路机械传动矿用自卸车、非公路电传动矿用自卸车、非公路机械传动宽体自卸车三类组成。2017年12月国标委正式批准，对外发布了GB/T 35195—2017《土方机械 非公路机械传动矿用自卸车 技术条件》、GB/T 35193—2017《土方机械 非公路机械传动矿用自卸车 试验方法》、GB/T 35196—2017《土方机械 非公路电传动矿用自卸车 技术条件》、GB/T 35197—2017《土方机械 非公路电传动矿用自卸车 试验方法》、GB/T 35194—2017《土方机械 非公路机械传动宽体自卸车 技术条件》、GB/T 35192—2017《土方机械 非公路机械传动宽体自卸车 试验方法》6项产品标准，于2018年7月1日起正式实施。从国家标准层面规范了非公路宽体自卸车产品术语、技术指标、技术路线、试验方法等，成为非公路宽体自卸车企业组织生产和判断产品是否合格的依据，是支持行业可持续发展的基础。

2019—2020年，在中国工程机械工业协会带动下，发布了T/CCMA 0082—2019《土方机械 排气烟度 非公路自卸车测量方法》、T/CCMA 0094—2020《非公路自卸车 安全技术要求》、T/CCMA 0095—2020《非公路自卸车 操作使用规程》、T/CCMA 0096—2020《非公路自卸车 运行维护规程》4项与非公路自卸车细分行业相关的团体标准，填补了国家标准的空白，对行业的健康发展和技术提升具有里程碑式的重要意义。

3. 其他多项自卸车标准的制定

在标准委的规划下，还完成了与自卸车直接相关的其他6项标准制定，包括GB 25684.1《土方机械 安全 第1部分：通用要求》、GB 25684.6《土方机械 安全 第6部分：自卸车的要求》、GB/T 25605《土方机械 自卸车 术语和商业规格》、GB/T 25625《土方机械 自卸车 教练员座椅/环境空间》、GB/T 25689《土方机械 自卸车 车厢 容量标定》、JB/T 12904—2016《土方机械 非公路自卸车 轮胎、轮辋的选择》。特别是在前两项安全标准的制定中，行业专家们经过大量的梳理、论证等工作，将ISO原有标准与国内的非公路自卸车的实际情况结合起来，修改制定的国家标准更加符合国情，更加有可实施性和可操作性。

中国非公路自卸车行业志

企业篇

介绍了行业重点企业的发展历程，产品、技术发展，企业人才队伍建设，企业文化与社会责任

综合篇

市场篇

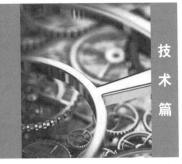
技术篇

企业篇

协会篇

大事记

中 国
非公路
自卸车
行业志

企 业 篇

第一章　内蒙古北方重型汽车股份有限公司

第二章　湘电集团有限公司

第三章　三一矿机有限公司

第四章　陕西同力重工股份有限公司

第五章　柳工（常州）矿山机械有限公司

第六章　哈尔滨博威动力设备股份有限公司

第七章　艾里逊变速箱公司

第八章　株洲变流技术国家工程研究中心有限公司

第九章　青岛泰凯英专用轮胎股份有限公司

第十章　中机科（北京）车辆检测工程研究院有限公司

第十一章　康明斯有限公司

第一章 内蒙古北方重型汽车股份有限公司

第一节 企业发展简介

1. 企业改革创新发展状况

内蒙古北方重型汽车股份有限公司(简称北方股份)是我国专业从事非公路矿用车及其零部件研发、生产和销售的企业,公司于1988年由中外合资组建成立,现为中国兵器工业集团内蒙古北重集团控股上市公司。北方股份拥有我国矿用车领域唯一的国家级工程研究中心,是中国工程机械工业协会工程运输机械分会和中国汽车工程学会矿用车分会理事长单位,是矿用车国家标准牵头编制单位和制造业单项冠军示范企业,2012—2020年连续9年入选"全球工程机械制造商50强"。

2. 经营状况

北方股份位于内蒙古包头市稀土高新区,拥有TR系列载重量28~91t机械传动矿用车(含矿用洒水车)、NTE系列载重量110~400t电动轮矿用车。公司技术处于国内领先、国际先进水平,多项产品填补了国内空白,从根本上扭转了我国矿用车长期依赖进口的局面。从1990年北方股份首次销售5台矿用车开始,销量逐年递增,至今,已累计销售各型号矿用车7 000多台。公司建有遍布全国、辐射全球的营销服务网络,目前矿用车占据国内80%以上的市场份额,国外市场已拓至全球65个国家和地区,累计总销量名列全国第一。系列化产品广泛应用于冶金、煤炭、有色、化工、建材、水电、交通基建七大矿业领域,遍布于国能集团、鞍钢集团、华能集团、中煤集团、海螺集团、紫金矿业、中广核集团、中铁建集团等位于国内外的数百个大型露天矿山。北方股份自1995年首次实现盈利以来,多年来保持持续盈利能力,在满足用户价值最大化的同时,积极回馈股东投资。

3. 管理状况

（1）研发方面。北方股份建有我国矿用车领域唯一的国家级工程研究中心，拥有国内领先的驾驶室安全试验台、疲劳试验台、油气悬架试验台等先进检测手段。拥有一支100余人的专业完善、从业经验丰富、技术技能精湛的工程师队伍。

（2）质量方面。围绕"建立复合质量体系、形成新型管控能力、培育专业质检队伍、打造可靠精品矿用车，深入推进全价值链体系化精益管理战略"工作主线，深入一线开展质量工作，经过不断探索和创新，逐渐总结形成了具有自身特色的"TIQM"一体化跨公司质量链管理模式，在公司全面实施并取得实效。

（3）生产方面。具备年产1 000台矿用车生产能力。拥有总装生产线、机加工生产线、缸体生产线、结构件生产线、备件库、保税库、维修车间，全套数控加工设备及产品检验检测设备，能够在一个生产园区完成从原材料加工到整车下线全部工序，完成28～400t全系列矿用车产品生产。

（4）财务方面。加强制度建设和流程梳理，开展全面预算管理，保障全价值链精益财务管理战略落地。围绕"三去两降一防"，即去"两金"、去杠杆、去产能盘活资产、降低贷款、降低财务费用、防风险的工作思路，对全系产品进行成本梳理核算，对零部件采购价格、整车及备件销售价格、服务价格进行动态调整。提高全面预算管理精益水平，设定边界管控值，内部可控费用预算保证刚性执行。抓好业务与成本的平衡管理，充分利用政策性银行贷款资金，严控带息负债规模，灵活运用银行承兑、信用证、押汇及海外代付等金融工具。

北方股份坚持走矿用车专业化发展道路，依靠领先的自主创新能力和行业一流的集成创新技术，保证了系列产品的优越性能和可靠品质。企业秉持"贤妻良母式"的服务理念，以"互联网+"为纽带推进数字化转型升级，坚持为用户提供智能化、定制化的产品和服务，提供矿山运输系统解决方案，致力于研制全球性价比最优矿用车，实现产品全生命周期运行成本最低和用户价值最大化，努力打造国际一流矿用车企业。

4. 国际化成长

自1992年实现矿用车首次出口蒙古国以来，至今北方股份矿用车已出口至全球65个国家和地区，主要集中在"一带一路"沿线地区及亚洲、非洲地区，产品累计销量居全球第三位。企业出口额逐年攀升，目前出口额占全部销售额的比例达60%以上，成为出口导向型企业。企业的国际化经营模式主要是销售整车、备件及提供技术支持，创新开展了"销售+服务"的"打包式"营销模式，以及依托中国兵器工业集团平台实现

"矿山工程一体化"的"一揽子"商业模式。

在具体方式上，北方股份主要采取"借船出海"（借助大型能源类中央企业的海外投资渠道）、"借路出海"（借助"一带一路"的政策机遇）、"借势出海"（借助中国兵器工业集团的平台优势）、"造船出海"（建立海外代理商）四种方式拓展国际市场。

"借船出海"和"造船出海"方面，北方股份主要通过大型能源类中央企业的海外投资平台，形成了产品在国际市场的认可度。而后，通过"造船出海"的方式，在部分市场建立了代理商。目前，北方股份在印度尼西亚、蒙古国和中亚等都培育了较为成熟的代理商或独家代理，这些代理商在销售产品的同时，具备较强的后市场服务和备件供应能力，在以上地区初步培育了矿用车的品牌影响力。在亚洲的缅甸、泰国、印度、巴基斯坦、土耳其，非洲的南非、尼日利亚、摩洛哥、阿尔及利亚，大洋洲的澳大利亚，南美洲的阿根廷等国家，公司自主开发或利用原特雷克斯集团的代理资源培育了一批具备服务能力的专业项目代理合作伙伴。

"借路出海"和"借势出海"方面，北方股份重点依托兵器工业集团的产业平台优势，实现内部资源优势互补、资源共享，整合矿用车的上下游产业链，实现与国际矿业市场在产业层面的对接。比如，通过中国北方工业有限公司的渠道，主要是中国北方车辆有限公司的外贸渠道，成功在缅甸项目、蒙古国项目实现矿用车销售。通过中国兵器工业集团与国机集团的合作推动，北方股份与中工国际在两集团的指导下密切合作，在刚果（金）项目上实现矿用车销售。北方股份与万宝矿产、北方车辆等中国兵器工业集团系统内企业加强合作，抱团强身，初步打造出了具有兵器特色的矿山工程一体化品牌。

5. 企业党建情况

公司党委始终全面准确贯彻落实党中央深入推进全面从严治党战略部署，认真贯彻落实上级党组织有关要求，在公司转型发展过程中，充分发挥党组织领导核心作用，做好把方向、管大局、保落实工作，公司党委前置研究公司重大事项，通过抓好"党员创新工程"，制订"党组织引领行动""党员创新登高计划"，各党组织和党员围绕立项主题，2011—2020年共计提出引领项目210项，提出创新登高计划1 066项，积极投身全价值链精益改善、合理化建议等工作，有效彰显了党员创新创效的带头作用，同时不断促进党建工作与业务工作深度融合。开展党支部标准化建设，建立《党支部工作考核评价办法》，设置14个党支部，覆盖公司所有业务部门，所有党支部积极宣传党的主张、贯彻党的决定、领导基层治理、团结动员广大干部群众，成为推动改革发展的坚强战斗堡垒。以"三会一课"、加强党规党纪教育为抓手，狠抓基层组织建设和党员队伍建设，在全体党员中开展"党员承诺践诺"和"党员示范岗"活动，在工作中亮身份，比贡献。各支部开展形式多样的"主题党日"活动，通过重温入党誓词、党员集体过"政治生日"、赠送红色经典书籍、举办"唱红色经典、展党员风采"红歌赛、志愿服务等活动强化党员的身份意识。采取自学与集体学习相结合的方式，抓好习近平同志系列重要讲话和党的十八大精神学习、扎实推进党的群众路线教育实践活动、"三严三实"专题教育、"两学一做"系列专题的学习，不断提升政治素质，增强处理问题、解决难题的本领。公司党委认真履行主体责任，每年年初专题研究部署党风廉政建设工作，年中推动各项工作落实、认真研究解决实际工作中出现的各种问题，持续推进党风廉政建设工作，2011—2020年，公司未发生严重违反党风廉政建设的事件。

第二节 产品、技术发展

1. 10年内推出的产品品种型号及其性能特点

2011—2020年，围绕国际化经营目标，公司全力投入，成功研发了大吨位NTE150、NTE240、NTE260、NTE330、NTE360A等全系列电动轮矿用自卸车，在大型化技术方面缩小了与国外的差距。NTE360A电动轮矿用车首次批量销售到素有全球矿业皇冠明珠之称的国际高端市场——澳大利亚市场，与世界标杆产品同台"竞舞"，标志着北方股份国际市场拓展取得重大突破，这也是中国制造的大型矿用车首次大批量出口到国际顶级市场，具有里程碑意义。

无人驾驶矿用车以NTE120电动轮矿用车为基础车型进行开发，引领了我国矿用车无人化技术发展。完成TR100AT、NTE200AT和NTE240AT等无人驾驶矿用车的研制，并实现批量生产和销售。同时充分发挥整车制造商的资源优势，与国内外优秀的专业智能化信息公司深度合作，提前介入和布局，深度参与智慧矿山建设，满足智慧矿山对自动运输的需求。

成功研制NTR100A机械驱动矿用自卸车，以高标准对产品的安全性、可靠性、信息化、人机交互、舒适性和耐久性进行了全面重构，开创了北方股份新一代NTR系列机械驱动矿用车的先河。

成功研制国内首台35t NTH35混合动力矿用车，标志着公司产品向动力多元化方向又迈进了一步，与同类燃油车相比可节约能耗30%以上，填补了国内空白。

建立了矿用车远程服务健康诊断平台，收集、整理、集成了各类矿用车应用数据。远程服务健康诊断平台一期成功上线，远程监控手机端已上线应用，正在推动二期的应用。远程诊断平台的建立和完善，极大提高了矿车运行维护的信息化和智能化。

完成首台国产化电驱动系统 NTE120 电动轮矿用车在鞍钢矿山的 5 000h 工业性试验，样车交付矿山使用，是电动轮矿用车核心部件国产化的一个里程碑。北方股份的多项科技创新成果均具有行业独创性和代表性，代表着我国矿用车工业的进步。

2. 主要产品产销量

2011—2020 年，北方股份共计销售系列矿用车 2 859 台。公司获工业和信息化部授予的"制造业单项冠军示范企业"荣誉称号，该评选标准要求入选企业特定细分产品销售收入占企业全部业务收入比重的 70% 以上，且单项产品市场占有率位居全球前三位。目前北方股份产品产销量名列全国第一，全球前三。

3. 产品出口与配套件进口状况

2011—2020 年，北方股份系列矿用车出口 1 142 台，占总销量的比例为 39.94%。北方股份矿用车的核心部件全部产自于世界顶尖级公司，如发动机来自康明斯，变速器来自艾里逊公司，驱动桥技术来自特雷克斯，电驱动系统来自通用电气公司、西门子公司，液压泵阀主要来自派克。高配置决定了产品的高性价比，保证了产品的高出勤率，帮助用户实现预期目标。

4. 信息化、绿色化建设开展情况

公司持续加强网络化、数字化建设，深入贯彻实施工业化、信息化深度融合，是工业和信息化部首批信息化与工业化融合试点示范企业。公司将信息技术、自动化技术、先进制造技术、现代管理技术深度融合，应用于公司研发、生产、销售和服务等环节，全程实现产品研发数字化、生产自动化、控制智能化和管理现代化，持续提升信息技术与公司核心业务的融合度。通过 SRM、WMS 信息化系统的开发应用，实现了从询价选厂到采购入库，再到对账付款全流程线上运行；通过扩大供应商使用SRM、WMS 系统，基本实现内外部信息化系统全覆盖。同时，严格按照全年生产计划进行采购，采取一次性签订全年采购计划合同、分批供货的模式，保证标准件安全库存，切实解决了独家供货窄口问题和引发的缺件风险。尤其注意在配套件性能、质量和价格上取得平衡，保证为用户提供最具性价比优势的整车和备件。通过在现有车型上进行改造和线控化全新设计的系列无人驾驶矿用车已在海螺集团、包钢集团等部分矿山落地运行,已实现无人驾驶矿用车销售200多台。联合各方资源,建立了创新联盟,开发单车智能化、机群协调智能化、智能调度决策等技术,形成公司独有的自动运输控制系统,参与智慧矿山建设。2020年,公司按照安全环保法规极为严苛的澳大利亚标准进行全新设计,成功研发的大吨位NTE360A电动轮矿用自卸车首次批量销售到国际高端市场——澳大利亚市场。

公司积极贯彻国家"双碳"政策,改变传统发展方式,加快构建绿色低碳循环发展的经济体系,推动产业和能源结构的调整优化,为高质量发展注入绿色低碳的新动能。在打造绿色制造方面,公司贯彻"以人为本、安全发展、绿色发展"总要求,按照"零污染"的总体目标,建立了环境管理责任体系,通过持续推进安全生产标准化建设工作与环境管理体系、职业健康安全管理体系实施,运用科技创新手段和源头治理,淘汰改造一批落后装备,合理优化能源结构,注重节能降耗、环境保护和资源回收与综合利用,实现产品绿色化、车间环保化、行为自觉化、监管科学化、主体明确化、信息公开化。

在提供绿色低碳产品方面,公司近几年加快了新能源矿用车产品开发,并创新开发多款新能源矿用车。2019年,成功研制出国内首台35t NTH35混合动力矿用车,标志着公司产品向动力多元化方向迈进了一步。在该基础上,又将纯电动矿用车、氢燃料电池矿用车开发列为公司新产品开发的重点。

5. 企业技术进步与人才培养

北方股份是当前国家发展改革委认定的我国唯一的"重型非公路矿用车国家地方联合工程研究中心",是矿用车国家标准起草牵头单位。公司在引进、消化、吸收先进技术的基础上改进升级或自主研发了28~360t全系机械传动矿用车、矿用洒水车及拥有完全自主知识产权的系列电动轮矿用车,技术上均处于国内领先或国际先进水平,多项产品填补了国内空白,具有良好的经济效益和社会效益,从根本上扭转了我国矿用车长期依赖进口的局面,当前系列产品国内市场占有率达80%以上。北方股份采用Pro/E、ANSYS、CAPP、PLM等先进设计软件,构建了三维数字化设计环境;集聚了一批优秀人才,组建了一支国内一流的矿用车研发团队,研发中心有各类专业技术人员145名,高级职称89名,硕士53名,博士1名;中心拥有兵器集团科技带头人3名、北重集团级技术带头人2名、兵器科学家第三层次重点培养人员2名、自治区突出贡献专家1名,团队被包头市评为鹿城英才创新团队。北方股份在人才培养上贯彻使用与培养并重的原则,以国内领先、世界一流的矿用车产业为平台,以解决矿用车领域新技术为突破，大胆使用人才，同时，逐步引进一批在国家层面和本技术领域有"话语权"的高层次专业技术人才，增强技术团队实力。通过创造各种机会、采用各类办法、多方位多视角对工程技术人员进行培养，建立起了长效的培训机制。近几年，选送 3 名技术骨干以访问学者身份到清华大学、华中科技大学进行为期一年的理论学习和课题研究；选送 1 名技术骨干到北京科技大学攻读博士学位；选送 7 人参加了北重集团科技骨干承启班学习，他们结业后回单位都发挥了积极的引领作用。

经过几年的打造，人才培养机制成效逐渐显现，在开发中心内部产生了多名专家和核心骨干，形成了一支较为稳定的"能征善战"研发团队。公司还聘请了 22 名汽车、液压、机械、软件等行业专家、科研院所教授作为技术顾问，借助"外脑"进一步增强研发实力。2011—2020 年，北方股份在矿用车的智能化、信息化、无人化、混合动力及架线驱动等方面展开系统研究，充分发挥了我国矿用车行业龙头企业作用，提升了我国矿用车产业在国际前沿技术领域的竞争力和话语权。

6. 产品及关键技术研究进展及成果

近年来，公司不断加大科技投入，投入 4 000 多万元用于开发中心软硬件及创新能力建设，每年的研发投入占主营业务收入的 3.5%~6%。围绕系列矿用车及其相关技术展开攻关，科技成果产业转化率 98% 以上，新产品贡献率 50% 左右。

北方股份围绕打造国际一流矿用车企业的战略目标，以智能产品、智能制造、参与智慧矿山建设为抓手，通过对标国际高端市场标准要求和引领顶级用户的智能化建设需求，推动产品数字化、信息化、无人化、动力多元化，重新构建机械驱动矿用车、电动轮产品，不断延伸产品系列。2011—2020 年，开发了包含 NTR 系列机械驱动产品、大吨位电动轮矿用车、无人驾驶矿用车高端装备在内的具有完全自主知识产权的新产品系列，形成了完善的自主品牌产品体系，并且加快推动电动轮核心零部件的国产化和核心技术的自主化。

秉承着打破进口产品技术和价格双重垄断、自主掌握核心技术的理念，经过长时间的预研和准备，2019 年成功中标国家强基工程电驱动系统国产化项目。该项目的实施将会在整车设计、动力传动系统、大型结构件设计及制造、整车信息化和智能化水平提升、轻量化设计、节能环保、安全方面有大的技术突破，形成我国自有的技术和标准体系。

近几年其他科技成果获奖情况如下：

2019 年被全国土方机械标准化技术委员会授予"全国土方机械标委会优秀标准工作

组组长单位（SAC/TC334/WG1）"称号。

"TR35A 矿用自卸车研制与开发"获得内蒙古科技进步奖一等奖。

"TR50D 矿用自卸车研制与开发"获得兵器集团科技进步奖三等奖。

"矿用车油冷多盘式制动器制造工艺技术"获得兵器集团科技进步奖三等奖。

"NTE120 电动轮矿用车研制"获得首届内蒙古科技工作者创新创业大赛金奖。

"NTE150 矿用自卸车研制"获得机械工业科学技术奖三等奖。

"NTE200 电动轮矿用车"获得"内蒙古自治区首台（套）重大技术装备产品"荣誉称号。

"纯电动无人驾驶矿用自卸车"获得"长缨杯"工业设计大赛概念设计组优秀奖。

"NTE260、NTE200 电动轮矿用车"获得改革开放 40 周年——机械工业杰出产品。

累计获省部级科技进步奖 34 项，其中一等奖 8 项、二等奖 12 项、三等奖 14 项；授权专利 233 项，其中发明专利共获得 17 项。

7. 工艺研究进展及成果

围绕推进智能制造，在柔性工装、焊机机器人工作站及数控加工设备的联网、部件自动化装配线的建设方面，由点到面深度开发集成信息化系统，建立制造数字化共享环境。系列车型的定制化技术改进、专项质量提升等工作均取得积极进展。

开发中心持续对矿用车关键结构实施智能化焊接，已建成 3 套焊接机器人工作站，有 40 多个品种的关键部件实现了智能化焊接。完成了 TR 系列及 NTE 系列护栏及护罩等工件的柔性化工装研制，引入柔性化设计理念，推广柔性化工装应用，提高了工艺装配适应产品更新换代的快速反应能力。引进大型数控落地镗铣加工中心，电动轮车厢焊接机器人进入调试阶段，进一步提升了公司柔性智能化制造能力。推动了装配工艺规划以文字编辑为主向三维工艺编制和仿真的转变，推进实现产品的 3D 装配过程工艺的可视化。推进油冷盘制动自动装配线的方案落地实施。

8. 标准化研究进展及成果

2011—2020 年 10 年间，北方股份作为中国工程机械工业协会工程运输机械分会和中国汽车工程学会矿用车分会理事长单位、矿用车国家标准牵头编制单位，主导了一批与矿用车相关的前沿技术和关键技术国家标准、行业标准和社会团体标准的制定。2011—2020 年共参与 34 项国家标准、行业标准、团体标准的制修订工作。其中，13 项国家标准、2 项行业标准、6 项团体标准已发布实施。

积极开展矿用车无人驾驶标准和智慧矿山领域研究,掌握技术制高点。自2020年起,担任车载信息服务产业联盟(TIAA)工矿智能运载和安全生产工作委员会副主任委员,深度参与"工业领域自动驾驶和安全生产融合应用研究项目",构建工矿智能运载和安全生产标准体系。该标准体系以工业运载和协同作业为切入点,以自动驾驶和5G为关键技术,将提出自动安全生产作业指南系列标准、安全生产示范园区评估要素等标准子体系。

9. 北方股份的多个第一次(见图4-1~图4-14)

图4-1 1989年北方股份开工奠基仪式在内蒙古包头举行

图4-2 2000年北方股份在A股上市改制为股份制公司

图 4-3　2000 年第一台 TR100 矿用车下线

图 4-4　2003 年北方股份科技大厦竣工使用

图 4-5　2013 年第一批投入华能集团运行的 NTE240 电动轮矿用车

图 4-6　2013 年第一台投入运行的 NTE150 电动轮矿用车

图 4-7　2006 年第一批定制化 TR50 矿用车批量发往用户

图 4-8　2011 年新矿用车总装车间投产

图 4-9　2013 年第一台再制造 TR100 矿用车

图 4-10　2013 年第一台自主品牌电动轮矿用车出口国外

图 4-11　2014 年第一批定制化高原型 TR100 矿用车进驻 4 500m 高海拔矿山

图 4-12　2015 年第一台采用双能源架线技术的 NTE360 电动轮矿用车下线

图 4-13　2017 年第一批进驻 5 700m 世界最高海拔矿山的 NTE260 电动轮矿用车

图 4-14　2022 年 8 月 MTW NTE 360A 货运卡车项目首辆卡车交接

第三节　企业文化与社会责任

1. 企业文化

北方股份结合自身特点，确立了自身的使命、愿景和核心价值观。

使命：引领民族矿用车产业科学发展。以引领民族矿用车产业科学发展为己任，提升规模实力，打造全球产能最大的生产基地；加快科研创新，打造比肩世界同行的科研团队；加强行业标准研究和标准制定工作，为行业健康发展提供技术支撑；加强企业文化建设和品牌建设，以市场知名度拓展销售网络，引领我国矿用车军团在国际市场展现更大的作为。

愿景：打造国际一流矿用车企业。在矿用车研发、生产、销售及服务等领域深耕细作，向规模化、集团化和系列化发展，成为在国内市场拥有绝对话语权，跻身世界工程机械行业的第一梯队，与世界工程机械巨头并肩而立的跨国公司，产品在全球五大洲享有知名度和美誉度。

核心价值观：忠毅严和、惟恒创新。忠毅严和，即：从德、志、风、道四个方面，激励员工永远忠诚于国家安全、忠诚于兵器事业、忠诚于公司发展；敦促员工不断磨炼钢铁意志、锤炼坚韧毅力、树立恒久志气；要求员工始终严格律己、严谨做事、严肃守纪；引导员工持续修炼和睦相处、和善待人、和谐发展的至高境界。惟恒创新，即：从树立良好意识出发，不断激发员工持久恒定的创新热情，不断打造员工持续强劲的工作动力，能够在市场竞争大潮中，立正身、谋成事、成大业。

北方股份重视企业文化建设，拨付企业文化建设专项经费，各级党、工、团组织采取多种形式向全体员工宣传贯彻企业的使命、愿景和核心价值观等文化理念。公司领导带头开展企业文化宣讲活动，利用微信公众号、工会网站、园区展板等宣传载体，宣传不同发展时期的企业主题文化。在新产品下线、新园区启用、重大合同签订等重要标志性事件发生时，公司借助媒体组织开展系列宣传报道，北方股份知名度大幅提升，增强了员工自豪感。每年组织开展系列化文体活动，培养员工健康生活方式，增强了员工的凝聚力和向心力。

公司通过定期组织召开股东大会、董事会、用户座谈会和供应商大会，不定期与政府部门、金融机构及重要合作伙伴交流，定期进行高层走访、技术交流、服务反馈等多种方式,将企业使命、愿景和核心价值观传递给相关方。

2. 企业社会责任

公司执行严格的供应商开发、准入制度,对供应商资质、信誉、实力和反应速度进行考核,与重诚信、有质量保障的供应商建立互信、互帮、互利的长期合作伙伴关系。树立了打造高可靠性、高耐久性"精品矿用车"的质量理念,根据用户的使用要求,提供质量可靠、运行稳定、性价比优势突出的"精品"矿用车,充分满足不同工况及用户的定制化诉求,帮助用户创造最大化效益。落实"贤妻良母式"服务理念,保障矿用车的高效、低耗运行,增强了用户忠诚度,为用户单位进行技术培训及保修服务,赢得用户的高度评价。

北方股份始终坚持"以人为本"的理念,严格遵守《中华人民共和国劳动法》和《公司章程》,以及内部的《人事管理制度》《职工薪酬管理制度》和《员工手册》等规章制度,依法保护员工合法权益,与所有员工都签订了《劳动合同》,建立了有效的薪酬考核体系。《集体合同》《工资集体协议》《女职工权益保护专项集体合同》和《劳动安全卫生专项集体合同》的制定和实施,为职工享有各项合法权利提供制度保障。北方股份关注公益事业,积极开展公益活动,支持并积极参加文教、卫生、慈善、社区、行业发展和环境保护等领域的公益活动。公司先后为各类文化艺术团体到包头市演出提供场地和布景,为包头市高新区元宵灯展布景。

北方股份始终坚持安全发展,坚持贯彻"安全第一、预防为主、综合治理"的安全工作方针,按照"零事故、零伤亡、零污染"的总体目标,严格落实安全生产"党政同责、一岗双责、齐抓共管、失职追责"要求,以"管行业必须管安全、管业务必须管安全、管生产经营必须管安全"为原则,按计划全部完成公司安全生产、环境保护、职业健康各项目标指标,保持公司安全生产、环境环保、职业健康安全形势持续稳定向好态势。

继续完善安全生产、职业健康、环境管理、消防管理责任制和各项管理制度,建立中层以上领导人员安全生产责任清单,并严格执行落实。不断提高全体人员、特别是领导人员对于各项责任制的理解和认识,认真落实、执行安全责任制及各项HSE、消防管理制度。公司加大宣传教育力度,增强员工遵规守纪意识;加大检查监督力度,把安全生产责任的落实始终贯穿于管理的每一个环节,实现安全生产管理全过程控制。深入推进安全生产管理体系建设。公司安全生产标准化日常运行比较正常,通过季度自评及北重集团季度检查,促使公司安全生产标准化一直处于正常运行状态,自评打分一直保持在92分以上,保持"一级单位"标准;将安全生产标准化工作作为日常安全生产管理工作的重要抓手,加强安全生产考核体系建设,持续提高安全生产标准化工作质量,确保安全生产标准化与安全生产日常管理工作有机统一,深入推进安全生产标准化工作,不断提高安全生产管理水平。

加强环境安全管理与控制,重点加强涂装作业、机加工作业、总装、大修作业过程有毒有害污染物的产生、贮存、处置的管理,包括漆渣、喷涂废水、废切削液、废油脂类、生产清洗废水;废弃自动化办公设备及消耗物品、工业固体废物(含危险固废、一般固废)等,要求相关单位委托具有合法资质的单位进行处置,并督促其加快处置。加强对生产作业环境监督管理,按时更换滤芯、滤袋,特别是喷涂、喷砂作业,确保大气污染物、污水污染物排放、噪声污染排放达标。

贯彻落实最新修订的《中华人民共和国职业病防治法》《关于开展用人单位职业卫生基础建设活动的通知》等法律法规要求,制定《2019年职业病防治工作计划和实施方案》,进一步健全职业健康管理体系,进行职业健康监护,结合安全生产标准化每季度自查工作,规范职业健康管理工作;加强对职业病防护设备设施的管理,确保其正常有效运行;加强职业健康教育培训,增强员工自我防护意识;督促指导员工正确使用防护用品,有效防范和控制职业危害因素,控制职业病的发生。

3. 企业可持续发展

北方股份构建了以"一体两翼"为核心的可持续发展架构体系。"一体"即牢牢聚焦矿用车制造这一本体,不轻易涉足其他产业。"两翼"即以融资、信保等资本为纽带拓展国际市场,延伸上下游产业链;以"互联网+"为纽带推进数字化转型升级,提供智能化、定制化的产品和服务。目前,做强做优"一体两翼"是北方股份打造国际一流品牌的机遇和抓手。其一,"一带一路"为北方股份加速拓展国际市场、打造国际品牌创造了政策条件、集群条件、融资条件;其二,矿用车硬件日益同质化,核心零部件技术鸿沟短期无法跨越,但在产品智能化升级上基本处于同一"段位",尚未形成根本性差距。北方股份着力构建"一体两翼"核心竞争力,走出一条引进、消化、吸收、再创新的路子,最终实现"打造全球性价比最优、全寿命周期运行成本最低的智能化矿用车,提供数字化矿山运输系统解决方案,成为国际一流矿用车企业"的奋斗目标。

在技术创新方面,北方股份百吨级以下矿用车技术来源于当时的世界第三大工程机械制造商美国特雷克斯集团,实现与特雷克斯技术同步滚动发展;百吨级以上电动轮矿用车技术来源于美国尤尼特瑞格(该公司1963年生产出世界第一台载重量85t级电动轮矿用车）。北方股份站在巨人的肩膀上，高起点发展矿用车产业，并持续进行产品的定制化改进和技术创新，保证了技术始终处于国内领先水平。

在生产制造方面，北方股份是世界范围内唯一一家能够在同一条生产线生产28~360t 全系矿用车的企业，主要设备均从特雷克斯引入或进口，而且建立了稳定的零部件采购和外协渠道，生产链条完整。技术、技能工人队伍稳定，专业生产单一矿用车产品 30 年，熟练工多，优于国内其他企业。拥有我国唯一的国家级工程研究中心，并配套建有试验检测中心。

在后市场服务方面，除了在俄罗斯、蒙古国、伊朗、印度尼西亚、缅甸依靠实力强大的代理商提供服务以外，国内外其他市场用户全部采取驻点服务，保证了服务的及时有效；北方股份联合专业公司为用户提供诸如服务人员驻矿保养维修、矿用车完好率承包、矿石拉运量承包、矿用车返厂再制造等个性化的点餐式服务模式，满足多样化诉求。

在信息化建设和智能产品打造方面，建立了焊接机器人工作站，可实现前桥、后桥和车架横梁自动化焊接。上线了 SRM 供应商管理系统、WMS 库存条码管理系统和CRM 客户关系管理系统，并且实现了与 ERP、OA 系统的初步集成，实现核心业务在线上、全部流程靠软件，实现物流、资金流、信息流和工作流的合一。

第四节　企业人才队伍

1. 企业经营管理团

北方股份经营管理团队专注矿用车经营管理 30 余年，始终坚持以习近平新时代中国特色社会主义思想定向领航，对标世界一流矿用车巨头，坚持科技创新和商业模式创新"双轮驱动"，持续聚焦"三智建设"，在打造世界一流矿用车企业、打造高端矿山装备"国家名片"的征程上走得更加稳健。

2. 人才培养

北方股份实施人才强企战略，深化干部人事制度改革，强化市场化、竞争性选人用人工作力度，为科学发展提供坚实人才保障。一是坚持德才兼备、以德为先的用人标准，坚持五湖四海、任人唯贤的用人原则，完善竞争择优机制，以内部竞聘为主、外部招聘为辅的方式，全面推行各级管理人员竞聘上岗制度，为所有符合任职条件的优秀人才敞开大门。二是认真抓好战略型经营管理人才队伍、领军型科技人才队伍、创新型技能人才队伍"三支队伍"建设，着力压缩管理层级，鼓励并支持相关人员以班组长、技术、技能带头人为职业发展通道，公司将为其提供同等职务级别的待遇。三是严格控制人员规模总量增长、调整优化人才结构，压缩生产辅助和后勤服务人员数量，不断扩大技能型和技术保障服务队伍。四是加强管理绩效考核，严格实行人员"有出有进"、干部"能上能下"制度，完善员工待岗再培训、转岗和辞退机制，确保全员及时消除庸、懒、散的思想，主动加强业务学习，提高岗位技能，保持干事创业的激情和活力。

第二章　湘电集团有限公司

第一节　企业发展简介

湘电集团有限公司（简称湘电集团）最早成立于1936年，前身为始建于1936年的中央电工器材厂，2007年更名为湘电集团有限公司。"一五"期间被列为我国156项重点工程项目，是国务院确立的我国重大装备国产化研制基地和我国电工行业大型骨干企业，享有"中国机电产品摇篮"的美誉。湘电集团先后荣获全球新能源企业100强、中国新能源企业30强、中国制造企业500强、国家级创新型企业和湖南省高新技术企业等100多项荣誉称号；拥有国家海上风力发电技术与检测国家重点实验室（科技部）、国家能源风力发电机研发（实验）中心（国家发展改革委）；是国家工矿电传动车辆质量检测中心的共建单位，先后研制开发出我国第一台（套）重大新产品1 100多项、其中100多项重大装备填补了国内空白。公司大型兆瓦级系列风力发电机组、高效节能电机、大型工业泵、大型工矿运输车辆、牵引电气在行业中具有强劲的竞争力，产品远销80余个国家和地区。

湘电集团作为我国生产和研发工矿运输车辆设备的领头企业，是国内工矿电传动车辆品种最全、具备机电自主成套能力的生产厂家，是我国工矿电传动车辆的技术发源地和国家行业标准的创新地；承担了国家"863"计划、湖南省重大专项等一系列科研项目；荣获国家能源科技进步奖一等奖、机械工业科学技术奖一等奖、第二届全国机械创新大赛铜奖、中国工业大奖表彰奖、中国标准创新贡献奖、湖南省科技进步奖一等奖、湖南省新产品奖等国家、部级、省市级奖项。

湘电集团以集机、电、液、计算机技术为一体的大功率工矿交、直流传动技术及运载车辆研发为基础，以"大型矿山电传动自卸车""大、中、小型工矿电力机车""牵引电动成套设备"及"大功率工矿牵引系统"等产品开发为重点，同时大力推动相关领域电传动特种装备车辆的产业化。

近年来湘电集团以工矿电传动车辆的全电化、节能化、智能化为目标持续发力，成为国内首家纯电智控矿用电传动自卸车、自动驾驶工矿电力机车等成套产品和相关技术的研制单位，拥有了多项自主知识产权的产品和关键技术。期间取得授权专利18项，其中发明专利4项，实用新型专利9项，软件著作权5项；主持制（修）订国家标准3项，行业标准1项，参与修订国家标准2项。

湘电重型装备有限公司是湘电集团有限公司旗下的控股子公司。

湘电重型装备有限公司（简称湘电重装）是湘电集团公司依托强大机电实力在2007年改制成立的，为湘电集团旗下控股子公司，专注于矿山装备、特种车辆成套装备制造，共享湘电集团技术和制造所有相关资源，主要产品包括矿用自卸车、矿用机车、轨道车辆、特种车辆等。现有员工近500人，其中研发技术人员70余人，拥有各项产品专利154项，厂房面积54 000m^2，高、精、稀设备近50台，湘电重装追求"用户满意为第一"，坚持"科技为本、品质优先"的宗旨，信守"高效快捷服务"的承诺，2012年成为我国第一家向澳大利亚力拓公司批量出口电动轮自卸车及核心配套部件的公司，2014年成为力拓矿业全球采购四大供应商之一，同时在南美、东南亚等国际市场上也具有较强的竞争力。

湘电重装建有国家工矿电传动车辆质量监督检验中心、湖南省大中型电机电控产品质量监督检验中心、国家技术标准创新基地先进矿山装备标准创新中心。拥有环境、地铁/城轨交流传动、计量、理化、工矿电传动车辆等12个产品开发验证试验室。

湘电重型装备有限公司实验室建设情况见表4-1。

表4-1 湘电重型装备有限公司实验室建设情况

序号	试验室名称	功能
1	电动轮自卸车动力总成试验室	自卸车动力总成台架试验
2	缸、阀试验室	自卸车举升缸、转向动力缸、举升分配阀等液压部件的耐压、内泄量、功能动作等检测试验
3	电动轮自卸车电动轮试验室	电动轮自卸车电动轮空转试验
4	齿轮检测室	检测工矿电传动车辆用各种齿轮的齿形齿向、周节等精度参数
5	准轨工矿电机车试验室	大型工矿电机车系列产品的检测试验
6	窄轨工矿小机车试验室	承担载重量1.5~60t全系列小机车出厂检验和型式试验
7	综合性的电气试验站	电器电控试验
8	牵引电机试验室	直流电机、交流变频电机试验

（续）

序号	试验室名称	功能
9	理化实验室	探伤、化学性能、物理性能、金相分析和电磁性能等试验
10	环境实验室	环境测试能力涵盖了机械环境试验、气候环境试验的绝大部分项目，轨道交通交流牵引传动系统试验
11	电动汽车驱动器试验站	电动汽车驱动器出厂试验、振动试验、可靠性试验
12	电动汽车驱动电机AVL试验站	电动汽车驱动电机型式试验

第二节 产品、技术发展

2011年4月，湘电重装研发的国内首台具有自主知识产权的220t级电动轮自卸车获中国工业大奖表彰奖（见图4-15），是国内矿用自卸车行业首次获得该奖项的企业。

图4-15 湘电重型装备有限公司SF33900获奖证书

220t大型矿用电动轮自卸车属于国家重大机械装备，湘电重装以数十年专业从事电传动矿用自卸车研发的技术积淀为基础、实施"以研为主、自主集成"的开发策略，开发出质量、效率以及产品技术性能达到国际先进水平的220t自卸车，率先在国务院确定的重大技术装备关键领域实现了突破。标志着我国在矿用自卸车主力车型自主创新设计及研发的世界舞台上拥有了一席之地。

该产品主要技术创新点在于：先后攻克了整车集成优化技术、车辆智能控制技术、液压集成控制技术等技术难点，在整车集成优化技术、车辆智能控制、液压传动、轻量化车厢设计等领域实现了15项重大技术突破，拥有专利18项，其中发明专利3项。该产品先后获湘潭市科技进步奖一等奖、湖南省科学技术进步奖一等奖、机械工业科学技术奖一等奖、中国工业大奖表彰奖等。

2011年5月,国内自主研制的首台300t级电动轮自卸车成功在湘电重装下线见图4-16、图4-17,标志着我国重大装备国产化跃上一个新台阶。

图4-16　湘电重型装备有限公司300t级电动轮自卸车下线仪式

图4-17　湘电重型装备有限公司300t级电动轮自卸车在矿山现场

300t级电动轮自卸车的开发,重点突破了大吨位电动轮自卸车的关键共性技术,建成前沿共性技术研究与验证平台,完成样机研制及示范应用,形成系列标准与技术辐射能力,提升了我国战略性新兴产业的技术水平,促进了我国高端装备制造业的发展。

该产品主要技术创新点在于:整车配置节能环保的电控发动机、高效的交流传动系统和制动性能优异的湿式制动器,整车动力强劲,使用可靠。经国家电传动检测中心测试，整车各项性能指标达到国际同类车型水平。该项目申请国家专利26项，其中发明专利8项，外观专利1项，实用新型专利17项。

2012年5月，湘电重装为力拓公司定制化研发的载重量230t的SF33901电动轮自卸车（见图4-18），首批4台车成功交付澳大利亚力拓公司，标志着国产大型矿业装备实现了关键性的突破，在我国重工业发展史上具有里程碑的意义。

SF33901型电动轮自卸车充分融合了矿山使用经验和客户个性化需求，达到了世界先进水平，该车型具有以下特点：采用轻量化设计理念，车辆载重能力提高5%，油耗降低3%；配置通过防翻滚、防落物试验验证的驾驶室；升级车辆智能控制系统，提升了车辆操控舒适性。

2014年1月，在第八届国际发明展览会上，300t电动轮自卸车被中国发明协会授予第八届国际发明展览会"发明创业奖·项目奖"银奖（见图4-19）。

图4-18 湘电重型装备有限公司200t级
电动轮自卸车交付力拓公司

图4-19 湘电重型装备有限公司
300t电动轮自卸车获奖证书

2015年，湘电重装研发了136t交流传动自卸车，该车配置符合三阶段排放法规要求的发动机，新型交流传动系统，各项性能指标达到国际先进水平。

2016年，湘电重装与国际知名设计公司合作，联合开展车架材料技术、大功率交流电动轮技术研究，并开发了新型220t电动轮自卸车。该车采用铸焊车架、独立前桥、五连杆转向系统、全圆弧轻量化厢斗等创新设计，在大功率电动轮、发电机及变频调速牵引控制系统等关键部件实现了国产化，在国产矿山运输车辆行业率先突破了国外技术壁垒。

2017年，湘电重装开展108t电动轮自卸车油电混合动力装置的研制，取消部分制动电阻箱，增加快充快放锂电池，充分利用电动轮自卸车的特点，在下坡或者制动工况条件下，对电池进行充电，在车辆正常行驶时，动力电池与柴油发动机共同为车辆提供动力，使得发动机始终在节油区运转，从而降低车辆运行过程中的燃油消耗，达到节能环保的目的。

2018年，湘电重装开发出全圆弧轻量化车斗，相比传统车斗，重量降低15%，并成功中标力拓930E备件车斗项目。

2018年，开发交流传动108t级自卸车（见图4-20），与公司传统的直流电动轮自卸车相比，轮缘牵引功率增加了10%，车辆效率得到提升，采用IGBT无触点接触器，交流牵引电动机；强大的低速电制动能力，延长了机械制动系统的使用寿命，提升了车辆安全性能。

图4-20　湘电重型装备有限公司108t级交流传动电动轮自卸车

2019年，湘电重装开展无人驾驶技术的研究，通过对车辆线控化研究，联合国内无人驾驶系统优质供应商，实现车辆无人驾驶，为绿色矿山、智慧矿山建设提供解决方案和产品。

2020年，湘电重装开发出产品数字化运营平台（见图4-21），可对车辆运行状态进行实时监控，远程故障分析，根据车辆运行状态，制定保养计划和备件计划，提高车辆的运行稳定性和效率。

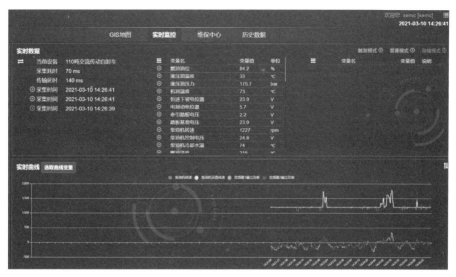

图 4-21　湘电重型装备有限公司产品数字化运营平台

围绕"绿色矿山、安全矿山、智慧矿山"建设目标，2021 年湘电重装与国家电投内蒙古电投股份有限公司、霍林河露天煤业公司联合研制出 SF31904E 型 120t 纯电交流传动矿用电动轮自卸车，并于 2021 年 7 月交付矿山进行工业运行（见图 4-22～图 4-24）。

湘电重装通过对动力电池大功率充电技术、交流电传动控制技术、大功率轮毂电机驱动技术和制动能量回收技术的突破，辅以辅机驱动电动化，成功实现了整车电能替代。

运行测试数据表明，车辆具有零碳排放、噪声低、能源效率高、维护保养工作量少、经济性好等特点，整车电能替代实现了节能环保的既定目标，具有良好的经济效益和环保效益，投放市场后，备受国内外矿山用户青睐。

图 4-22　湘电重型装备有限公司 120t 纯电交流传动矿用电动轮自卸车交付仪式（1）

图 4-23　湘电重型装备有限公司 120t 纯电交流传动矿用电动轮自卸车交付仪式（2）

图 4-24　湘电重型装备有限公司 120t 纯电交流传动矿用电动轮自卸车交付仪式（3）

湘电重装以 120t 纯电交流传动矿用电动轮自卸车的成功研制为基础，对纯电驱动技术进行孵化，相继开展 100t 纯电交流无人驾驶电动轮洒水车、200t 纯电交流电动轮自卸车、100t 级纯电交流电动轮自卸车（换电式）、100t 级四驱换电无人驾驶电动轮自卸车、100t 级氢能交流电动轮自卸车等车型的开发和研究。

"十四五"期间，湘电重装逐步布局充电式矿用自卸车、快充式矿用自卸车，换电式矿用自卸车、换电+无人驾驶矿用自卸车，为"绿色矿山、安全矿山、智慧矿山"建设贡献湘电方案。

第三章 三一矿机有限公司

第一节 企业发展简介

1. 企业发展状况

三一集团矿用自卸车业务始于2007年年底,筹建初期在上海三一科技公司孵化,2008年10月上海三一科技公司设立矿机研究院,专门从事刚性矿用自卸车、电动轮矿用自卸车和铰接式矿用自卸车产品开发。矿机研究院成立时有研发人员58名,其中资深技术人员6人,硕士21人;矿机研究院设院长办公室、机械轮研究所、电动轮研究所、铰接车研究所、标准资料所和试验检测所。2009年4月,因扩大生产需要,矿机研究院搬迁至江苏昆山,在此基础上成立三一矿机有限公司(简称三一矿机),隶属于民营股份制上市公司三一重工股份有限公司〔简称三一重工(600031)〕旗下三一重机有限公司(简称三一重机),当年载重量95t和33t刚性矿用自卸车成功下线。2009年,三一矿机设立7个专业研究所、2个新产品研究所,共有研发人员90人,其中具有10年以上行业工作经验的人员有15人,硕士以上学历45人;三一矿机总人数达到300人,随后设立研究院、制造部、质保部、营销公司、商务部、行政部、财务部、总经办8个部门,研制生产机械轮矿用车、电动轮矿用车、铰接式矿用车三大系列12个品种母型机及其衍生产品。2015年,由于国内以及国际矿山市场低迷,矿用自卸车的需求逐年下降,三一集团对业务整合调整,将三一矿机整体搬迁至沈阳,划归三一国际控股有限公司(简称三一国际,HK00631)下属三一重型装备有限公司(简称三一重装)。2017年随着煤炭市场复苏,矿用车特别是宽体车市场需求呈现快速上升趋势,因此三一矿机开始研发宽体车,并打开了宽体车市场。至2020年,三一宽体车SKT90S已经成为三一矿机的爆款产品,随即将下属研究院更名为宽体车项目部。发展至今,宽体车项目部下设销售部、服务部、研究院，研究院拥有研发人员112人，其中，大吨位研究所23人，主要研发机械轮矿用车和电动轮矿用车；中吨位研究所27人，主要研发宽体车；国际研究所28人，主要研发铰接式矿用车及国际化产品；电液研究所14人；电动化研究所20人。三一矿机产品型谱如图4-25所示。

图4-25 三一矿机产品型谱

2. 经营状况

（1）宽体车SKT90S。2018年国内销售量为2台，销售额为145万元。2019年国内销售量355台，销售额2.5亿元；国际销售量34台，销售额0.2亿元。2020年国内销售量894台，销售额6.5亿元，市场占有率为9%；国际销售量280台，销售额2.4亿元。

（2）矿用车。2018年国内销售量12台，销售额0.3亿元；国际销售量19台，销售额0.6亿元。2019年国内销售量23台，销售额0.7亿元；国际销售量42台，销售额1.1亿元。2020年国内销售量24台，销售额0.6亿元；国际销售量20台，销售额0.8亿元。

3. 管理状况

三一矿机依托三一重装制造、营销和研发平台，形成4大系列，8大类产品体系，成为国内唯一一家拥有45—360t装载能力的非公路矿用自卸车研发制造企业，产品远销海外，质量得到80多个国家和地区的认可。

（1）制造。三一重装现有制造员工1 500人，有20万m^2的制造车间，4 000m^2试制车间，保证产品的生产能力。

（2）营销。三一矿机依托三一重装的全球布局，在国内设立有12个分公司，集营销与服务为一体，对陕西、山西、四川、贵州、东北等500多个国内矿区进行跟踪式服务；在国外，产品与服务遍布阿根廷、俄罗斯、印度、南非、蒙古国等150多个国家和地区。

（3）技术。三一重装现有400余名研发人员，有15 000m^2技术研发中心，3 000m^2试验检测中心，从事露天和井工开采设备研发试制。三一重装紧跟制造强国的国家战略目标，进行数字化转型，率先推出三现设备数据互联、营销风控实时监控仪表盘、三一客服云等数字化系统。针对国内外矿山开采及大型工程的运输作业需求，三一矿机开发出具备"安全、可靠、经济、高效、舒适、智能"六大核心优势的系列化智能产品。

（4）质量。三一矿机依托三一重装质保体系，确保产品质量优良。三一重装质保本部下设质量管理部、质量检验部以及供应商质量部，共有质量管理人员60多人。三一重装具备国家注册一、二级计量师资质，中级超声波检测资质，力学性能检测二级资质，理化分析检测二级资质，金相检测三级资质等。三一重装拥有美国尼康合金分析仪、德国徕卡金相显微镜、加拿大相控阵探伤仪、GE超声波硬度计、1 000kN万能试验机、冲击试验机、智能盐雾试验箱、超声波检测仪等精密检测仪器100多台，完全满足矿用车生产试验及检验要求。三一重装具备完善的质量、安全、环境、能源管理体系，已通过了ISO 9001质量管理体系认证、ISO 14001环境管理体系认证、OHSAS 18001职业健康安全体系认证、ISO 50001能源管理体系认证以及ISO3834-2国际焊接体系认证，并于2009年获评"辽宁工程实验室"，于2013年获得"辽宁省省长质量奖"。

4. 国际化经营

（1）三一集团的国际化投资。2002年，三一集团出口4台平地机到印度，这是三一集团首次进入印度市场。同年，三一印度有限公司成立。2006年11月，三一集团与印度马哈拉斯特拉邦政府签订协议，由三一集团在孟买附近的普纳投资6 000万美元建设工程机械制造基地，成功拓展全球第二大新兴市场。这是三一集团第一笔海外投资项目。

2006年6月，三一美国公司成立。2007年9月12日，三一集团核心企业三一重工与美国佐治亚州政府正式签署协议，由三一重工在美国征地1 600亩（1亩≈666.67m^2），投资 6 000 万美元，建立美国研发、制造中心，聚集全球顶级的工程机械人才，拓展全球最大工程机械市场。三一集团成为我国第一家在美国建立工厂的机械制造企业。

2009 年 1 月 29 日，温家宝总理与德国总理默克尔出席在德国总理府举行的三一集团与德国北威州政府投资协议签字仪式，三一集团在德国投资 1 亿欧元建设研发中心及机械制造基地，这是我国在欧洲最大的实业投资项目。

2010 年 2 月，三一重工与巴西圣保罗州政府签署 2 亿美元投资协议。为抢占市场先机，在征地建厂同时，三一巴西公司首先在圣保罗租赁厂房内完成挖掘机及起重机两条生产线建设。2010 年年底，在中巴两国员工同心协力努力下，仅用 10 天完成了三一巴西公司第一台挖掘机组装。

2012 年 1 月 21 日，三一重工收购德国普茨迈斯特（大象），这是我国在德的最大实业投资，也是德国著名中型企业与我国企业的首次合并。此次合作，双方均受益良多。三一重工将获得技术领先的"德国制造"产品及创新，丰富产品组合，同时也将获得海外强大的分销及服务网络。

2012 年 2 月 28 日，三一重工与奥地利帕尔菲格集团签订合资协议，成立两家合资公司——三一帕尔菲格 SPV 设备有限公司和帕尔菲格三一汽车起重机国际销售公司，主要生产和销售随车起重机产品。双方共同出资，各持有 50% 股份。

2014 年，习近平主席见证三一重工投资巴西项目的签约仪式。根据协议，三一集团计划在巴西投资约 3 亿美元，在雅卡雷伊市建厂，开展工程机械设备的研发制造与销售。

2015 年，三一集团发起并组织中国企业促成中印签订多领域重大合作意向。

三一集团通过设立海外办事处、设立海外研发中心、打造海外制造基地的"三步走"国际化战略，基本实现研发、制造、销售的全方位全球化布局，形成了较为全面的全球产业链格局。通过国际化研发，吸收发达国家的技术成果；通过生产国际化，降低成本、扩充产能，为非公路矿用自卸车扩大全球市场份额提供了便利条件。

伴随着三一集团的国际化进程，三一矿机充分利用三一集团的海外工厂资源和生产基地进行完全散件组装（CKD）和半散件组装（SKD）及销售，不断扩大在国际市场的份额。

（2）技术发展。针对俄罗斯、乌克兰等高纬度地区，三一矿机相应开发了发动机预热系统、驾驶室预热系统，满足国际市场区域性需求。

印度地区对于自卸车有矿山设备安全认证（DGMS）的强制性安全要求，三一矿机根据印度地区的需求，相应开发了驾驶室安全出口、安全带报警系统、挡位抑制等配置满足其要求。

另外，部分国际市场有强制的法规要求，例如自卸车需要配置自动灭火系统、高压预警装置等，对此，三一矿机均完成了相关产品开发并已实现产品出口。

（3）市场成长。三一矿机海外服务网络分布在阿根廷、中东、厄立特里亚、越南、阿拉伯联合酋长国、印度尼西亚、印度、蒙古国、泰国、南非、巴西、赞比亚、哈萨克斯坦、俄罗斯、缅甸、摩洛哥等地区，在非洲、东南亚、南美洲等地区均设有备件寄售库，有专业服务工程师共40多人。

（4）资本运作。2003年7月，三一重工在A股上市，成为国内第一家上市的制造业民营企业；2009年11月，三一重装在香港成功上市，成为国内首家在香港上市的煤机制造企业。2015年，三一集团业务重组，三一矿机业务整体划归三一重装。

三一集团现有一家三湘银行、一家久隆保险和两家融资租赁公司。融资租赁业务包括直接租赁、随程租赁、再融资租赁三种模式。通过灵活的融资租赁方式，解决用户在购买设备过程中遇到的障碍。

三一金融业务板块的主营业务是为购买三一集团生产的机械设备的终端用户提供按揭贷款以及为三一集团旗下的经销商提供库存融资贷款。三一金融业务立足于建立多样化的融资渠道，广泛地与各金融机构建立授信合作关系，保证各银行的授信额度在实际融资金额2倍以上。为用户提供一站式、全流程整体解决方案，并在全球市场形成具有个性特色的金融产品、服务和业务模式。

第二节 产品、技术发展

1. 10年内推出的产品品种型号及其性能特点

矿用自卸车是面对大型矿山用户的专用运输工具，具有可靠性高、运输效率高等优点。首款载重量55t矿用刚性自卸车于2008年10月下线（见图4-12），2009年4月三一矿机从上海川沙搬迁至江苏昆山，当年完成载重量95t和33t刚性矿用自卸车下线。经过近两年的可靠性试验、矿山用户试用、小批量销售以及持续的质量提升工作，3款矿用车产品质量稳步提升。

三一矿机首台SRT55矿用车下线仪式如图4-26所示。

图 4-26　三一矿机首台 SRT55 矿用车下线仪式

2012 年三一矿机研制出了 SET230 电动轮矿用车，2013 年研制出了 SRT45 矿用车，并开始不断对 55t 和 95t 矿用车进行升级换代，开发出 SRT55D 和 SRT95C 矿用车，升级换代后的产品出勤率提高，保内故障率降低，竞争力得到明显提升。

2014 年三一矿机研制出了 SAT40 铰接式矿用车，该车通过性强、机动性好、适应范围广、效率高、可全天候作业；核心部件采用世界顶级品牌，结构件可靠耐久；高效的发动机与变速器匹配技术，动力强劲且节油低耗。

2016 年三一矿机开始陆续开发了油耗更低、寿命更长、性价比更高的 S 系列 SRT45S、SRT55S、SRT95S 等矿用车和适应高温、高寒、高海拔的"三高"产品及矿用洒水车、混凝土运输车等衍生产品，更好地满足了用户需求。

2018 年三一矿机研发团队开始研发三一首款宽体自卸车 SKT90S，该车设计起点高，以矿用自卸车的标准进行相关设计，解决了传统宽体自卸车产品的故障率高、可靠性低等多个行业痛点。整车具有高出勤率、高作业效率、高舒适性、高智能化、高产品辨识度和低运行成本"五高一低"的特点。

2019 年成功研制出了 SKT90E 纯电动宽体车，三一重装 SKT90E 纯电动宽体车，采用满足矿区复杂工况的双电机和大转矩 4 档 AMT 变速器动力组合，辅以领先的纯电动整车集成技术，具有高效节能的显著特点。电动宽体车最突出的优点是能够实现再生制动能量回收，即在制动或重载下坡时，将车辆行驶的惯性能量或重力势能通过传动系统传递给电机，电机以发电方式工作，为电池充电，实现制动能量的再生利用。

三一矿机"全家福"如图4-27所示。

图4-27 三一矿机"全家福"

2. 主要产品产销量

2010—2020年，三一矿机累计生产销售2 000余台矿用车，其中SRT系列矿用自卸车销售400余台，SKT宽体自卸车销售1 500余台，分布在国内外煤炭、冶金、化工、建材、水电等七大行业，南非、中东、印度尼西亚等国家和地区，适应高海拔、高温、高寒等各种工况。

3. 产品出口与配套件进口状况

（1）三一矿机产品出口国家和地区。非洲（南非、突尼斯、赞比亚、厄立特里亚、纳米比亚等）、阿根廷、印度、中东（伊朗、阿拉伯联合酋长国等）、东南亚（印度尼西亚、越南、泰国、马来西亚等）、俄罗斯、蒙古国、哈萨克斯坦等。

2013—2020年，SRT95矿用车在非洲地区共销售80余台。

2015年6月，中国葛洲坝集团公司采购三一矿机57台矿用车，其中包括32台SRT55D矿用车、20台33t搅拌车、5台55t洒水车，用于阿根廷圣鲁斯河大型水电站项目建设。

2016—2020年，SRT55D和SKT90S矿用车累计在印度市场销售200余台。

2019年，SRT55D矿用车成功打入中东市场，已累计交付33台。

2019—2020年，SKT90S宽体车在东南亚地区共销售300多台。

（2）配件进口情况。三一机械轮矿车采用全新一代电控康明斯、奔驰、沃尔沃发动机，燃油效率更高，更省油。

采用高可靠性的艾里逊变速器，该产品经过矿用车行业的考验，可靠性更高；具备电控柔性换挡,液力缓行、空挡起动保护、动力/经济模式切换,举升倒挡互锁、举升高速控制等功能。

采用进口液压泵阀,与三一矿机一流的液压匹配技术相结合,系统油温比同类产品低5℃,工作更加稳定可靠。

整车采用CAN总线技术,数据连续性实时传输,配置组合式液晶显示仪表,能够集中显示各数据信息,具有故障智能自诊断功能。

4. 科研成果

包含三一矿机科研成果在内,三一重装累计获得授权专利1 176项,其中发明专利305项。承担科技部逆向物流、工业和信息化部PLC项目、沈阳市科技攻关项目。历年来荣获国家和辽宁省科学技术进步奖多项。

第三节 企业文化与社会责任

1. 企业文化

三一使命:品质改变世界。

三一愿景:创建一流企业、造就一流人才、做出一流贡献。

企业精神:自强不息、产业报国。

核心价值观:先做人、后做事。

三一作风:疾慢如仇、追求卓越。

经营理念:一切为了客户、一切源于创新。

企业伦理:公正信实、心存感激。

三一信条:人类因梦想而伟大;金钱只有诱惑力,事业才有凝聚力;竭尽全力,实现三一;依托三一,实现自我。

2. 企业社会责任

2008年1月,湖南遭受百年不遇的冰雪灾害。连续10天10夜,三一集团出动23台平地机、3台起重机、51名操作手坚守京珠高速,破冰总行程943km。在该行动中,平地机被誉为"功勋平地机"。

2011年3月,日本地震引发福岛核电站核泄漏危机。三一集团捐赠1台价值100万美元的62m泵车驰援福岛,为缓解福岛核危机做出重要贡献。海外救援极大提升了企业的品牌形象。

3. 企业可持续发展

三一矿机建立了完善的营销体系和高素质的营销团队，提高营销能力，使产品市场占有率处于行业领先地位，公司信誉度达98%，美誉度达99%。

确保员工收入处于同行业、同类型企业的领先水平，保持竞争优势，建立和完善职工养老保险和医疗保险制度，为员工享受高质量生活提供物资保障。

建立先进高效的人力资源开发管理体系，根据公司发展战略的需要，引进一批标志性人才，优化公司员工结构，加强员工在职培训，使公司员工整体素质居于同行业领先水平。创造良好的用人环境，企业所需人才引得进、留得住、用得好。积极推进企业文化建设。用共同价值观，把全体员工凝聚在一起，形成强有力的团队，用制度管理人，用文化塑造人，树立良好的社会形象。

推进科技进步和创新，提高持续发展能力。力争在主要领域跟住世界先进水平，缩小差距；在有相对优势的部分领域达到世界先进水平；在局部可跨越领域实现突破。加强自身研发能力建设，建立国家级技术研发中心、博士后工作站、在发达国家及国内科技发达地区建立多个研发机构，使公司拥有全行业最强大的科研队伍。

企业内部建立以模拟市场为基础的成本核算体系和管理体系，降低内部交易成本。

积极引进先进技术和生产装备，使公司的装备水平和工艺水平在全行业处于最高水平。

与国内外优秀的供应商和代理商建立战略伙伴关系，建立公司高效的供应链体系。

建立全行业一流的质量保证体系，拥有全行业最先进的质量检测手段和设备，确保公司产品质量处于世界一流水平。

第四章　陕西同力重工股份有限公司

第一节　企业发展简介

一、企业改革创新发展状况

1. 发展概况

陕西同力重工股份有限公司（简称同力股份）于2010年正式完成股份制改制，公司进入科学管理、规范管理的现代企业运营模式。

2011年，同力股份第5 000台非公路宽体自卸车产品下线，市场地位进一步提高。

2012年，成立西安同力重工有限公司子公司、天津同力重工有限公司子公司。首家工程运输机械研发中心成立，标志着同力股份技术研发实力跨越新的高度。

2013年，TLD50矿用自卸车研发成功，形成4大类产品系列，成为行业内产品系列车型最丰富的企业。

2014年，销售量超越万台，市场基础更加巩固。举行了十周年庆典，天津生产基地投产。

2015年，推出我国非公路宽体矿用车第四代同力D系列产品，挂牌新三板。

2016年，响应国家"一带一路"倡议，巴基斯坦塔尔项目实施。

2018年，成立西安主函数智能科技有限公司子公司，研发智能驾驶系统。

2020年，新三板精选层核准发行。销售收入突破27亿元。

2. 企业治理模式

同力股份是集产品研发、设计、生产、销售及售后服务为一体的工程机械制造商，主要产品为各类矿山开采及大型工程物料运输所需的非公路宽体自卸车、坑道车、洒水车等。目前，公司主要产品为 TL85、TL87、TL88、新能源等系列非公路宽体自卸车，同时还生产 TLD 系列非公路矿用自卸车、坑道车、工程洒水车、桥梁运输车、运煤车等工程机械产品。经过十多年的发展，公司产品的适应性和性价比获得用户的普遍认同。从应用行业划分，产品应用于露天煤矿、铁矿、有色金属矿、水泥建材等矿山及水利水电等各类大型工程工地；从应用地域划分，产品覆盖了我国多个省份，并已拓展出口至巴基斯坦、印度尼西亚、马来西亚、蒙古国、俄罗斯、塔吉克斯坦、印度等 20 多个国家和地区。公司拥有独立完整的研发、生产、采购、销售及售后服务体系。

同力股份成立于 2010 年 5 月 28 日，于 2015 年 12 月 14 日挂牌新三板上市，股票代码：834599；2020 年 12 月 18 日，新三板精选层核准发行。2021 年 2 月 22 日，公司股票正式在全国中小企业股份转让系统精选层挂牌，股票交易方式由集合竞价交易变更为连续竞价交易。公司自成立以来不存在重大资产重组情况。

同力股份的最高权力机构为股东大会，股东大会下设董事会、监事会，董事会和监事会向股东大会负责。公司实行董事会领导下的总经理负责制。在董事会的领导下，由总经理负责公司日常经营与管理，完全按照上市公司的要求组织运营。

作为一家专业生产非公路自卸车的生产厂家，同力股份从成立时就针对该行业的特点设计了相应的公司架构、管理流程和管理制度。为适应差异化的市场需求，公司设置了面向用户的基础业务流程，形成了主管负责制的流程型企业组织管理模式。该管理模式具有独创性，运作效率高，费用水平低，有效地提高了公司的盈利能力。

二、经营状况

1. 主要经济指标

2011—2015 年，国家经济转型，依靠传统资源开发拉动经济的模式趋于下行，导致煤炭需求量下降、煤矿减产，进而影响对非公路宽体自卸车等工程运输机械产品的需求，公司经营业绩大幅下降。同力股份积极拓宽产品应用领域，研制出 TL87 系列、TL88 系列有效载荷更大的宽体自卸车、坑道车、桥梁运输车等非公路工程运输机械产品，以后又开发出非公路矿用车等新产品。公司服务的行业领域也进一步拓宽。2016—2020 年，工程机械行业进入新一轮高速增长周期。相比于上一轮周期，支撑本轮周期的因素更加多样化，包括工程机械生命周期叠加环保政策趋严加快产品更新换代、采矿业去产能驱使矿山大型化发展激发非公路宽体自卸车对小载重量的公路重型载货车的进一步替代、下游矿山的投资平稳增长带来增量需求。2011—2020年同力股份归属于母公司的主要经济指标见表4-2。

表4-2 2011—2020年同力股份归属于母公司的主要经济指标

年份	销量（台）	营业收入（万元）	利润总额（万元）	缴税总额（万元）	资产总额（万元）	负债（万元）	资产负债率（%）
2011	2 678	115 009.46	20 136.59	7 050.91	64 940.59	25 973.91	40.00
2012	1 799	87 743.27	11 525.94	6 433.07	68 092.32	22 253.92	32.68
2013	954	45 900.91	2 412.37	3 179.33	77 659.84	32 323.76	41.62
2014	830	40 390.11	365.86	3 833.12	71 382.92	25 699.20	36.00
2015	456	18 707.19	−2 626.96	1 447.57	63 562.38	20 416.92	32.12
2016	938	40 646.65	−1 656.97	2 012.59	69 854.71	28 247.18	40.44
2017	2 003	102 737.00	8 853.28	3 430.08	100 841.15	55 775.98	55.31
2018	3 605	191 096.03	18 679.82	7 023.27	116 292.67	59 787.10	51.41
2019	4 305	251 583.48	27 459.60	10 977.85	161 834.53	86 149.51	53.23
2020	4 393	264 548.24	39 342.84	14 899.49	240 237.33	135 576.50	56.43

2. 主要产品市场占有率

在非公路自卸车行业，同力股份年销量市场占有率2015年最低（15.26%），2019年最高（32.37%）。2011—2020年累计销售产品市场占有率为25.59%。

非公路宽体自卸车行业年销量及同力股份主要产品年销量情况如图4-28所示。

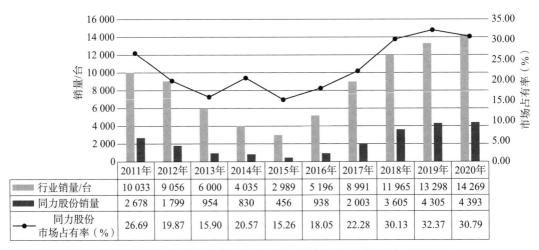

图4-28 非公路宽体自卸车行业年销量及同力股份主要产品年销量情况

三、管理状况

1. 生产管理

作为非公路宽体自卸车的专业生产厂家，同力股份主要进行整机装配、关键零部件的制造和系统的集成，而对于其他较为通用的零部件或总成件，则采用外协、外购或联合开发的方式进行生产。目前，同力股份自行生产的零部件主要包括车架和部分货箱。对于驾驶室、发动机、变速器、车桥和举升系统、部分货箱等则采用外协、外购的方式生产或取得。经过数年的探索和完善，同力股份目前采用以市场为导向的快速应变式产品供应系统，主要以"以销定产"方式组织生产。

"以销定产"方式的含义为：同力股份根据销售信息预测制订下月的生产计划，采购相应的零部件及总成件备用，待公司接到用户的订单后，排定每周产品生产计划，依据技术协议规定的个性化车型配置组织车架、货箱等零部件的生产，若同力股份自己生产货箱的产能无法满足公司整体产量要求时，则采用委托加工模式，最后，进行整体组装和喷涂等工艺。对于某些用量较大、通用性较强的产品，同力股份会根据未来一段时间市场的销售预测，组织采购、生产适当数量的产品以满足对交货期要求很高的用户购买需求。同力股份的产品针对性、个性化强，产品多为非标准产品，需按照用户订单及要求进行设计和生产。

同力股份以"以销定产方式"组织生产，使得企业能够更加合理地安排采购与生产活动，既能满足行业的特点和用户的差异化用车需求，又能有效地提高企业的生产效率和缩短公司的交车时间，有效地解决了非公路宽体自卸车行业小批量多样化产品和规模化生产的矛盾。

根据不同工况条件，用户采购的产品也不尽相同，因此同力股份研发中心根据用户实际需求，研发、设计因地制宜的车型；企业技术委员会对新产品进行评审，确保各项性能符合设计要求，在评审通过且经相关部门鉴定后生产部门进行批量生产。

2. 财务管理

同力股份严格执行国家统一的会计准则和会计制度以及证监会对上市公司财务的相关要求，已建立了较全面的股份有限公司内部治理及管理制度，包括股东大会、董事会及监事会的议事规则、总经理工作细则、董事会秘书工作细则、独立董事任职及议事制度、关联交易决策制度以及对外担保管理制度等。同时公司聘请普华永道会计师事务所有限公司帮助公司建设内部控制规范体系以及编制《标准内部控制手册》，经过前期培训，公司各部门的业务活动已经严格按照该手册执行。同时同力股份也定期对《标准内部控制手册》的执行情况进行检查监督，确保在所有重大事项方面内部控制制度的设计是完整和合理的，并已得到有效执行，能够合理地保证内部控制目标的实现。这些内部控制制度虽已初步形成完善有效的体系，但随着环境、情况的改变，内部控制的有效性可能随之改变。随着管理不断深化，同力股份将进一步补充、完善和优化内部控制制度，并监督控制政策和控制程序的持续有效性，使之适应公司的发展需要。由于内部控制是一项长期而持续的系统工程，因此需要根据公司所处行业、经营现状和发展情况不断调整、完善。

具体业务及机构设置上，同力股份下设董事会办公室、财务中心。董事会办公室负责公司信息披露、融资、股权管理、分红派息和投资者关系管理；负责公司股东大会、董事会、监事会的会议筹备、记录和档案资料保管。财务中心负责公司与证券监管部门、证券交易所及各中介机构的联系工作；负责公司日常财务核算，出具财务报表；组织编制公司各项财务计划，并对实施情况进行监督；负责赊销客户管理，应收账款催收，抵债物资管理和处置。

3. 人力资源管理

在同力股份数年的创业、经营过程中，培育了一批掌握非公路自卸车产品研发技术的核心技术人员、精通生产工艺和设备工艺的技术人员以及具有丰富管理经验的中高级管理人员。在实践中积累了丰富研发、生产和管理经验的优秀人才是公司核心竞争力的重要保障。同时，随着市场规模的不断扩大，在组建和完善营销网络过程中，同力股份培养了一支可为用户提供工况研究、产品诉求、产品保养及专业服务的营销团队。公司实施针对核心技术人员和中高级管理人员的多种绩效激励制度，保证了核心技术人员和中高级管理人员的稳定性，保证同力股份可持续发展。

4. 技术管理

建立以技术中心为主体的技术创新体系，培养和建成了一支专业研发团队。技术中心拥有员工98人，占职工总人数的30%以上。技术中心主要任务是建立信息化平台，进行基础技术理论、新产品、新机型、系统模块和关键总成的研发与设计，生产工艺设计与优化，质量标准的制定及产品质量的控制，知识产权、知识管理推进、标准化战略工作等。

在科研经费投入上，每年至少按照销售收入的3%提取，列支科研经费，用于购置科研设备、设计及管理软件、技术人员奖励等，专款专用。

在研发设计方面，进一步加强技术中心信息化建设。全面采用三维产品开发，建立三维协同设计平台，提高设计团队开发水平，提高设计效率，提升产品质量。

引入 CAE 模拟仿真分析及高性能计算技术，优化产品结构，提升产品质量，提高产品的可靠性，降低产品设计成本，缩短新产品开发及试验周期。

建立 PDM 产品数据管理平台，规范产品数据管理，使产品数据有效地共享利用，消除企业信息孤岛，提高了产品数据准确性。

利用互联网思维，建立车辆档案管理系统，提高了售后服务的响应速度及准确性，提升了产品服务品质，解决了用户后顾之忧，更好地服务于用户。

在管理上，加强创新激励机制建设，加强人才队伍建设，增强核心竞争力。以技术为主，在核心技术人员的带动下，发扬以老带中、以中带新的传统，始终贯彻老中青相结合的原则，贯彻先做人再做事的理念，使技术人员能潜心于技术研究。

以专业室及项目管理相结合的二维管理模式，将技术力量进行聚焦，以市场需求为目标，以项目管理为手段，以项目拉动为主导，以专业室为支持，加大专业技术研究的力度，向深度和广度进军，迅速有效地实现新产品的开发。

建立以业绩结果为导向的绩效考核机制，按照项目管理办法，确保项目研发资源配置，对完成研发任务且成功实现市场化并通过验收的项目，按照项目贡献者的贡献度及创造的经济效益给予项目奖励，并将其业绩作为晋升及调薪的基本条件，形成长效激励机制，以激发员工的工作积极性、主动性和创造性。

5. **质量管理**

同力股份建立并保持了符合 GB/T 19001—2016/ISO 9001:2015 的质量管理体系，确保了公司产品与服务质量标准在受控状态下运行。为了充分保证产品质量，从严制定了各产品的企业标准，并在生产过程中贯彻执行，从产品标准上奠定了质量控制的基础。同力股份编制了涉及合同评审、原料采购、供应商评定、研发设计、生产制造、成品出库、销售服务等多个环节的质量控制标准和具体措施，使质量控制覆盖所有部门、贯穿所有流程、全员参与，形成质量控制体系。

公司制定了一系列符合 ISO 9001 质量管理体系要求的质量控制规章制度，如:《产品设计控制程序》《检验和试验控制程序》《不合格品控制程序》《纠正措施控制程序》等 18 个程序文件及 66 个三级作业文件，并严格遵循这些文件，把各种"量定结合"产品的标准在实现过程的各环节有效落实，建立必要的质量记录，确保产品质量可追溯。

同力股份每年组织两次质量体系内部审核，每年修订质量目标体系，持续改进。针对生产制造过程，公司采取的进料检验、过程检验、终检检验及出厂检验控制的措施，具体如下：

（1）进料检验控制。公司制定了《采购管理规定》《供应商考核管理规定》《外包和采购控制程序》《检验和试验控制程序》《供应商及零部件开发管理规定》《钢材采购流程》《钢材检验标准》等，制定了各类产品进料检验规程，并设置专人进行进货检验，确保采购的产品符合质量要求。

（2）过程检验控制。公司制定《制造部质量记录管理办法》《产品质量状态标识管理规定》《质量控制点管理办法》《生产过程控制程序》《检验和试验控制程序》《生产过程控制程序》《不合格产品控制程序》等公司管理制度及各个操作程序检验标准，并采用过程首件检验、巡回检验和工序完工检验，确保产品形成过程中一个或多个工序完成的中间产品符合规定的质量要求。

（3）终检检验控制。公司制定了《产品质量状态标识管理规定》《产品防护管理规定》《不合格品控制程序》，据此对成品的外观质量、精度、功能、安全、环保性能、包装防护等进行检验，确保不合格品不转工序、不出厂、不交付。

（4）出厂检验控制。对合格入库的整机在出厂前，检验员按技术协议、技术通知单、检验标准对整机配置、外观、有保质期要求的材料进行检验，检验合格后发放《合格证》，公司制定了《合格证管理办法》《库存车管理规定》，防止未经检验合格的产品出厂，保证公司产品质量的可追溯性。保证出厂的产品与合格证一一对应，建立产品合格证档案。

公司通过严格的质量控制手段对原材料采购、产品生产过程进行管理和控制，通过用户满意度调查以及售后服务等措施，确保产品和服务质量，提高用户满意度，以获得良好的质量和服务信誉。

四、国际化成长

1. 技术发展

2011—2013年，主要出口机型有TL843、TL853、TL855车型，载重量30t、40t，驱动型式为6×4。2014—2015年，为适应国外泥工工况需求，解决经济性问题，开发了6×4驱动型式的车型M45；为解决通过性问题，开发了全驱车型TL848、TL849；为公司创造了良好的经济效益。2016—2020年，为了满足出口市场对大型化、智能化的需求，开发了载重量50t级产品TLD90、TL87系列非公路宽体自卸车及载重量60t级以上产品TL88系列车型，经用户使用，效果良好。

2. 市场发展

2011—2020年同力股份出口销量及创汇情况见图4-29。

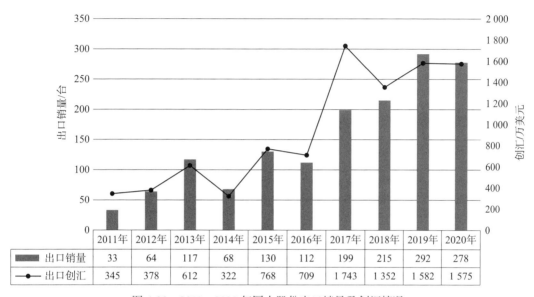

图4-29　2011—2020年同力股份出口销量及创汇情况

2010年同力股份组建海外部，确立了海外业务自营出口优先战略、本地化经销服务模式为基本模式，发展属地化经销商、服务商。经过近10年的业务探索，目前主要销售区域以东南亚为主，并向南亚、中北亚、非洲、中东、东欧扩展，累计出口到20多个国家。出口产品两大类，10余个品种，已经形成了马来西亚、泰国、老挝、印度尼西亚、缅甸、蒙古国、俄罗斯、南非、伊朗等国家的10个签约代理商。产品出口超百台的区域有马来西亚、泰国、巴基斯坦、刚果（金），年最高出口额超过1 700万美元，占公司销售收入的9%以上。同时向中国电建、紫金矿业、金诚信股份、中国机械设备工程、中材集团、比优股份等知名的国际工程承包商（项目）提供设备和服务，在行业内排名前三位。

总体上讲，出口总量和出口业务占比远低于行业的平均水平，归其原因，主要是出口业务不稳定、出口国别较少，代理商网络覆盖度低，出口贸易方式单一，海外售后服务保障弱，海外业务人员不足，业务投入较低、品牌国际化推广迟滞，缺乏明确、清晰的长期规划，公司海外业务处于一个缓慢发展期。

公司建立了海外服务网络,成立了西安同力有限公司,主要进行海内外产品服务及服务承包业务。实现零距离驻矿服务、巡回服务、销售人员参与服务等多种模式。

随着非公路宽体自卸车的产品技术逐步升级、可靠性提高、产品系列化、服务保障能力加强和市场逐步拓展,非公路宽体自卸车的产品价值和同力品牌逐步得到国外用户和国内专业施工公司的认可。产品应用前景愈发广阔,亚洲、非洲和拉丁美洲等区域的发展中国家矿业市场需求旺盛,"一带一路"倡议带来了长期性机遇,未来出口业务是公司长远持续发展的一个重要支撑。

3. 资本运作

2015年12月14日,同力股份挂牌新三板上市,股票代码:834599;2020年12月18日,新三板精选层核准发行;2021年2月22日,公司股票正式在全国中小企业股份转让系统精选层挂牌,股票交易方式由集合竞价交易变更为连续竞价交易。

第二节 产品、技术发展

1. 10年内推出的产品品种型号及其性能特点

同力股份的主要业务是工程运输机械产品的开发、制造、销售、修理、租赁及配件销售。主要产品类别为非公路宽体自卸车、坑道车、桥梁运输车、工程洒水车、沙漠车和道路养护车。2011—2020年同力股份产品系列、特点及用途见表4-3。

表4-3 2011—2020年同力股份产品系列、特点及用途

产品系列	产品型号、特点及用途
TL85系列非公路宽体自卸车	产品型号:TL855B:额定载重量40t、最大总重量65t;TL855D:额定载重量40t、最大总重量65t 产品特点:具有技术成熟、质量稳定、安全可靠、综合性价比高等优势,2013年荣获《工程机械与维修》杂志社组织评选的工程机械行业年度TOP50产品中的"市场表现金奖"称号 用途:适用于大中型露天矿山场地运输的高效运输设备
TL87系列非公路宽体自卸车	产品型号:TL875B:额定载重量60t、最大总重量90t;TL875C:额定载重量60t、最大总重量90t;TL875D:额定载重量60t、最大总重量90t 产品特点:采用全新设计的前后悬架、大吨位工程车桥、加厚层级的工程专用轮胎,承载量大;配置非公路工况专用型发动机、变速器、大速比驱动桥,动力强劲,爬坡能力强;采用同力股份核心技术的整机匹配优化设计方案,性能稳定、质量可靠,出勤率达90%以上,综合效率更高,2018年荣获《工程机械与维修》杂志社颁发的"市场表现金奖"和慧聪工程机械网颁发的"工匠精品"称号 用途:适用于大中型露天矿山场地运输的高效运输设备

（续）

产品系列	产品型号、特点及用途
TL88系列非公路宽体自卸车	产品型号：TL885A：额定载重量68t、最大总重量102t；TL885B：额定载重量68t、最大总重量102t；TL883B：额定载重量65t、最大总重量98t 产品特点：①高承载性：单车额定载重量可达65～68t，综合效益高。②高可靠性：采用知名品牌的大功率发动机，环保可靠；采用单箱加强型矿山专用变速器，转矩大、噪声低；采用同力股份核心专利技术的柔性结构车架，吸收、衰减冲击能力强，大幅度降低车辆底盘的故障率；采用全新设计的车桥，承载及制动能力更大；采用全骨架结构单边窄体驾驶室，安全舒适；采用海沃超级矿用版液压缸，举升系统更安全可靠。③高安全性：独特的防撞梁+保险杠+贯通梁的防撞系统，安全防护性能更加出色；采用全液压转向系统，转向轻便、可靠、安全 用途：适用于大型化、规模化的露天矿山等物料的转运
非公路矿用自卸车	产品型号：TLD110：额定载重量70t、最大总重量113t 产品特点：TLD110非公路矿用自卸车，是同力股份精心研发的国内首款双桥驱动矿用自卸车，主要应用于各大型露天矿山的开采运输，能够满足露天矿山设备大型化的发展需求。满足：①矿山设备大型化需求。②矿山安全、环保需求。③节能降费需求 用途：适应于各大型露天矿山的开采运输
坑车道	产品型号：TLK301B：额定载重量20t、最大总重量31t；TLK301高原版：额定载重量20t、最大总重量31t 产品特点：①动力强劲：采用大功率发动机和双级减速驱动桥，动力储备充分，保证了良好的爬坡性能，运行速度快，效率高。②通过性好：专业设计了骨架式偏置长尖头驾驶室和底盘结构，在坑道内狭小空间运行，机动灵活。③承载力强：整车依据矿用车设计理念，科学合理匹配设计，承载能力是普通公路车的1.5倍。④安全环保：采用专用车底盘，稳定性好。可选用IBS智能辅助制动控制系统、可视系统/全车影像系统、举升报警装置、尾气净化处理装置等，安全、环保、性能出色 用途：适用于井采矿山坡道运输
工程洒水车	产品型号：TLS551：水罐容积40m³、最大总重量59t；TLS751：水罐容积40m³、最大总重量61t；TLS753：水罐容积50m³、最大总重量71t 产品特点：①效率高：单车储水量大、洒布范围宽、续洒里程长、作业效率高。水罐容积40～50m³，一次作业里程超过5km，可布洒面积超过7 000m²，远大于公路洒水车（最大容积20m³，布洒面积3 000m²）。②可靠性高：采用成熟的同力股份非公路宽体车底盘，经过矿区恶劣环境的考验，工况适应性大大超过公路洒水车，具有更高的安全性、可靠性和出勤率；水罐可满足不同矿区水质要求，适应性强，使用寿命长。③维护方便：技术成熟的底盘，配件通用化率高，服务方便，维护成本低。④功能丰富，洒水装置灵活选装：a.基本功能：道路洒水、喷雾降尘。b.消防功能：配备25m射程水枪，可作为临时消防车使用。c.绿化功能：洒水系统有拌和功能，可拌和农药，并向树木、绿地喷洒。d.吸水泵等功能：可吸水储存到水罐，运输生产作业用水 用途：适应于各大型露天矿山洒水
桥梁运输车	产品型号：主车TLQ100、副车TLQ102，主车与副车共同载重量：174.8t 产品特点：采用成熟的非公路用车制造技术，对桥梁运输施工工艺充分研究，在满足承载量的前提下，保证装卸便利、通用性强、驾驶方便安全 用途：适用于公路、铁路、城际轻轨等桥梁架设和运输设备

2. 主要产品产销量

公司开创了工程机械领域全新细分行业，并已成为非公路宽体自卸车行业主要标准的组织起草者。公司连续3年被中国工程机械工业协会、《中国工程机械》杂志社评选为中国工程机械50强企业（2011年度中国工程机械50强第30位、2012年度中国工程机械50强第21位、2013年度中国工程机械50强第19位）。基于同力股份10年来在非公路用车领域的卓越贡献，中国工程机械工业协会在2014年授予同力股份"行业贡献奖"。2015年"同力重工"牌非公路自卸车获陕西省名牌产品，2020年陕西同力重工股份有限公司获得陕西省西咸新区突出贡献企业。

2011—2020年主要产品销量见表4-4。

表4-4　2011—2020年主要产品销量　　（单位：台）

年份	TL84系列销量	TL85系列销量	TL87系列销量	TL88系列销量	TLS系列、TLK系列等产品销量	合计
2011	827	1 772	60	—	19	2 678
2012	298	1 340	94	—	67	1 799
2013	105	760	15	—	74	954
2014	44	519	127	—	140	830
2015	83	174	88	—	111	456
2016	91	335	299	—	213	938
2017	103	877	948	—	75	2 003
2018	55	494	2 977	5	74	3 605
2019	4	347	3 543	42	369	4 305
2020	13	137	3 140	714	389	4 393
总计	1 623	6 755	11 291	761	1 531	21 961

3. 产品出口与配套件进口状况

2011—2020年非公路宽体自卸车出口机型及主要出口国家见表4-5。

表4-5　2011—2020年非公路宽体自卸车出口机型及主要出口国家　（单位：台）

年份	TL84系列	TL85系列	TL87系列	TLS系列、TLK系列等	合计	主要出口国
2011	17	16			33	马来西亚、吉尔吉斯斯坦、菲律宾、印度尼西亚
2012	20	40		4	64	马来西亚、哈萨克斯坦、科特迪瓦、俄罗斯
2013	55	51		11	117	马来西亚、蒙古国、阿尔及利亚
2014	10	40	8	10	68	马来西亚

(续)

年份	TL84系列	TL85系列	TL87系列	TLS系列、TLK系列等	合计	主要出口国
2015	55	24	9	42	130	马来西亚、越南、缅甸
2016	90	12		10	112	马来西亚、伊朗
2017	103	30	42	24	199	马来西亚、泰国、老挝、缅甸、印度尼西亚
2018	54	63	69	29	215	蒙古国、老挝、马来西亚、泰国
2019	23	89	175	5	292	马来西亚、蒙古国、泰国
2020	27	17	227	7	278	巴基斯坦、马来西亚、刚果（金）、蒙古国
总计	454	382	530	142	1 508	

4. 生产能力

公司占地面积14.8hm², 实用面积12.4hm², 总建筑面积65 020m²。拥有6 000台非公路用车的生产能力，全部投入生产，主要从事非公路宽体自卸车产品的研发、设计、生产与销售，是非公路用宽体自卸车制造行业生产规模最大的企业。

截至2020年年底，公司拥有各类生产设备291台（套）。其中，下料设备16台（套），机加工设备26台（套），压力设备38台（套），焊接设备56台（套），起重设备32台，运输设备18台（套），装配生产线2条。其他设备103台（套）。设备运行良好，完全满足非公路宽体自卸车的生产需求。

5. 科研成果

2011—2020年同力股份获得的科学技术成果证书见表4-6。2011—2020年同力股份研发形成的新技术及专有技术见表4-7。

表4-6　2011—2020年同力股份获得的科学技术成果证书

序号	证书编号	获奖项目名称	组织单位	获奖日期
1	14-2-41-D1	非公路自卸车关键技术研究及在大型露天矿的应用	陕西省人民政府	2015.02.09
2	2016-3-32-D1	新型地下无轨运矿车研发及产业化	西安市人民政府	2016.11.09
3	2017-3-37-D1	工程桥梁运输车研究及应用	西安市人民政府	2018.01.10
4	D1813044-02	《土方机械 轮胎式机器 转向要求》（GB/T 14781—2014）	中国机械工业联合会 中国机械工程学会	2018.10.25
5	D1910002-01	非公路自卸车关键技术研究及在大型露天矿山的应用	中国机械工业联合会 中国机械工程学会	2019.10.15

表 4-7　2011—2020 年同力股份研发形成的新技术及专有技术

序号	项目名称	主要研发成果
1	全路面刚性矿用车产品研发与应用	形成专利：ZL201821456413.0 非公路自卸车油气悬架；ZL201930088490.9 矿用自卸车；ZL201930088248.1 非公路自卸车驾驶室
		形成产品：TLD110B、TLD110D 试验样车
2	非公路自卸车新能源技术研究与应用	形成专有技术：形成非公路纯电动电池、电驱、电控系统设计规范及设计方法
		形成产品：TL848H、TLH90B 等样车
3	非公路自卸车无人驾驶关键技术研究与应用	形成专有技术：对车辆发动机、变速器、转向、制动等系统实现实时控制技术；无人驾驶车队调度及通信技术；车辆间通信与交互技术
		形成产品：TLI65、TLI90 试验车
4	TL88 系列非公路自卸车产品研发与产业化	形成专利：ZL201721628315.6 非公路自卸车悬架系统；ZL201721878884.6 一种非公路自卸车前悬架；ZL201721881192.7 用于平衡悬架的防尘油封结构；ZL201721728934.2 货箱后门杠杆开启装置；ZL201821456412.6 非公路自卸车车架；ZL201821457251.2 非公路宽体自卸车全液压转向系统；ZL201821457786.X 非公路宽体自卸车
		形成产品：TL883D 试验样车
5	非公路宽体自卸车关键技术研究、应用及产业链建设	形成专有技术：形成了整车设计规范、悬架系统设计规范、转向系统设计规范、制动系统设计规范、货箱设计规范、举升系统设计规范以及车辆的数字化管理系统运行规范
		形成产品：TIMS1.0、TIMS2.0 露天矿山运输信息管理系统；IBS2.0、IBS3.0 智能辅助制动控制系统
6	PDM（产品数据管理系统）、ERP、MES（制造执行系统）等信息化系统研究及应用	形成专有技术：形成产品数据数字化管理规范
		形成产品：PDM 系统深度应用程序及操作手册

形成标准及专利：同力股份是国内非公路自卸车行业标准和国家标准的起草、制定参与者。对非公路宽体自卸车整车及零部件新产品进行型式试验及可靠性试验，产品质量进一步提升。2011—2020 年，参与制定国家标准 17 项，团体标准 4 项。截至 2020 年年末，同力股份及其控股子公司共有 108 项专利，其中发明专利 15 项、实用新型专利 79 项、外观设计专利 14 项。以上专利权均归属于公司，不存在权属纠纷，不存在专利到期注销或终止的情况。

第三节　企业文化与社会责任

1. 企业文化

公司发展愿景：成为中国领先的工程运输方案和设备供应商。

核心价值观：用心为用户提升产品价值。

产品理念：高效——源自专业核心的技术，适用——源于同力工法及其应用，安全——源于成熟的产品，可靠——源于负责任的实力。

结合企业实际情况，公司从精神、制度、行为、物质层面加强企业文化建设。提倡思考力是前提，执行力是根本，凝聚力是关键。

公司开展丰富多彩的企业文化活动，通过培训及日常宣传，让员工牢记质量方针："定量开发　精益制造　专业服务　持续改进　满足用户"；理解企业精神："同心同力　共铸辉煌"；让中层管理人员深入理解经营观点："质量是根　诚信为魂"；公司领导层贯彻经营准则："同心协力　共赢未来"；做事风格："决策准　行动快　效率高"。

组织员工去日本学习TPS精益生产管理工具，并分享成果。让员工懂得TPS的重点目标是提高品质，在质量管理体系运行中融入TPS，通过质量改进活动提高产品质量。在员工日常工作中融入TPS，自下而上地产生内动力，持续改进、满足用户需求。征集改善锦囊，形成改善集锦，即时激励，提高员工凝聚力及归属感，满足公司可持续发展。

2. 企业社会责任

非公路宽体自卸车的成功开发，拓展了工程运输机械产品的应用领域，得到广大用户的持续关注和高度肯定，为非公路运输机械行业发展壮大做出了应有的贡献，具有十分显著的经济效益和社会效益。

从产品试验、标准制定以及小批量生产投入应用，建立了完善的产业链，拉动了社会配套产业、应用环节的技术发展。形成产品主要配套件优先采用国内市场使用量大且成熟的各种工程机械和重型自卸车资源，通过自主研发结合联合开发，研制成功代表国内先进技术水平、满足终端用户需求的新一代自卸车产品。拉动了国内尤其是陕西省内的配套产业发展，为国家及地方经济发展做出了应有贡献，经用户使用，投资回报率大幅提升，为国家的矿山开采运输环节设备技术进步做出了贡献。

公司在紧抓经营指标的同时，积极承担社会责任。2013年，同力重工奖（助）学金颁奖大会在中南大学采矿楼隆重举行。共43名本科及研究生喜获本年度同力重工奖（助）学金。2015年，同力股份携手隆兴矿业在云南底圩中心小学举行"爱心献底圩，共圆中国梦"捐赠活动。2020年，携手中国砂石协会筹建希望小学；为长安大学工程机械学院捐赠教学基金，鼓励在教研过程中表现突出的教职工及学生为我国科技发展贡献力量。

3. 企业可持续发展

为保证企业在行业竞争中的先进性和主导地位，制定了以下可持续发展战略：

（1）领导行业的创新能力。公司定位于"做中国最经济适用非公路用车"，率先定义了非公路用车细分市场及特征，制定了我国经济适用的非公路宽体自卸车产品标准和技术规范，创立并坚持"量身定制、专业打造、特色服务"的运营模式。多年来，公司一直致力于提升产品结构、经营模式、生产组织方式等多方面的创新水平。从原始创新的角度，同力股份基于对重型载货车技术和工程机械技术的深刻理解，通过充分市场调研、明确用户实际需求，开发出了填补国内空白的非公路宽体自卸车，定义并确定了技术指标和技术路线，开创了非公路宽体自卸车这一高效、经济、节能、环保的细分新行业。从集成创新的角度，同力股份以非公路宽体自卸车整车设计技术为核心，将发动机、变速器、驱动桥及举升系统专业制造商的成熟技术和非公路宽体自卸车对各大总成及系统的特殊需求相结合，进行联合设计并优化组合。未来将发力新能源矿用自卸车领域，服务绿色矿山，为满足绿色矿山建设对运输设备的需求，亟须将分布式混合驱动技术、混合驱动增程技术、纯电驱动技术在非公路自卸车上应用。在新能源领域，公司于2014年对新能源开始了立项研究，经过6年努力，新能源车已在多地实验成功并可以满足不同工况需求，相继推出TLH90A、TLE90A、TLE90B等诸多款型产品。

（2）加紧建设新基地，实现产能提升。公司首次公开发行募集资金5亿元，扣减发行费用后的资金为4.66亿元。募集资金主要用于非公路自卸车及全路面矿用车制造基地建设项目、工程运输机械技术中心项目、补充流动资金。

目前非公路自卸车及全路面矿用车制造基地建设项目2021年年底建成试生产。

（3）积极开展品牌建设。公司产品在性能、安全、服务水平等方面均处于国内同类产品先进水平，适应性、成熟性、稳定性及出勤率等各项指标处于行业领先地位。公司享有较高的品牌知名度和美誉度，"同力重工"品牌受到业内广泛认同。

（4）技术中心及实验室的建立。公司拥有陕西省级企业技术中心及实验室，专门从事非公路宽体自卸车及相关产品的基础研究、产品开发和技术管理。公司具备从市场研究、产品策划、总体设计、工业设计、工程设计、设计验证到产品实现的全过程自主开发能力。非公路宽体自卸车涉及较高的整体设计技术门槛，经过多年的研发、设计实践，公司已经形成了较为雄厚的技术储备。公司根据整体设计需要，结合非公路宽体自卸车特殊的工况适应性要求，通过自主研发及联合设计等多种方式，投入大量资源开展专项技术研究，形成了多项专有知识产权。"同力重工企业技术中心"于2014年通过了省级认定，并于2015年5月被陕西省工业和信息化厅、科技厅、财政厅、陕西省国税局、陕西省地税局、西安海关六部门正式授予"省级企业技术中心"标牌，标志着国内首家工程运输机械省级技术中心正式成立，为企业迈向行业巅峰奠定了基石。未来在西咸新区沣东新城西坡基地将建设工程运输机械试验中心，将建立国内首台非公路自卸车整车实验室、零部件疲劳实验室及传动实验室。

（5）经营模式的不断改善。公司针对非公路宽体自卸车产品市场特点，建立了可以满足高适应性要求的特有经营模式：量定结合、精益生产。坚持并不断深入研究量定结合的开发模式，组织了专业的车型管理委员会，总结并形成了独特的"同力工法"，制定了车型管理流程和相关规定，积累了可以满足规模化经营要求的量定结合开发和生产能力。同时为了有效解决差异化需求和规模化制造之间的矛盾，开发了销售车型和技术车型管理体系，在该基础上建立了具有足够柔性的生产线和生产组织方式以挑战最短制造周期，从而可以及时满足用户个性化的用车需求。公司通过对精益制造理论的学习，创新了生产组织方式，在一条生产线上同时实现了连续大批量、个性化、短交货期和高周转率四种需求。

（6）营销网络持续开发。非公路宽体自卸车因使用的具体工况不同而存在一定的差别，因而不但要求经销商了解产品本身性能，还要对产品与工况的匹配需求有较为深入的了解。公司采用经销和直销相结合的销售模式，针对产品的上述特点，制定详细经销商制度，对经销商进行培训和考核。经过数年的市场开拓，公司目前已经建立了覆盖全国主要矿山和大型水利水电工程较为密集地区的经销商网络，拥有一批忠诚度高、凝聚力强的经销商队伍。公司开发和培育了国内外多家经销商，并将根据市场需求持续开发、培育和优化经销商网络。

（7）不断完善公司管理团队。公司的管理团队成员具有丰富的行业背景和从事重型载货车和工程机械行业技术研发、生产和经营管理的经验。核心管理层多数成员拥有15年以上的行业经验，能够深入了解行业的发展趋势和市场需求方向，准确定位公司的战略发展目标。公司自成立以来，艰苦创业，在"以公司价值衡量个人经济价值，以团队能力衡量个人能力"的价值观基础上，公司形成了以用户价值为结果的企业文化，坚持"做中国最经济适用非公路用车"的产品理念。公司致力于建立规范的法人治理结构和现代企业制度，成功实行了主管负责制的流程型企业组织管理模式，以其独创性、高效性、经济性有效地提高了公司的盈利能力。公司不断提升国际化视野，积极拓展海外市场。

（8）分公司、控股子公司的成立。陕西同力重工股份有限公司咸阳分公司生产基地于2010年年底建成，总投资10亿元，设计产能为年产非公路自卸车4 000台，目前已达到设计产能。咸阳公司作为同力股份的新生产基地，基于原基地的技术进行大规模产业升级和产品升级，新建矿用自卸车、纯电动、混合驱动等新能源高端产品和无人驾驶等信息化智能产品生产线，引入工业机器人等高端设备提高制造能力及产品品质，积极响应和践行国家绿色环保和智能制造的倡导，继续保持行业领先地位和引领行业发展方向。

2012年4月6日成立西安同力重工有限公司控股子公司（简称西安同力），西安同力主要从事非公路宽体自卸车的售后服务及非公路宽体自卸车的租赁业务，将以非公路宽体自卸车的租赁业务为基础，同时拓展售后总包服务业务，以新能源、混合动力、无人驾驶技术为依托，以智能化运营，标准化作业为着力点，不断拓展和完善业务链，专业服务于矿山采剥运输行业，打造我国矿山采剥行业先进的运能服务商。

2012年5月4日成立天津同力重工有限公司控股子公司（简称天津同力），天津同力主要从事坑道车系列产品的生产，将以坑道车的生产为基础，逐渐增加坑道车衍生产品系列，同时基于自有厂区开展厂房出租业务。

2018年10月23日成立西安主函数智能科技有限公司（简称西安主函数），西安主函数主要从事车辆无人驾驶、混合驱动控制技术的研发、技术服务，车联网、物联网技术的研发及技术服务。西安主函数将坚定既定目标和技术路线，对现有产品持续优化升级。对于线控系统，结合云端运行数据的积累、西安主函数和外部多家企业合作的无人驾驶系统试点应用项目中反馈的情况，持续对系统功能、性能、可靠性及适应性进行优化提升；对于新能源技术，在当前技术路线样机的应用过程中，持续完善系统设计，改进系统性能，并积极推动形成小批量应用；进一步完善并最终完成线控和新能源两种技术的融合。

4. 危机处置

企业在发展过程中，分析国家政策，制定3—5年规划，对上游供应商、下游产品用户以及职工利益进行保护，提前避免由于政策层面的变化引起的损失。编制财务报表时，公司管理层需要运用估计值和假设条件，实际情况可能与这些估计值不同。公司管理层对估计值涉及的关键假设条件和不确定性因素的判断进行持续评估。会计估计变更的影响在变更当期和未来期间予以确认。

由于重视内控管理，同力股份在发展建设过程中，未出现重大财务、项目或信息上的危机。公司认真履行社会责任，按时缴纳各项税金，为当地财务税收做出贡献。给予员工富有竞争力的薪资水平，提高了员工的归属感和幸福感，为公司的进一步发展打下基础。

5. 重大事故处理与警示

同力股份严格遵守相关法律法规，执行相关行业标准，近10年来未发生重大环境污染事故与人员安全事故。企业与员工之间的关系融洽，共同发展进步，未出现重大的员工纠纷。

公司以发展性的眼光对待环境保护问题，在规范环境保护措施的同时，建立健全安全环境污染事故应急机制，提高企业应对突发安全环境污染事故的能力，维护社会稳定，保障公众生命安全和财产安全，保护环境，促进社会全面、协调、可持续发展。

第四节　企业人才队伍

1. 企业领导层

公司的核心管理层多数成员拥有15年以上的行业经验，能够深入了解行业的发展趋势和市场需求方向，准确定位公司的战略发展目标。公司成功实行了主管负责制的流程型企业组织管理模式，以其独创性、高效性、经济性有效提高了企业的盈利能力。公司不断提升国际化视野，积极拓展海外市场。

叶磊：男，1964年出生，本科学历，任同力股份董事长。

许亚楠：1966年出生，硕士，教授级高工，任公司董事、总经理、党委书记。

牟均发：1965年出生，本科学历，工程师，任同力股份总工程师。

2. 人才培养

人才是最具竞争力、最重要的资源，公司业务的拓展、效率的提高、技术的创新、新产品的开发都得靠人去实现。同力股份全力创造优越的条件，以保持和吸引优秀的管理、技术、财务、营销等方面的人才。

（1）采用内部培养和外部引进相结合的措施提高员工队伍的综合素质。第一，强化在职员工的岗位技能培训。公司举办各类技能培训班，进一步提高员工的专业技术技能和业务水平。第二，加强员工的进修学习。公司分批把技术、营销、管理方面的员工派往国内相关高等院校和研究机构参加培训和学习。第三，经常派员工参加工程机械产品博览会，亲身感受来自工程机械产品的最新潮流和先进的设计理念，拓宽思路和视野。第四，积极引进各类公司发展需要的优秀人才。公司与国内知名大专院校建立了密切的联系，重点引进一批产品开发、设计、营销及管理等高级人才，进一步增强人才队伍建设。

（2）完善绩效管理体系和培训体系，帮助员工设计自己的职业发展规划。公司建设和完善员工队伍的绩效考核体系，制定和绩效挂钩的薪酬制度，实行"优胜劣汰，能进能出"的用人机制；帮助员工设计自己的职业规划，使员工个人的目标和公司的整体发展目标一致，以充分调动人的积极性、能动性和创造性。

第五章　柳工（常州）矿山机械有限公司

第一节　企业发展简介

1. 企业改革创新发展状况

柳工（常州）矿山机械有限公司（简称柳工矿机）成立于2019年7月，是广西柳工机械股份有限公司（简称柳工）的控股子公司，其前身是北京首钢重型汽车制造股份有限公司（简称首钢重汽），主要从事矿用自卸车、矿山机械设备及其配件的研发、设计、制造、加工、销售、租赁、维修、售后服务和技术服务、技术咨询、技术转让等业务。

2011年9月，柳工与首钢矿业公司签署战略合作协议。同时，基于柳工与首钢矿业公司各自战略的需要，以及双方战略的有益结合，并充分依托双方的优势资源，柳工与首钢矿业公司在首钢重汽项目进一步合作：柳工收购首钢重汽42%的股权，柳工通过股权收购入股首钢重汽，与首钢矿业公司一起成为首钢重汽的第二、第一大股东。

首钢重汽成立于1999年，办公地址在河北迁安市河北省首钢工业园区，是首钢矿业公司控股的矿用运输车辆制造企业，在矿用车领域开发了一系列矿用车产品，形成了较为完善的矿用车产品线，产品范围覆盖32~240t刚性自卸车，拥有SGA3550（32t）、SGA3722（42t）、SGR50、SGE150、SGE170、SGE190等系列矿用车，及SGA5650矿用洒水车、SGA9650废钢车、SGA92150矿用拖车等系列产品。通过多年耕耘，树立了一定的品牌形象，也形成了一定的用户群，是国内市场领先的矿用车企业，具有可持续发展的内在潜力。在柳工的战略里，拓宽产品线、为用户提供全面解决方案是重要的一项工作，通过与首钢矿业公司的战略合作，柳工可以较为快速获得矿山机械产品线，以及相应的用户资源和产品使用经验。

柳工与首钢矿业公司合作后，虽然面临矿山市场下滑的困难局面，双方仍然精诚合作，共克时艰，共同支持首钢重汽的发展。通过6年的合作，双方相互认可对方的企业文化和价值观，合作进一步加强。

2017年6月，柳工与首钢矿业公司再次签订战略合作协议，进一步推动柳工和首钢在钢材业务、矿山机械、工程机械、建筑机械等方面的全面深入合作。同时柳工收购首钢重汽全部股权，成为首钢重汽控股股东，2019年7月把厂址迁移至常州市武进高新区，并更名为柳工（常州）矿山机械有限公司，继续推进矿用车产品和其他矿山机械业务的发展。

2. 经营状况

柳工在与首钢重汽合作期间，一直处于亏损经营状态，2019年搬迁到常州后，致力于宽体自卸车、移动破碎筛分站的研发和销售，并于同年实现盈利，当年实现宽体车400多台、移动破碎筛分站70多台的销售业绩，销售收入超5亿元。

3. 管理状况

公司现有员工180人左右，其中研发、工艺技术人员80多人，占公司总人数的44%。

公司在管理上始终坚持"守法经营，持续改进"的原则，遵纪守法是公司和员工应尽的责任和义务，依法管理企业，导入现代化企业管理手段，实现多方位的管理提升，确保企业持续发展。

公司建立了质量、职业健康安全、环境管理体系，采用行业先进的SAP企业管理系统、零缺陷质量管理和标准化理念，向全球用户提供优质的产品和服务，2020年实现质量、环境、职业健康安全一体化认证。

2021年，柳工华东基地大型智能矿山机械项目全面投产，形成年产大型工程机械3 000台、矿机4 000台的生产能力，打造超100亿元规模的产业集群。同时，对基地制造系统进行全面智能化升级，力争打造成国内领先、国际先进的制造基地，在国家"一带一路"倡议重大机遇中展现更大作为，在产品全球化中彰显"中国制造"品牌魅力。

4. 国际化成长

柳工矿机以国内矿山、煤炭、采石等市场促进大循环，实施价值营销创新，全渠道线上线下相互联动，零距离倾听用户之声，为用户提供全面解决方案和服务。

海外方面，柳工矿机从无到有，克服产品出口渠道不畅、汇率波动、国际市场不成熟等不利因素，2020年实现宽体车、刚性矿用车海外销售"零"突破。

第二节 产品、技术发展

1. 主要产品及优势

公司以矿用车、移动破碎筛分站、空压机、钻机、大型挖掘机、大型装载机、大型推土机、大型平地机等矿山施工成套设备领跑行业，有综合服务平台。

矿用车（刚性自卸车、宽体自卸车）：动力强劲，专用于采矿业，整体设计更加经久耐用，操作轻便，可靠性高，兼顾了燃油效率，满足重载运输所需。

移动破碎筛分站：美卓原装主机，运行平稳可靠，超高产量及精品粒型，动力强劲，能耗损失少。

空压机：安全环保，运行平稳，质量好，维护保养简单，工作过程免除停机的困扰。

大型装载机：动力强劲，可靠性高，兼顾了燃油效率。

大型挖掘机：力大。可处理大型物料。

大型推土机：适用于多种工作场景，如用于矿山、湿地、垃圾填埋等。

大型平地机：人性化设计为操作员提供更加清晰广阔的视野，卓越可靠的变速器和液压系统，提升施工效率，智能数字操控系统自动化程度高，数字式边控盒可直观设置和显示最大输料速度。

2. 研发、试验能力

在柳工研究总院的支持下，2017年成立了矿山机械研究院，目前，矿山机械研究院下辖三个研究所：矿卡研究所（常州）、大装大挖研究所（柳州）和试验研究所，常州矿卡研究所主要承担矿山运输设备等的研发工作，柳州大装大挖研究所主要承担大型液压挖掘机、大型装载机、大型推土机等设备的研发工作。

在试验方面，与柳州土石方试验中心共用试验平台，包括消声试验室、液压试验室、高低温试验室等。2021年，在常州东部基地，建立了矿山机械试验场。

3. 技术创新

柳工矿机依托柳工总部资源，持续加强矿山机械科研和人才投入，充分发挥资源优势，催生发展新动力，打造科技研发平台。

柳工总部拥有国家认证CNAS实验室、国家土方机械工程技术研究中心、院士工作站和博士后工作站等多个技术中心，在国内的柳州、上海、江苏、山东、安徽等地设有20多个制造工厂及研发机构，并配有中国极地科考工程机械实验室、国外研发中心、林业机械研究所等，为科技创新提供平台支持，这些科技研发平台，都为柳工矿机的发展提供了最有力的技术支持。

4. 科研成果

2021年完成高新技术企业申报工作。

自主开发的宽体自卸车DW90A于2019年12月获得常州市高新技术产品认定证书及荣誉证书。

从2017年至今，公司共申请专利35项，其中，发明专利10项，实用新型专利25项。

积极参与国标、行业标准的编制，参与了行业标准《非公路自卸车　安全技术条件》《土方机械　排气烟度　第5部分：非公路自卸车测量方法》的编制及其他行业标准的校核工作。

第三节　企业文化与社会责任

柳工矿机作为柳工的控股子公司，认真落实广西机械工业"二次创业"高质量发展规划和公司"十四五"战略部署，树立创新、协调、绿色、开放、共享的新发展理念，加快矿山业务发展，通过技术创新、组织优化、引进人才等手段，在满足社会需求和解决共同挑战中寻找机遇、谋求发展，与利益相关方共享经营价值。

1. 企业文化

柳工矿机传承了广西柳工的核心价值观："客户导向　品质成就未来，以人为本　合作创造价值"，秉持"成为矿山机械行业世界级企业"的愿景，充分利用柳工总部资源和外部力量，探寻企业长期持续经营的方略，持续为用户提供高价值的矿山机械产品和服务，以为所有利益相关方负责为己任，营造共享发展的良好生态。

柳工矿机使命：致力于为用户提供卓越的矿山机械产品及全面解决方案。

柳工矿机管理方针：以人为本，关爱健康；顾客满意，优质业绩；保护环境，节能降耗；守法经营，持续改进。

2. 社会责任

公司在安全管理上，始终坚持"以人为本，关爱健康"的原则，不仅关注员工身体健康,更关注员工健康损害(精神、心理、生理)的不良状态,为员工提供安全健康的工作条件,守护全体员工健康、保障员工劳动安全,是企业最大的责任。

在质量管理上,始终坚持"顾客满意,优质业绩"的原则,让用户满意是柳工矿机的追求,超越用户的满意更是柳工矿机全体人员的永续追求。

在环境管理上,始终坚持"保护环境,节能降耗"的原则,从点滴做起,节约每一度电、每一滴水,在生产过程中减少每一寸材料的浪费,减少排放,防止污染,采用全生命周期环境管理方式,从设计、制造、交付、消费和处置等环节严格控制污染源,节能降耗,防止环境事故转移到生命周期的其他阶段。

在发展环保业务方面,公司加速布局环保产业,投身环境治理业务探索循环经济发展之路;发展清洁能源,助力构建清洁低碳的能源体系;合作开展环境整治,为企业发展注入绿色发展动力。

在贡献行业发展方面,柳工矿机积极加强与各级政府、企业、金融机构、科研院校等利益相关方的合作,汇聚更多资源和力量,实现优势互补,持续推动行业发展。

在服务社区发展方面,柳工矿机积极深入社区,主动了解周边社区公众、弱势群体的需求,提供力所能及的帮助,努力为营造和谐社区贡献力量。

3. 员工发展

在助力员工发展方面,公司积极建立全方位的人才培训体系,丰富培训方式,提升员工的综合素质;持续优化人力资源结构,创新职位体系,完善激励体系,实现员工与企业共同成长,形成柳工特色的人才队伍培养模式,推动公司战略目标实现和可持续发展。同时在国内外持续开展高端人才猎聘工作,引进高水平的管理、技术、营销类人才。

在关爱员工生活方面,柳工矿机积极帮助员工解决工作和生活中遇到的困难和问题,关爱特殊员工;开展员工关怀及各类企业文化主题活动,努力帮助员工实现工作与生活的平衡,让员工能在公司中找到家的感觉。

在丰富员工生活方面,公司积极开展技能竞赛、拓展训练、篮球比赛、关爱妇女活动、摄影比赛等多样化的活动,丰富职工业余生活,提升员工幸福感和满足感。

第六章　哈尔滨博威动力设备股份有限公司

第一节　企业发展简介

哈尔滨博威动力设备股份有限公司（简称博威股份）成立于1996年，是以矿用自卸车研发、制造、销售以及矿山开采与运维服务为主的高新技术企业。博威股份拥有一支高水平的技术研发团队，是行业内最早专业从事运维的服务型企业，实力居行业领先水平，企业信用评价为AAA，并获得多项发明及实用新型专利。博威股份凭借自身实力以及广大用户的充分信任，逐步形成了覆盖全国的矿山服务网络，拥有稳定忠实的用户群体，客户主要有国家能源集团、中国华能集团、中铁建、中铁工、国家电网、徐工集团、三一重工、北方股份等大企业以及各大矿山设备生产集团。博威股份在承接区位优势的同时，积极响应"一带一路"倡议，拓展海外市场，已经初步形成了向中亚、俄罗斯发展的战略规划，业务发展显著。

博威股份发展历程：

1996年3月7日，哈尔滨博威动力设备股份有限公司成立。

2009年6月，博威全资子公司呼伦贝尔市博康机电设备销售有限公司成立。

2011年3月，成为中国中铁集团服务供应商。

2012年3月，成为中国铁建集团服务供应商。

2012年6月，成为中国国电服务提供商。

2012年11月，公司被评为中国成长型中小企业100强。

2013年7月，公司董事长到欧洲考察并与矿山企业达成合作意向。

2013年8月，公司高层领导到蒙古国考察并达成矿山企业合作意向。

2014年6月，成为湘电重型装备集团战略合作伙伴。

2014年9月,成为中铁九局机床设备提供商。

2014年12月,公司获得康明斯公司授予的"标杆经销商"荣誉称号。

2015年9月,提出《非公路自卸车运行维护标准》。

2016年3月,公司正式获得利勃海尔公司代理授权。

2016年5月,公司启动新三板上市程序。

2019年3月,《非公路自卸车运行维护规程》通过审核。

2019年3月,公司完成新三板上市。

2019年10月,公司被评为国家级高新技术企业。

2020年8月,公司总部和生产车间迁入国家自贸区哈尔滨松北片区。

第二节　产品、技术发展

技术创新是公司发展的重要支撑,博威股份通过掌握世界一流技术,整合全球资源,加强技术创新,延伸产业链,提高产品集中度,不断提高核心竞争力和行业影响力,加速智能化转型升级,加快整车制造业务步伐;搭建矿用车资讯服务平台,整合行业流量资讯,开展矿用车线上分销业务,加快智能化建设;同时通过融资租赁公司开展矿用车融资租赁服务,逐渐提高矿用车的销量;通过借助资本市场融资机会,迅速扩大规模,成为高端核心设备运维服务的引领者;通过技术积累,用户沉淀,服务提升,产业多元实现矿山综合承包服务。

2011—2020年,后市场迎来了飞速增长,博威股份产值实现飞跃式增长,2016年、2017年和2018年,3年平均增速达超过25%,2019年4月30日,作为后市场第一股成功登陆新三板。

博威股份拥有"一种变速器壳体消气消水装置"和"发动机连接支架位置度检测量具"等多项发明专利。博威股份通过多年的运维经验积累,以及上千辆矿用车数据参数分析,作为第一起草人在2017年主导编制了《非公路自卸车运行维护规程》团体标准。标准涵盖维保、大修、诊断、大数据管理等板块,于2020年8月1日,正式发布实施,填补了行业标准的空白。博威股份于2019年10月14日,正式取得国家高新技术企业证书。同时,博威股份不断加大研发技术资源投入,实现软硬环境优化,核心运维技术和能力不断升级,为解决就业、保持区域社会稳定、融入经济全球化发展贡献一份力量。

随着整个行业向智能化、信息化、数字化、电动化、无人化发展，后市场也进入新的发展阶段，为向数字化、信息化、智慧化的运维发展，博威股份充分发挥技术和资源优势，开发出矿山核心重型装备运维 5.0 系统，通过增加相应的传感器装置，可以提取各种信号，如振动、噪声、压力等，同时也可以收集历史数据用于进一步的数据挖掘。通信协议，可以帮助用户记录控制信号。面对大数据，运维人员只需从数据中直接查找、分析或挖掘所需要的信息，甚至无需直接接触车辆，该系统将引领行业发展。

第三节　可持续发展

（1）技术价值：增强企业的竞争力和可持续发展能力。研发智能化控制系统、新型材料、燃油节能等技术，对降低能耗、提升操作体验、降低故障率等方面的优化，会显著增强设备的使用价值。

（2）数据价值：企业更好地了解设备使用情况、用户需求、市场变化等信息，为业务决策提供科学依据和数据支撑。通过对数据的深度挖掘和分析，企业可以不断优化自身产品、服务和业务模式，并且通过数据整合以及数据资源商品化，提高企业自身的竞争力和产品市场占有率。

（3）服务价值：提升客户的用户体验和品牌忠诚度。服务内容不断向故障预测、预防性维护等方面发展。通过运维 5.0 实时进行数据采集和分析，预测机器故障、优化设备调度等措施，大幅提升了设备的可用率和维护效率。同时提供专业的售前咨询、售后维修等服务，提高用户的满意度，不断提升矿山工程承包能力。

（4）核心优势：博威股份拥有高效的生产能力、先进的技术标准、严格的质量管理体系、优质的用户服务质量、资源整合能力、矿山工程承包能力。

博威股份秉承"服务社会、客户导向、追求卓越、自我创新"的理念，响应国家"一带一路"倡议，加快转型步伐，业务覆盖全球多个国家和地区，在全球宏大的经济背景下"乘势而上，只争朝夕"，博威股份通过全方位整合中亚、俄罗斯矿产资源，打造东北亚矿业全生命周期服务平台。

第七章　艾里逊变速箱公司

第一节　企业发展简介

艾里逊变速箱公司（简称艾里逊公司）是领先的商用车驱动解决方案设计和制造商，享誉全球的中重型商用车全自动变速器生产商，同时也是改善世界动力领域运作模式的纯电动驱动系统领域的领先者。艾里逊变速器为多种车型配套，包括公路用车（配送车、环卫车、建筑车辆、消防和应急车辆）、客车（校车、城市公交车和长途客车）、房车、非公路车辆和设备（能源、采矿和建筑应用）。艾里逊公司成立于1915年，总部设立于美国印第安纳州首府印第安纳波利斯市。艾里逊公司产品远销150多个国家和地区，区域总部分别设在荷兰、中国和巴西，并在美国、匈牙利和印度设有工厂，包括位于印第安纳州的印第安纳波利斯、密歇根州的奥本山和英国伦敦的全球电气化工程中心。艾里逊公司在全球拥有近1 600家独立分销商和代理商。

艾里逊公司具有完整的设计体系、完善的试验设备及全球售后服务体系和成熟的产品研发改进机制。在传动系统方面有超过百年的经验。艾里逊变速器具有高可靠性和耐久性，提高了车辆的效率、出勤率，降低了修理保养成本，对于非公路矿用车来讲性价比较高。

艾里逊公司的亚太区总部设在上海，特殊装配中心和配件中心设在上海浦东区外高桥保税区，装配中心和配件中心为亚太区用户提供及时和快速的服务，以便满足用户的需求。

第二节　产品、技术发展

1946年，艾里逊公司诞生了第一代非公路用自动变速器，后又推出了公交车、客车使用的公路用变速器，1959 年第一百万台商用艾里逊变速器问世，之后继续深入发展变速器，在矿山机械等领域也开始崭露头角。1970 年艾里逊公司与底特律柴油机公司合并形成底特律柴油机艾里逊。此后，艾里逊公司在公路商用车变速器方面一直发力，为日后变速器龙头企业的地位奠定了坚实的基础。

进入 21 世纪，艾里逊公司注意到混合动力系统的巨大前景，在混合动力方面投入了大量的资金，成功打入混合动力系统市场。2007 年 Carlyle 集团和 Onex 公司从通用汽车公司收购了艾里逊变速箱公司，2012 年艾里逊变速箱公司在纽交所上市，至此正式成为一家上市公司。

艾里逊公司已经成长为商用车 AT 变速器领域的霸主，从引擎到传动，从传统动力系统到混合动力，艾里逊公司的发展贯穿了多个领域，其今天的成功离不开大量的技术储备和创新。作为一家成功的商业公司，注重产业收益并将大部分收益应用于研发和企业发展，从不把自己局限于某一领域是艾里逊公司屹立不倒的秘诀之一，配合精益求精的生产标准和灵活的经营策略，保证了企业生产的产品不被时代所淘汰。

艾里逊产品性能先进，质量稳定可靠，故障率低、耐久性好，在矿山深受用户欢迎。该公司的 4000 宽体矿车系列、5000、6000 至 8000 全系列产品成为非公路矿业的最佳选择。全国众多城市或区域的矿用车车队选择了艾里逊自动变速器：如同力股份、临工、三一、山河巨鼎、徐工、蓬翔、柳工、盛达等。搭载了艾里逊自动变速器的刚性车、宽体车和铰接式自卸车运行于世界各地的煤、铜、金、银、钻石等矿山，在恶劣的矿场工地环境下，每天二三十次坚持不懈地承载着上下陡坡的负重，在最严苛的工况下艾里逊矿用变速器被证明是可靠耐用的。

我国对非公路无人驾驶矿用车的需求不断增加。目前自动驾驶技术在我国采矿业日益普遍，艾里逊变速器符合矿山工况的先进自动控制系统要求，完美契合自动驾驶车辆。搭配了艾里逊变速器的自动驾驶矿山运输自卸车已投入生产。事实证明，艾里逊变速器的经济/动力模式自动切换，下坡车速控制，自动挡位控制和道路适应性，以及极端情况下的安全功能和跛行模式完美适应于无人驾驶平台。

艾里逊公司提供全球最可靠、最有价值的驱动解决方案，可提高用户运营效率。艾里逊自动变速器的不间断动力技术（Continuous Power Technology™）将更多的动力传递到驱动轮，加速更快、换挡更平顺。车辆在重载爬坡时，手动或 AMT 的换挡动力间断，容易换挡不及时甚至可能出现换挡失败，不仅影响车辆性能，还存在一定的安全隐患。艾里逊自动变速器在降挡增扭或者提挡升速时，动力换挡技术实现车辆持续加速，为驱动轮不间断地提供更多动力。斜齿轮可降低噪声和提高载重能力，使车辆快速平稳地运行，提高生产力。"自适应换挡"是提高换挡质量的基本控制功能，不间断监测运行条件，并根据采集到的数据实时调整离合器的释放速度以使换挡的平顺性达到最佳。

艾里逊先进的变矩器技术为车辆带来了更加强劲的动力，为变速器带来了更可靠的性能。变矩器可增大转矩，提高车辆起步能力，有效减少坡道溜车。变矩器的液力传动系统可降低机械冲击，提高发动机和车桥的使用寿命。同时变矩器也避免了手动挡常见的离合器磨损，不仅使变速器变得更可靠，还减少了常规的保养，艾里逊自动变速器只需要定期更换滤芯和油液就能保持最佳性能。

艾里逊变速器高度集成了上百个输入/输出功能，可根据应用场景和用户需求进行选择。倒挡抑制功能，可有效防止车辆大箱举升时，车辆误操作进入倒挡，保障车辆安全。低速坡道辅助功能，可实现闭锁提速和降低热负载。经济/动力模式的自动切换，可自动识别车辆空满载状态，在保障车辆动力性同时，可有效提高燃油经济性。取力器自动控制，对比手动挡的取力器（PTO）操作繁琐，分散驾驶员注意力，取力器的自动逻辑控制功能可以支持取力器挂合、脱离，简化了取力器操作。缓速器集成控制，一体式缓速器便于与整车匹配。其可在作业工况中达到平稳和无噪声的制动效果。可帮助车辆减速并降低制动系统的磨损，与电子制动系统和ABS系统整合，增强车辆脚踏制动的性能。同时具备下坡缓降功能，通过缓速器的自动调节，实现自动恒速下坡。

艾里逊变速器预诊断功能使用户能够最大限度地延长变速器和滤清器的使用寿命，并监控变速器和离合器的健康状况。换挡器可以轻松查阅故障代码，艾里逊变速器易于维护，维修成本低，简单易学，不仅提高了驾驶员舒适度，还让招聘和留用驾驶员变得更加容易。即使经验丰富的驾驶员也得益于艾里逊全自动变速器的精准和简单的操控，每天可承载更多的运输工作。艾里逊变速器改善了世界动力领域的运作模式。

第八章 株洲变流技术国家工程研究中心有限公司

第一节 企业发展简介

株洲变流技术国家工程研究中心有限公司（简称株洲变流中心）于2008年1月注册成立，注册资金2.73亿元，位于湖南省株洲市石峰区，是株洲中车时代电气股份有限公司的全资子公司，株洲变流中心经湖南省科技厅认定为高新技术企业，专业从事变流技术前沿科技研究、模块化设计、核心技术系统化应用。株洲变流中心前身为变流技术国家工程研究中心，于1995年经国家发展改革委批准成立，是我国变流技术领域唯一的国家工程研究中心。

株洲变流中心聚焦电气传动和变流控制两大业务板块，主营产品有矿用车电驱动系统、轧机中压主传动系统、中央空调变频器、船舶变频器、电能质量治理装置、高压变频器等，广泛应用于冶金、矿山、船舶、暖通等国民经济重点领域。株洲变流中心依托轨道交通的核心技术和平台，已建立从器件、装置到系统的完整产业链，整体技术国内领先，部分技术指标达到国际先进，并取得了系列首台（套）业绩突破，实现重大技术装备领域的进口替代和"卡脖子"关键技术的突破。

公司累计投入20多亿元用于产业化基地建设以及制造工艺技术装备的升级换代，制造基地总面积近200hm^2。

株洲变流中心长期致力于变流技术创新，实现了在国民经济重点领域和高端应用场景的业绩突破，成为通用领域的首选供应商、高端领域的优选供应商。公司产品销量逐年稳增，在国内市场排名稳居前列，并出口到澳大利亚、马来西亚、印度等国家和地区，以及中国香港地区。公司与珠海格力、江苏徐工、上海电气、新余钢铁等知名企业建立了长期稳定的战略合作关系。

矿用车电驱系统累计装车 200 余台，为国能准能 9 台大吨位矿用车项目提供电驱动系统，打破了通用电气垄断，国内市场排名第一。轧机中压主传动系统在钢铁冶金轧制生产线实现示范应用，打破 ABB 垄断，国内市场排名第一。中央空调变频器累计装机超 1 100 台（套），应用于人民大会堂、中国尊、港珠澳大桥等高端场所，国内市场排名第一。船舶变频器应用于远洋工程、游船、公务船等高端船舶，实现招商蛇口大湾区系列游船的示范应用，国内市场排名第一。

2021 年，株洲变流中心实现产品销售收入 56 643.82 万元，占主营业务收入的 97%。据中国重型机械工业协会调研，2021 年株洲变流中心的主导产品之一矿用车牵引系统市场占有率为全球前三，全国市场占有率为 67%，居于全国第一。株洲变流中心已经成长为该细分领域的领航企业。随着公司技术持续创新发展，以技术创新驱动企业高质量发展，公司竞争实力将进一步增强，随着海外市场的开拓，未来逐步实现在矿车牵引变流系统细分领域的全球第一。

"十四五"期间，在"双循环""双碳"等国家战略目标的指引下，株洲变流中心将迎来新一轮高速发展机遇。公司围绕湖南省"三高四新"目标，坚持"专精特新"发展思路，加快探索实践低碳减排路径，融入双循环新发展格局，实现业绩快速增长，为我国经济的高质量发展和重大技术装备自主化、数字化、智能化发展贡献力量。

公司致力于满足用户节约能源、降低成本、提高效益的需求，秉承"诚信、敬业、创新、超越"的企业精神，综合运用现代电力电子技术、计算机控制技术、计算机网络技术的先进成果，向用户提供全面的应用解决方案，为创造良好的经济效益和社会效益不懈努力。

第二节　产品、技术发展

株洲变流中心秉持"人才＋创新"和"立足全球，深耕国内"的企业发展战略，充分发挥我国变流技术领域唯一的国家工程研究中心优势，通过技术和服务上的不断创新，已成为具有国际竞争力的变流技术工程研究基地，在我国变流技术和电传动技术领域发挥牵引和导向作用。同时，株洲变流中心是国家高新技术企业、国家工业强基承担单位、国家专精特新重点"小巨人"企业、湖南省企业技术创新中心、湖南省大功率电气传动工程技术研究中心。

株洲变流中心与内蒙古北方重型汽车股份有限公司合作开发大吨位矿用车电驱动系统产品；与华中科技大学、湖南大学、中南大学等重点高校开展产学研合作，共同研发核心技术，共同培养高素质人才，借助高校和科研院所的师资力量提高研发水平，提高成果转化率和产业化水平，多项技术产品突破国外技术封锁，填补了国内空白，打破了国外企业垄断，实现进口替代，技术处于国际领先水平。其中：

（1）首创大功率高性能轧机主传动系统关键技术。攻克三联对称式模块集成、主传动系统高效控制、分布式系统主动保护等关键技术，研制出全球单机容量最大的大功率高性能轧机主传动系统，在广西柳州银海铝业股份有限公司、无锡市硕阳不锈钢有限公司等公司钢铁冶金轧制生产线实现示范应用，打破ABB垄断，国内市场自主品牌排名第一，有力提升了我国冶金加工行业核心装备的自主配套水平。2019年经刘友梅院士、湖南大学汪洢教授等5位专家评价，一致认为成果总体处于国际领先水平，并取得湖南省科学技术成果评价报告。

（2）首创高效能大功率交流传动矿用车牵引系统。首创融合多目标联合参考的防空转、导向自寻优方法、导向驱动一体化等控制技术，攻克矿用电动轮自卸车恶劣工况应用条件下，电驱系统环境适应性等技术难题，研制了60～360t矿用电动轮交流传动电驱系统，累计装车300余台，国内市场排名第一，打破通用电气技术封锁，使我国成为全球掌握矿用车高端装备核心技术的国家之一。2018年经湖南大学罗安院士、国防科技大学邱静教授等专家评价，一致认为成果总体处于国际领先水平，并取得湖南省科学技术成果评价报告。

（3）首创混合动力船舶直流组网电力推进系统。首创具有完全自主知识产权的2MW级船舶直流组网变频配电一体化装置，攻克组网系统能量控制、直流电网稳定性控制、大功率负载投切等技术，设备自主可控率达100%，实现在大湾区系列游船"大湾区一号"双体游船上的示范应用，实现综合节能20%以上，为我国水路交通绿色发展提供了自主可控的核心装备。2020年经同济大学郭其一教授等5位专家评价，成果技术达到国际领先水平，并取得中国中车股份有限公司科学技术成果评价报告。

（4）攻克磁悬浮轴承的高速永磁变频传动系统核心关键技术。攻克基于磁悬浮轴承的高速永磁变频传动系统核心关键技术，首创全球首套200kW中央空调磁悬浮一体机，突破国外技术壁垒，打破国内高端磁悬浮市场长期被外资品牌垄断的局面。中央空调变频器累计装机超1 100台（套），应用于人民大会堂、中国尊、港珠澳大桥等场所，湖南省市场排名第一。

2001—2021年创造多项国内首台、业内第一、替代国外进口技术，主要有国内首台200Mvar SVC装置、永磁矿用车电驱系统、35t巨型装载机电驱系统、大吨位400t矿用车牵引系统、双源动力＋混合动力矿用车电驱系统、高效永磁同步变频中央空调离心式冷水机组驱动变频器、光伏直驱中央空调离心机系统驱动变频器、冶金轧机用中压交直交主传动装置、轧机34MV·A热轧中压变频器、全球首套船舶直流组网装置。实现重大技术装备制造业关键部件及系统的进口替代和"卡脖子"技术突破，填补了国内高端装备应用领域的空白，助力智能制造强国建设。

株洲变流中心坚持以市场为导向，推动市场与技术管理的深度融合；以用户为中心，专注市场价值创造，引导技术管理资源的优化配置。加强技术工作的制度化、标准化管理。株洲变流中心以技术为研发对象，以组织研发流程为基础，在组织管理下，应用管理技术与工具对技术研发涉及的全部工作进行有效管理，以达成研发目标，为科技创新战略的落地实施提供支撑。

1. 新技术开发管理

结合市场需求及公司战略规划，关注市场发展趋势，并与技术开发紧密配合，逐步推进。

（1）结合公司战略规划、业务需要，理解技术需求，进行关键技术验证、技术路线实时评估等。

（2）集中优质研发资源，进行关键技术突破。

（3）把握业界发展趋势，对技术发展趋势和潜力不断进行评估，配合产品进度，分阶段推进，快速推进应用前景明确的技术产品化，并做好支撑与服务。

2. 技术研发管理

（1）技术研发过程管理。公司建立专业的管理支持团队，通过形成技术研发项目立项、策划、监控及结项管理制度，从项目范围、时间、成本等维度，明确项目及项目过程管控要求。

（2）多技术研发管理。为了实现业务战略目标，把多个相关联的技术研发项目进行整合，经过协调管理，获取单独管理时无法获取的收益和无法实现的进度控制，使得成本、进度和工作被优化和集成。

3. 技术应用与扩散管理

（1）技术市场化应用。建立科技创新成果的市场转化高效机制和流程，推动技术优势及时转化为产品优势和市场优势，获取市场利润。

1）对于直接来自产品开发需求的技术创新，在规划立项阶段就与产品开发规划紧密配合，与市场、销售紧密联系，与供应商建立紧密的沟通渠道，充分考虑市场需求和工程设计、制造工艺的需要，进行工程样机开发，与产品系统匹配集成。

2）对于探索性预研项目，积极推动技术演示系统开发，拓展应用机会，开发产品概念模型，寻找潜在应用用户进行验证，为后续进一步设计商业计划和商业模式，形成新的商业机会提供基础条件。

（2）技术成果扩散。建立公司内部技术扩散机制，促进技术、知识的共享和技术能力强化，提升技术成果在公司内部的溢出效应和应用价值。技术能力强化是指将现有技术应用到新业务领域。有效促进上下游产业、区域、公司内部整体技术水平和生产力的提升。

1）建立公司内部跨部门、跨领域的交流和共享机制。

2）通过项目合作、技术推介、经验交流、技术开放日等多种渠道，以及共用模块构建、设计经验传承、人员交流等形式，促进技术的扩散。公司通过立项、策划、执行与监控及结项管理过程，形成技术研发管理集合管理机制，通过识别、选择、优先级排序、治理以及监督，形成技术研发组合管理机制，获得多技术研发集成管理增量收益，实现组织产品战略目标、科技战略目标等特定的组织目标。

（3）质量管理。株洲变流中心坚持"完善知识共享平台，提升技术创新能力；立足过程量化分析，建立生命周期管理；坚持科学预防改进，强化质量安全意识；贯彻细节做绝理念，追求顾客公众满意"的质量方针，依据 ISO 9001：2015 质量管理体系等标准要求，不断探索，持续改进，通过一系列的保证机制使产品从设计到交付的各个环节和过程得到有效控制。

公司开发 IPD 集成产品开发体系，实施质量保障计划及项目过程 TR 审核。通过实施供应商与供应商签署供应商合作协议、供应商理赔条款等质量协议进行供应商关系管理，项目开发过程实施过程审核、首件检验等手段，以确保系统产品整体质量提升。在产品管理上，要了解制程和体系，在此基础上进行管理；以用户需求为中心，对配套企业、大用户进行更高质量管控，指定专员管理，直接与大用户进行对接，实现批量供货管理。

株洲变流中心开发了共享的质量信息平台、采购和供应商管理平台、生产制造过程的质量信息数据库、过程质量信息数据库、质量管理信息系统（QMS）、产品生命周期管理系统（PLM）等平台。公司通过各项体系认证和过程的有效监控初步建立并健全了涵盖从市场营销、设计开发、采购、生产制造、产品服务等产品全生命周期完整的质量管理和保证制度体系。通过执行严格有效的评审、检验和服务标准，保证产品全生命周期质量安全。

产品质量数据监控系统见图4-30。

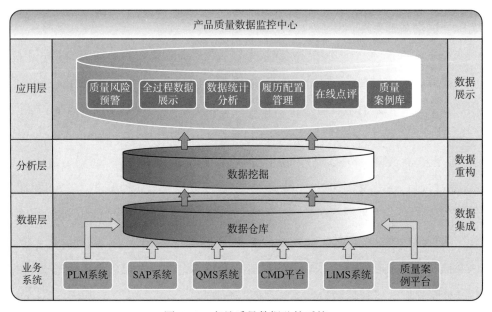

图4-30　产品质量数据监控系统

（4）售后服务。株洲变流中心始终坚持"快速、有效、满意"的服务理念，在第一时间响应用户需求，规范有序地为用户提供全方位服务，依托株洲变流中心总部服务管理模式，深度考虑用户个性化要求，全力满足质量、效率、服务、成本等各方面需求，努力成为行业内首选服务供应商及服务解决方案提供者，为用户提供完美的产品体验和全方位的服务保障，并持续为公司及用户创造价值。

株洲变流中心深入开展人才梯队建设。全力落实"两极分化"，多措并举培养售后服务技术专家，通过"师徒制"、部长负责制、供应商帮扶等多种形式有针对性地培养管理、技术人才，打造精兵强将的人才队伍，并实现现场作业人人持证上岗。

株洲变流中心高度重视用户的意见，始终将持续提高产品及服务质量，不断提升用户满意度作为奋斗目标。运用问卷调查、用户走访、电话询问、产品推介会等形式，了解用户对企业产品和服务的意见、建议，并及时采取相应措施加以改善，推动产品和服务品质的持续改进。

4. 10年内推出的产品品种型号、性能特点及销量

变流技术国家工程研究中心（简称国家变流中心）依托中车时代电气建立轨道交通变流技术平台，国家变流中心以变流及控制技术为核心，通过电力电子器件实现电能变换和控制，为工业装备提供绿色、安全、高效、可靠的核心动力。经过多年的持续研发与投入，国家变流中心在变流及控制装置的研制方面具有雄厚的实力和丰富的经验，目前产业聚焦电气传动和工业变流两大产品线，应用范围广泛，覆盖矿山、海洋、暖通、冶金、新能源等多个国民经济重点领域。主要产品包括：矿用车电驱系统、船舶变频器、中央空调变频器、轧机中压传动变频器、电能质量治理装置、高压变频器、风电变流器、光伏逆变器等。依托轨道交通的核心技术和平台，国家变流中心已初步建立了从低压到高压、从小功率到大功率、从地面到海洋应用的变频器产品平台，整体技术达到国内领先，部分技术指标实现国际先进，并积累了丰富的工程化应用经验，取得了系列首台（套）业绩突破，实现多个高端领域的进口替代，打破了国外垄断，解决了"卡脖子"技术问题。

作为国家高新技术企业、国家重点"小巨人"企业、湖南省企业技术创新中心，国家变流中心基于永磁同步传动系统的转子位置获取方法及装置荣获中国发明专利奖，大功率交流传动矿用电动轮电驱系统研究及应用荣获湖南省科技进步奖，大功率高性能轧机主传动系统关键技术及应用荣获湖南省技术发明奖。在矿用车领域承担了多项国家项目，承担的国家项目见表4-8。

表4-8 承担的国家项目

序号	承担的国家项目名称	备注
1	国家强基工程："电动轮电驱动系统"	2019年工业和信息化部重大项目
2	智能电驱动重载车辆平台关键技术研究与示范应用	2021年科技部重点研发项目
3	非道路车辆大功率电驱动传动系统关键技术	2022年在申请"十四五"重点研发计划
4	大型矿用车电驱动系统开发	2021年内蒙古揭榜挂帅项目
5	徐工集团配套高能效矿用永磁电驱系统研究与开发	2019年中车重点项目
6	大吨位交流传动电动轮自卸车关键技术研究	2020年中车重大项目
7	110～360t交流传动电动轮自卸车电气电驱系统	2021年中车重点项目
8	铰接车电驱动系统研制和系列化研究	2017年中车重点项目
9	220～240t交流传动电动轮自卸车变流器	2014年中车重点项目

国家变流中心非常注重研发、产业化能力的建设，95%的科技成果均转化为生产力。国家变流中心拥有国内最领先的功率器件设计、研制、应用团队。国家变流中心现有正高级工程师5人、副高级工程师20人、中级工程师138人。主要从事工程机械电气控制技术、测控技术、大功率半导体器件技术、列车控制技术、变流技术、车载控制诊断技

术、通信与信息技术设计、制造，器件封装、测试、模块组装与制造，系统应用等。

2011—2012年，国家变流中心基于中车时代电气建立轨道交通变流技术平台，将轨道交通变流器技术成功应用于民用工业市场，对标通用电气和西门子两大国际巨头，自主研发出适用于220t级矿用车的牵引系统，并在别拉斯220t矿用车电驱系统改造项目上成功应用，标志着国家变流中心正式进入电动轮矿用车领域。作为国产品牌，相比进口品牌具有生产周期较短、成本低、"保姆式"售后服务、可完全根据用户需求定制化开发等优势，获得了用户的认可。

2012—2013年，成功研制出适用于110t级两轮驱动、四轮驱动矿用车的牵引系统，并实现了小批量应用。助力徐工集团110t高原型矿用车在西藏巨龙矿区运行，通过了5 500m高海拔和雪地工况考核，运行稳定。助力航天三江集团110t四轮驱动矿用车在内蒙古呼伦贝尔运行，通过零下40℃极寒考验，运行稳定。国家变流中心过硬的产品品质、优质的售后服务以及低的全生命周期成本，获得用户认可和信赖。2017年，110t矿用车牵引系统实现大批量应用，出口澳大利亚库博佩蒂矿区，矿区最高温度达到50℃，产品运行稳定。

2014—2016年，完成矿用车牵引系统风冷主辅一体式、水冷主辅一体式两大平台研发，适用于60t、90t、150t、170t矿用车牵引系统，实现应用，并完成300t级、400t级矿用车牵引系统开发。

2017—2019年，响应国家节能减排、绿色矿山政策，成功研制出适用于50t纯电动力的牵引系统与110t级矿用车永磁驱动牵引系统，并在云南文山成功实现应用、投运。纯电动力与柴油动力相比，平均节能超过20%，在文山重载下坡的工况下，节能可以达到90%。永磁电驱系统与普通电驱系统相比，永磁电机和永磁发电机的效率均可以提升4%~5%，电驱系统效率整体提升10%以上。

2020年，国家变流中心矿用车电驱系统的牵引系统产品形成谱系，覆盖50~400t矿用车电驱系统，与通用电气、西门子同台竞标，新造与改造并举，实现了大吨位小批量突破。

经过多年的技术沉淀，国家变流中心攻克了工况适应性技术、大吨位电驱动系统关键控制技术、矿用车辆电驱动系统管理技术、整车电子差速策略、励磁控制高效控制技术、电励磁异步电机控制策略、空转防滑抑制、控制参数分离技术、整车网络实时控制技术、整车智能故障保护策略、IGBT器件并联技术、功率元件集成技术、传动控制技术、便捷的调试技术、牵引系统宽开关频率调制技术。具有成熟的矿用车电驱动系统解决方案，构建了电动轮矿车领域专业化的生产制造和检测试验平台，培育形成从核心元件、部件、整柜,到系统及其应用的完整产业链。

国家变流中心自2012年进入电动轮矿用车领域以来,已获得400余台50~360t电驱系统批量订单,实现了小吨位电动轮矿用车电驱系统完全国产化、自主化。国家变流中心自进入电动轮矿用车领域,累计为项目研发投入5 000万元,形成固定资产投入1 000万元,其他相关资金累计投入3 000万元,开发了50~400t电动轮矿用车电驱动系统,并得到小批量应用,积累了一定的矿山应用经验,大量的资金投入及国家变流中心强大的研发能力,使国家变流中心研制的中小功率电动轮矿用车成为国产标杆,成功建立起民族品牌,为后续研发大功率电动轮矿用车打下了坚实基础。

主要产品如下:

(1)矿用车电驱系统。国家变流中心自主研发了适用于150t级、220t级、260t级、330t级矿用车的电动轮电驱系统。

主发电机采用无刷励磁方式,主发电机的三相交流电能经过电控柜的整流单元变换为直流电能,经过逆变单元的VVVF变换后,再驱动轮边电机。整车电制动时产生的能量,由制动电阻以热量的方式消耗在空气中。

电驱系统电气控制柜采用水冷自冷却或者强迫风冷方式,发电机采用自通风冷却,其余各个部件都采用交流风机进行冷却。相比直流风机,交流风机具有结构简单、使用寿命长、维护工作量少等优点。采用交流辅助传动系统驱动交流风机,从电驱系统的直流侧获得电能,经过DC/DC变换,再由辅助逆变单元提供VVVF电源,驱动交流风机。

电驱系统的先进性:①采用交流风机冷却。交流风机具有结构简单、使用寿命长、维护工作量少等优点,特别是相比直流风机,不需要定期换电刷、除尘等维护工作,成本及维护成本大大降低。②在制动工况,利用制动能量驱动交流风机,该电驱系统具有较高的节能效果。③在制动工况,发电机不需要出力,因而可以将发动机转速控制在较低转速,减少发动机油耗,进一步提高了该电驱系统的节能效果。④各个部件的风道,不需要耦合的长机械风道,整车的设计、维护较为简便。⑤所有部件都完全国产化、自主化,具备自主知识产权。各个部件根据整车性能要求进行优化设计,实现电驱系统部件之间、电驱系统与整车之间的最佳匹配。

330t级矿用车电驱系统已完成10台(套)装车,在准能公司黑岱沟煤矿运行考核;260t级和220t级矿用车电驱系统已累计完成15台(套)装车,其中5台(套)已正式投入运行;150t级矿用车电驱系统已完成30台(套)装车,1台已完成运行考核,在澳大利亚某煤矿执勤。330t级矿用车电驱系统主要参数见表4-9。260t级矿用车电驱系统主要参数见表4-10。

表4-9 330t级矿用车电驱系统主要参数

部件名称	项目	主要参数
发电机	额定容量	2 230kV·A
	额定电压	AC1 300V
	额定电流	2×498A
	质量	4 800kg
	外形尺寸	≤1 543mm（长）×1 074mm（宽）×1 195mm（高）
变流器	输入电压	AC200~1 300V
	中间电压	DC1 700V
	输出电压	AC0~1 250V
	额定输出电流	2×900A
	最大输出电流	2×1 500A
	质量	3 300kg
	外形尺寸	3 578mm（长）×1 470mm（宽）×1 839mm（高）
	辅助变流器输出	0~440V，2×100A
电动轮	减速器传动比	32.62
	牵引电动机额定功率	1 030kW
	牵引电动机额定电压	825V
	牵引电动机额定电流	745A
	总成重量	23 800kg
制动电阻	制动功率	额定4 200kW 短时4 400kW（持续1min，间隔10min）
	交流风机电动机额定功率	48kW
	风机额定电压	AC440V/60Hz
	重量	2 300kg
	外形尺寸	1 864mm（长）×1 600mm（宽）×1 750mm（高）
冷却风机	电动机功率	25kW
	额定电压	AC440V/60Hz
	转速	2 900r/min
	风量	3.5m³/s
	全压	5 200Pa

表4-10 260t级矿用车电驱系统主要参数

部件名称	项目	主要参数
发电机	额定容量	1 890kV·A
	额定电压	AC1 300V
	额定电流	840A
	质量	4 300kg
	外形尺寸	1 814mm（长）×1 214mm（宽）×1 230mm（高）

（续）

部件名称	项目	主要参数
变流器	输入电压	AC200～1 300V
	中间电压	DC1 700V
	输出电压	AC0～1 250V
	额定输出电流	2×750A
	最大输出电流	2×1 400A
	质量	2 600kg
	外形尺寸	3 150mm（长）×1 259mm（宽）×1 904mm（高）
	辅助变流器输出	0～380V，4×100A
电动轮	减速器传动比	31.875
	牵引电动机额定功率	763kW
	牵引电动机额定电压	750V
	牵引电动机额定电流	730A
	总成重量	13 000kg
制动电阻	制动功率	额定 3 000kW 短时 3 200kW（持续 1min，间隔 10min）
	交流风机电动机额定功率	35kW
	风机额定电压	AC440V/60Hz
	重量	2 200kg
	外形尺寸	3 000mm（长）×1 234mm（宽）×1 150mm（高）
冷却风机	电动机功率	30kW
	额定电压	AC440V/60Hz
	转速	2 900r/min
	风量	4.03m^3/s
	全压	5 593Pa

（2）矿用车牵引系统

1）tPower-TC5

主要参数：输入电压范围 3AC200～690V，额定输入电流 475A；输出电压范围 3AC0～690V，额定输出电流 6×150A。外形尺寸（长×深×高）：1 490mm×996.5mm×1 370mm。

本产品适用于 60t 六轮驱动铰接车，完成装车 2 台（套）。

2）tPower-TC13

主要参数：输入电压范围 3AC200～690V，额定输入电流 550A；输出电压范围 3AC0～690V，额定输出电流 6×180A。外形尺寸（长×深×高）：1 393mm×1 240mm×1 400mm。

本产品适用于 90t 六轮矿用自卸车，完成装车 21 台（套）。

3）tPower-TC10

主要参数：输入电压范围3AC200～1 170V，额定输入电流500A；输出电压范围3AC0～1 170V，额定输出电流4×250A。外形尺寸（长×深×高）：1 725mm×1 071mm×1 607mm。

本产品适用于110t四轮驱动矿用车，完成装车6台（套）。

4）tPower-TC16

主要参数：输入电压范围3AC200～1 170V，额定输入电流450A；输出电压范围3AC0～1 170V，额定输出电流4×400A。外形尺寸（长×深×高）：1 725mm×1 071mm×1 607mm。

本产品适用于110t两轮驱动矿用车，完成装车超过300台（套）。

5）tPower-TC42

主要参数：输入电压范围3AC200～1 300V，额定输入电流2×259A；输出电压范围3AC0～1 250V，额定输出电流2×400A。外形尺寸（长×深×高）：2 354mm×1 666mm×1 670mm。

本产品适用于150t两轮驱动混合动力矿用车，完成装车20台（套）。

6）tPower-TC8

主要参数：输入电压范围3AC200～1 170V，额定输入电流730A；输出电压范围3AC0～1 170V，额定输出电流2×600A。外形尺寸（长×深×高）：1 940mm×870mm×1 365mm。

本产品适用于170t两轮驱动矿用车，完成装车1台（套）。

7）tPower-TC18

主要参数：输入电压范围3AC200～1 170V，额定输入电流2×460A；输出电压范围3AC0～1 170V，额定输出电流2×600A。外形尺寸（长×深×高）：2 400mm×947mm×1 680mm。

本产品适用于220t两轮驱动矿用车，完成装车5台（套）。

8）tPower-TI60

主要参数：输入电压范围3AC200～1 170V，额定输入电流2×550A；输出电压范围3AC0～1 250V，额定输出电流2×764A。外形尺寸（长×深×高）：3 200mm×1 255mm×1 894mm。

本产品适用于260t两轮驱动矿用车，完成装车15台（套）。

9）tPower-TC9

主要参数：输入电压范围 3AC200～1 300V，额定输入电流 2×500A；输出电压范围 3AC0～1 250V，额定输出电流 2×1 000A。外形尺寸（长×深×高）：2 850mm×850mm×1 730mm。

本产品适用于 300t 两轮驱动矿用车，完成装车 2 台（套）。

10）tPower-TI61

主要参数：输入电压范围 3AC200～1 300V，额定输入电流 2×500A；输出电压范围 3AC0～1 250V，额定输出电流 2×1 000A。辅助变流器：输出电压 AC0～440V，额定电流 2×100A。外形尺寸（长×深×高）：2 850mm×850mm×1 730mm。

本产品适用于 330t 两轮驱动矿用车，完成装车 10 台（套）。

5. 国家及省部级技术中心

株洲变流中心前身为变流技术国家工程研究中心（见图4-31），是我国变流技术领域唯一的国家工程研究中心，以提升我国变流技术的自主知识产权和核心竞争能力为使命，在我国变流技术和电传动技术领域发挥着牵引和导向作用。

图 4-31 株洲变流中心前身

（1）科研试验设备。自株洲变流中心公司成立以来，先后通过了 ISO 9001—2015 质量管理体系、ISO 14001—2015 环境管理体系、ISO 45001—2018 职业健康安全管理体系、一级质量安全国家标准企业认证，建立了变流技术应用实验室、变流技术综合实验室、控制技术与计算机控制系统开发实验室、电磁兼容性实验室、冷却技术实验室、中高压动态功补实验室，拥有高压软起动型式试验台、高压变频器试验台等大批先进试验设施和专业化生产制造基地。

1）电磁兼容实验室。电磁兼容实验室具备开展磁场强度、电磁辐射、电源端骚扰电压、骚扰电流等试验的能力，EMI试验系统试验频率范围达18GHz；EMS试验系统频率范围达8GHz，可开展30V/m的射频电磁场辐射抗扰度测试，覆盖了4G及5.8G领域，试验能力行业领先。其中10m法半电波暗室满足变流器、机车空调等大型设备吸波暗室测试需求。

2）气候环境试验能力。气候环境试验系统能按国家标准和IEC标准开展电工电子产品的温度（温度变化、温度冲击）、恒定湿热、交变湿热、积冰、盐雾、防尘防水（IP68及以下等级）、工作性能、绝缘耐压、温升等试验，具备质量6 000kg、发热量150kW变流器在高低温环境下开展全功率特性试验的能力。

3）力学环境试验能力。力学环境试验系统满足机车车辆的牵引电气系统与设备、网络控制系统与设备等产品的振动、冲击试验需求，可进行设备运行现场的振动测试和数据分析。部件级环境与可靠性试验项目全，试验能力行业领先。

4）中高压动态功补实验室。中高压动态功补实验台具备开展1.14kV、3.3kV、6kV、10kV电压等级内功能性试验能力。

5）高压变频器实验室。高压变频器实验台具备开展10kV电压等级功能性及研究性试验能力。

（2）研发能力。株洲变流中心现有员工186人，研发团队共92人，其中：本科以上学历占比98%、硕士以上学历占比40%、35岁以下人员占比60%，是一支高学历、年轻化团队，有很强的专业能力和创新能力，为研发机构的成果输出提供了保障。

（3）科研投入情况。株洲变流中心一贯重视技术创新工作，大力营造崇尚科学、开放包容、自立自强、永不满足的科技创新氛围，不断加大研发和创新投入。近3年研发支出占比分别为4%、14%、11%。近10年不断投入技术开发仪器设备装置，先后研发了200多个项目，承担政府部门科研项目15个，取得专利198项，其中发明专利134项。

6. 科研成果

株洲变流中心充分发挥我国变流技术领域唯一的国家工程研究中心优势，实现前沿技术、核心技术系统化、模块化研究及其相关产品的开发，提升我国变流技术与电传动技术的自主知识产权和核心竞争能力，进一步稳固其在高端工业变流器领域的领导地位。

株洲变流中心拥有授权专利220件（其中发明144件）。主持或参与制修订国家、行业标准11项（其中国家标准4项），承担国家、省部级课题30余项，荣获省部级以上科技奖31项，其中国家科技进步奖3项，得到社会各界的高度认可。

第三节　企业文化与社会责任

株洲变流中心以"举旗、铸魂、立道、固本、导行、塑形、强基、聚力"十六字为目标，培育"责任为本，成事为先"的核心企业品牌理念，高举战略之旗，铸造企业之魂，确立经营之道，牢固以创造价值为本，塑造企业形象，夯实管理基础，聚集企业之力，树立了科学的经营理念和良好的国际品牌形象，推动公司健康快速发展。

价值观：正心正道，善为善成。

定位：聚焦工业电气传动产业，矿山、冶金、空调、船舶四大行业。

使命：为工业装备，提供绿色、高效、安全、可靠的核心动力。

愿景：成为行业领先的工业传动产品及系统解决方案首选供应商。

1. 企业文化建设

开展丰富多彩的企业文化建设活动。公司抓好正面宣传引导，传承企业文化精神。公司始终围绕中心工作开展宣传工作，创新载体、贴近一线、积极策划、深度挖掘，传播积极向上、拼搏进取的正能量。通过开展视觉识别系统（VI）整改等一系列品牌管理工作，落实"同一个中国中车"品牌理念。积极参加 SNEC 上海光伏展，北京国际风能展，中国制冷展，宁夏中阿博览会，冶金、光伏行业论坛等展会会议，提升品牌影响力。

抓好群团活动，增强队伍凝聚力。公司认真落实"党建带工建、促团建"方针，充分发挥参与、维护、建设、教育作用，积极拓宽民主渠道、注重维护员工权益。主动询问困难员工状况，了解员工需求，积极响应员工诉求；通过"冬送温暖、夏送清凉"等方式，落实帮困救扶各项措施。通过丰富多彩、健康向上的群众性文体活动，丰富员工业余文化生活，提升员工自豪感和幸福感，激励员工积极投身公司新发展。团支部紧扣"服务企业、服务青年"两条主线，积极发挥团组织"引领、纽带、协助"作用，帮助青年员工坚定信念，明确使命，勇担责任，为公司的持续发展贡献强大的青春正能量。

2. 企业社会责任

株洲变流中心秉承以科技成就国家、社会、客户和员工的企业宗旨，以振兴民族工业为己任，坚持"唯实、尊重、创新、成事"的企业精神，勇于承担社会责任，积极回报社会。

诚信守信，建立优等经济信用体系。公司建立了完善健全的财会和合同审计制度，被地方税务局认定为纳税免检单位和纳税行为最好的A级单位,连年荣获湖南省重合同守信用单位,具有优良的市场信誉度。公司拥有良好的银行资信度,连年被评为银行AAA级单位。积极依法纳税,连续多年被评为纳税先进单位。

保护环境,谱写绿色发展篇章。公司以创新为动力,大力发展工业变流、工业传动、船舶等战略性新兴产业,为社会提供绿色、节能传动装备。通过清洁生产、技术创新和清洁投入,全面提高生产现场环保水平;通过推行节能减排、能量系统优化、提高设备效能等节能减排工程,实现"三废"排放全面达标,实现企业与环境和谐发展。

心系大局,服务国计民生。公司以一流的绿色产品、一流的卓越服务和"零投诉、零故障"的完美表现,践行社会责任。同时,公司的持续快速发展带动了周边机电、电子元器件、冶金等多个配套产业的发展,为长株潭区域经济发展做出了重要贡献。公司热心公益,凸显文明企业形象。积极参与脱贫攻坚、希望工程、扶贫送温暖、党建帮扶、拥军优属等公益活动工作,努力实现企业发展与社会进步的和谐共荣。积极履行中央企业责任与担当,联合产业链企业向新冠疫区捐款1000万元,为疫情防控和脱贫攻坚贡献力量。

第四节 企业人才队伍

人才队伍是公司的核心竞争力,在企业发展过程中发挥着极其重要的作用。株洲变流中心始终注重人才的培养和人才队伍的建设,基于公司的定位和发展战略,以绩效管理优化为主线进行赋能和实践,重点在业务化战略以及建设数字化电气项目上实施。公司组织开展了后备资源池培养、启航基层骨干培养、基于业务场景的岗位成功画像构建和落地培养、国际化人才平台等多项人才培养活动、百师百课师课同建,打造了后备人才队伍、国际化人才队伍、专业人才(营销、技术、专业管理等)队伍、内训师队伍等多支核心人才队伍。公司在培训管理与体系建设上不断创新,基于广泛的培训需求调研,课件、授课等资源开发与任职资格强对应,有效牵引积累组织资源,通过内外聘讲师,送出去、请进来,组织开展多元化培训。同时,从组织层面确保培训项目落地;自主设计基于岗位、胜任力、职业发展三个层面的学习地图,整合内外部课程资源,帮助员工提升学习的动力、能力与毅力,使员工学习更具针对性和方向性。同时,围绕培训分类分层分级培训体系,打造公司培训品牌,树立培训发展中心在员工、客户及外部企业中的品牌形象。

公司人才培训体系核心思想是"满足战略需求，规划组织能力，强化内驱机制，加速培训转化"，使公司的培训切实发挥对组织能力提升和战略目标达成的双向驱动作用。

满足战略需求——就是以战略为导向，以战略目标达成对员工能力需求为培训工作的抓手。

规划组织能力——就是以株洲变流中心现有的人才能力水平和现状为基础，以战略对能力的需求为目标，前瞻性地进行组织能力发展规划，以此指导株洲变流中心培训工作。

强化内驱机制——就是抓住培训与任职资格、员工发展、薪酬分配、绩效驱动的内在关系，建立内部联动驱动机制。

加速培训转化——就是以培训为切入点，着力于组织能力提升，落脚于组织绩效和组织管理改善。

公司每年投入大量培训经费用于员工教育，目前公司拥有一个环境优雅、功能完备的培训中心，内含多媒体教室、语音教室、电子阅览室等。组织类别多样的培训，如新员工入公司培训、领导力培训、后备人才培训、专业技能培训、国际化人才培训、岗位任职资格培训等。

第九章　青岛泰凯英专用轮胎股份有限公司

第一节　企业发展简介

1. 企业改革创新发展状况

青岛泰凯英专用轮胎股份有限公司（简称泰凯英）成立于2007年，一直专注于全球矿业、建筑业轮胎市场，根据用户对于各类特定场景化需求进行研发设计，提供专业的产品方案及本地化服务，致力于为全球的矿业和建筑业用户提供专用、省心的轮胎解决方案。

泰凯英在发展中兼顾国内市场与海外市场，目前已服务全球100多个国家和地区的矿山和建筑用户，为全球知名矿山企业和设备制造商提供优质服务。时至今日，泰凯英已成为国内唯一一家同时为徐工集团、三一集团和中联重科三大中国工程机械制造商提供中国轮胎的品牌。在海外市场，泰凯英为利勃海尔、多田野德马格、杰西博等40多家世界知名工程机械制造商提供轮胎服务，同时赢得了力拓集团、嘉能可、必和必拓、淡水河谷等国际一流矿业公司的认可。

公司在国内工程子午线轮胎领域形成了领先的行业地位，根据中国橡胶工业协会轮胎分会的调研及统计，公司2021年工程子午线轮胎的国内市场占有率约为10%、总体位列中国品牌第三名，其中内销市场占有率和出口市场占有率均位列第三名。

泰凯英为全球用户提供更优质的服务，泰凯英重点发展当地经销商，服务商从曾经的零散状、碎片化逐步实现规模化、固定化、长期化。

泰凯英自创立之初就坚持技术立企的原则，在发展中不断借助技术人才和技术创新，聚焦矿业、建筑业细分轮胎市场，为更多不同需求的客户、用户，提供更多更有价值的服务。公司成立14年以来，在组织架构、企业战略、经营模式方面经过多次变更，但技术立企的初心从未改变。

2. 发展变迁

（1）2007—2010年探索期。公司开发了第一代工程机械用途系列轮胎，包含刚性自卸车轮胎、铰链式自卸车轮胎、井下车辆轮胎、轮式装载机轮胎、起重机轮胎、高铁建设用轮胎等，成为当时国内工程子午线轮胎品种最齐全、花纹最多的品牌之一。公司产品初步进入工程机械配套领域，公司在该阶段实现了对摩克西（MOXY，现代DOOSAN斗山）的轮胎产品配套，成为泰凯英配套发展史上的第一个里程碑。

（2）2010—2015年飞跃期。公司为30多家世界知名工程机械制造商提供配套服务。产品逐步配套利勃海尔装载机、阿特拉斯·科普柯井下设备、山特维克井下设备、特雷克斯（现多田野德马格）全路面起重机、豪士科机场消防车特种设备等。在该时期，公司启动宽体车轮胎项目、大型刚性自卸车轮胎项目。同时，第二代全路面起重机轮胎ETCRANE、铰链式自卸车轮胎PROADT、轮胎智能管理系统TTPS上市。

（3）2016—2020年聚焦期。泰凯英进入业务全面发展期：矿山用途上，第二代井下铲运机轮胎PROLHD、宽体自卸车轮胎SUPER ETOT、刚性自卸车轮胎SUPER系列、第三代铰链式自卸车轮胎SUPER ADT上市，同期大型刚性自卸车轮胎项目取得进展。泰凯英宽体车轮胎在多个细分场景得到验证，配套国内如三一重工、徐工集团等工程机械设备制造商。同期在刚性自卸车、装载机和井下车辆等矿山用途轮胎上与力拓集团、智利铜业签署全球战略合作协议，获得行业内的高度认可。建筑用途上，起重机轮胎ETCRANE产品性能达到国际一线水平，开始在马尼托马克进行实车测试，是我国轮胎企业中为世界前十全地面起重机设备企业配套最多的公司。智能轮胎管理系统泰科仕上市，标志着泰凯英在智能轮胎的研发应用上迈出了第一步。在此期间泰凯英荣获中国工程机械零部件供应商100强称号，入围2020中国零部件应用案例TOP50、全球工程机械零部件优质供应商50强等奖项称号。

（4）2021年至今深耕期。公司业务实现突破，公司起重机产品达到国际先进水平，通过了马尼托马克测试并成为合格供应商，为我国自主知识产权产品走向世界迈出坚实的一步，成为建筑细分领域行业隐形冠军。第二代宽体车轮胎上市并获得市场验证，在宽体车一般场景矿山、高速长运距矿山等细分场景验证其性能达到国内先进水平。井下车辆轮胎在国内外多个矿山得到验证，性能达到或超过国际一线轮胎水平。大型刚性自卸车轮胎项目逐步成熟，通过淡水河谷和嘉能可供应商审核并逐步在全球多个地区启动合作。公司各项产品均取得了长足发展。

3. 管理状况

（1）商业模式创新和迭代。泰凯英成立初期，采用聚焦微笑曲线两端的商业模式，聚焦资源创立自主品牌，通过着力打造自主品牌来赢得发展，同时，公司采用轻生产设备投入，将生产环节进行外包，在把握设计和研发这一关键环节的同时，注重品牌营销与塑造。

随着用户需求的不断升级，泰凯英考虑如何更好地为用户创造更多价值。公司主动转型打造"铁三角"核心竞争力，在"铁三角"里，本地化组织能有效开展市场洞察，调研和掌握多种场景化要素、明确用户对轮胎性能的要求，将需求并入 IPD 研发流程管理，保证开发出与用户需求、场景要求相匹配的产品；同时，通过本地化服务和渠道体系，一方面保证用户的供应需求和产品需求得到快速响应，另一方面为用户提供全生命周期服务，保证产品性能得到有效发挥、助力产品持续升级，让用户体验更省心的服务。

（2）技术管理制度改革。2007—2019 年：以产品为中心的传统研发模式。泰凯英传统的研发模式是以产品为中心，追求产品规格种类齐全，关注产品的基本功能设计及实现，产品开发独立性强，主要采用快开发、快上市、快速抢占市场的方式。

2019 年至今：以客户为中心的产品集成开发体系。泰凯英产品集成开发体系是以用户为中心，在产品开发环节，公司结合用户场景信息，对需求进行收集、分析、评审，确定产品性能目标，结合公司已有的专项技术，设计出符合场景需求的产品，并通过场景化模拟测试和实地验证，以确认产品的场景适用边界。截至目前，公司已经开发出了 600 余种适应于不同作业环境的轮胎。

（3）质量管理制度改革。2007—2019 年：以事后质量控制为主，关注产品的质量检验，发现质量问题后进行分析、改进和对不合格品进行控制，以事后的纠正为主；在供应商关系上以签订商务条款为主；在用户质量管理方面，制定并实施统一的质量管理要求。

2019 年至今：公司建立了完善的产品质量保证体系，在关键原材料采用、主要工艺过程、成品检验、包装发货等环节进行质量控制，并对产品在市场端出现的质量问题进行追踪统计，联合代工厂进行根本原因分析，制定纠正和预防措施，持续提升产品和服务质量。

针对公司的场景化产品研发，公司派遣质量工程师长期驻厂，监督生产制造到包装发货全过程；对场景化研发的新产品在小批量生产阶段开展工业化评审管理工作，对生产过程中人员的作业能力、设备运行状态、原材料符合性、工艺标准、作业环境进行跟踪记录并评估，并定期进行抽检验证，进而优化相关的技术工艺标准文件；针对公司的场景化选品，因为该类产品质量在市场上已有较为稳定的表现，公司派遣质量工程师进行定期巡厂管控。

4. 国际化成长

（1）"试水"本地化。2007—2010年：让海外用户了解泰凯英。2010年以前，泰凯英业务处于起步阶段，通过在全球范围内开展市场营销活动，逐步搭建全球经销商布局和销售网络。

2010—2015年：与国际大矿业集团合作。2010年以后，泰凯英凭借过硬的产品质量和专业的配套服务，成功地开拓了国际市场，与全球第二大矿业公司力拓、第三大矿业公司英美资源、最大的铁矿矿业公司安赛乐米塔尔、第二大金矿纽蒙特、第六大铜矿哈萨克铜业、全球最大矿业承包商礼顿等国际知名矿业集团开展合作，为大型国际一流终端用户提供数十年如一日的服务。

2015—2020年：布局海外分公司、办事处。2019年，泰凯英率先在澳大利亚设立分公司，当年业务实现近"翻倍式"增长。2020年，印度尼西亚办事处挂牌启动，相关产品得到印度尼西亚最大煤矿PAMA的认可。同时，泰凯英着手培育重点国家市场，加快全球本地化组织建设。

未来：探索信息化、智能化销售服务。2020年及以后，泰凯英继续放眼国际化，遵循国际化成长轨迹，除单纯轮胎销售以外，将继续探索信息化、智能化的轮胎售后服务，持续为国际用户提供更优质、更高效、更便捷的售后服务。

（2）技术发展。轮胎的子午化、无内胎化和智能化成为世界范围内轮胎发展的主流趋势，泰凯英紧随时代发展的变革，把握市场动态，依托强大的技术研发实力，专注于为用户提供矿业和建筑业用途轮胎技术研发和技术服务方案。公司采用自主研发的形式进行独立研发，对轮胎的无内胎化、子午化、定制化和智能化技术发展趋势进行了深入研究。

无内胎化：无内胎化是轮胎未来发展的主要趋势之一，相比于有内胎轮胎，无内胎轮胎具有较多的优点：首先，无内胎轮胎的安全性能好，无内胎轮胎因为没有内胎，所以轮胎生热低，并且散热性能好，可以大大降低爆胎的概率，此外，无内胎轮胎还大大提高了驾驶安全性；其次，无内胎轮胎的油耗更低，试验结果表明，无内胎轮胎滚动阻力降低10%，燃油节省2%~3%；最后，无内胎轮胎无需配备内胎及垫带，管理和装卸简单，可提高轮胎更换的效率，从而提高车辆工作效率。

泰凯英轮胎产品基本已在全地面起重机、井下车辆和刚性自卸车等用途上实现无内胎化。整体产品的无内胎化也在整个行业中处于领先水平。

子午化：因其胎体结构的特性，子午线轮胎相对于普通斜交轮胎，具有滚动阻力小、附着性能好、弹性大、缓冲性能好、舒适性好、承载能力大、使用寿命长等优点，因此在乘用车、载货车、客车等大部分领域均可以实现对斜交胎的替代。

目前，泰凯英轮胎产品基本实现了轮胎子午化。泰凯英子午线轮胎产品广泛应用于露天矿、采石场、地下开采、大型风电安装、高铁桥梁建设、道路运输等矿业和建筑业的多个场景，表现出优异的产品性能，助力专用车辆运行更高效，给用户带来价值，为世界矿业、建筑业的发展贡献自己的力量。

场景化：矿业、建筑业轮胎用户的用胎需求，不同于大部分乘用车的标准化需求。不同用户的轮胎使用场景要素（矿种、路面情况、作业温度、车辆装载量、运距、车速、坡度、轮位、季节、气候等）不同，导致用胎需求差异性明显，标准产品在不同场景下表现参差不齐，导致轮胎使用成本居高不下。因此，针对不同的使用场景对产品的花纹、结构或配方等进行场景化设计开发是轮胎未来的必然发展趋势。

宽体车作为矿区内主要运输矿土的车辆，在国内外有很大的市场空间，泰凯英根据工况条件的差异将其细分为高热场景、一般场景和恶劣场景三大类，针对用户的使用需求，场景化地研发了10余款轮胎产品，比如，ETRT9、ETRTV应对恶劣场景的撕裂和刺扎问题；ET688、ET668、SUPER ETOT等花纹应对一般场景的稳定性问题，减少轮胎早期故障、提供更长使用寿命；ET919和ETOH应对高热、长运距场景的生热和散热问题，保证车辆出工率、提升矿山运营效率。

泰凯英在自主创新的基础上，更加贴近市场、深入调研产品的使用场景，了解用户需求，针对不同需求定制化研发不同产品，在满足用户需求、发挥轮胎的最大价值的同时减少能源消耗，为社会贡献价值。

智能化：泰凯英围绕矿业用户的价值需求点，通过与矿业场景匹配的轮胎定制化研发，为用户提供智能一体化解决方案，提高用户的轮胎使用安全性，从而提升生产效率，降低运营成本。

2010年，泰凯英率先在国内推出了智能工程轮胎产品，可单机监测轮胎温度和压力。2018年，泰凯英自主研发了第三代泰科仕智能管理系统，该系统是为矿业和建筑业工程轮胎定制开发的智能软硬件产品，是一套网络化、智能化、数字化的轮胎实时监测及全生命周期管理系统。泰科仕产品由传感器、车载接收器和云平台组成，可实现轮胎应用全生命周期数据管理，同时有效地辅助公司产品设计及迭代优化。

结合公司自主开发的智能轮胎大数据应用平台，泰科仕系统可实时采集轮胎运行状态及场景信息，包括位置、海拔、速度、里程、路径、坡度等信息，通过智能算法、轮胎动力学虚拟仿真、大数据分析等技术，为用户提供轮胎监控诊断预警、轮胎预测性维护、轮胎应用智能化指导，有效提高了车辆行驶安全性能，为用户提效降耗。

目前，公司正在研发匹配纯电动无人驾驶车的特种数字化轮胎，努力通过科技创新推动智能矿山特种轮胎的研发与应用，引领行业发展方向，提升我国轮胎产业的国际竞争力。

第二节　产品、技术发展

1. 10年内推出的产品品种型号及其性能特点

（1）宽体车轮胎。泰凯英是国内最早研发宽体自卸车轮胎的企业之一，2009年公司敏锐地捕捉到宽体车这一新车型的市场机会，矿用车产品正在朝着"大"的方向发展，宽体、大吨位将是下一阶段的发展趋势。因为车体变宽，提升了车辆的稳定性，减少了翻车事故的发生；同时，载重量不断提升，降低了作业车密度，使得人工、管理等成本均不断减少。宽体自卸车市场前景好，市场潜力大，在经过了充分的市场调研后，泰凯英开发出国内第一款宽体车专用轮胎，通过对矿山市场发展趋势的准确预测，不断投入研发资源开发新产品，成为现在泰凯英全钢宽体车工程轮胎国内领先的关键。

2007—2009年，是非公路宽体自卸车开发的萌芽期，泰凯英采用原有公路重型载货车平台进行了大量研究，该时期为日后形成批量投放市场打下基础。2009年泰凯英轮胎推出首款产品——14.00R24 ETOT，用于配套2009年市场上刚刚出现的新车型宽体车，开始了探索市场的第一步。当时的宽体车载重量仅40～50t，车型不成熟，市场推动缓慢，但是其对比国标前四后八车型仍然有非常大的优势。

2009—2015年，非公路宽体自卸车批量投放市场，主要采用13.00R25、14.00R24等规格轮胎，2009年，泰凯英紧跟该车型投放市场的节奏，推出首款产品——14.00R24 ETOT轮胎，迅速投放市场并得到市场认可，随后用户提出了对非公路宽体自卸车更大的承载要求，2012年，泰凯英开发了14.00R25 SUPER ETOT产品，在山西某煤矿、江西某铝矿等应用，产品表现得到了用户的一致认可，至此泰凯英第一代宽体车系列产品完成开发。同时，工程师到用户使用现场，调研产品使用情况，结合公司在工程轮胎方面多年研发积累的经验，将一些公司在工程轮胎尤其是在刚性自卸车上积累的经验（如高反包技术）应用到宽体自卸车轮胎上来，为宽体自卸车轮胎技术首创，解决了宽体自卸车之前长期存在的因高气压高超载导致的圈裂问题困扰。

2016—2019 年，随着宽体自卸车大量投放市场，用户明显感受到使用宽体自卸车比使用公路重型载货车和刚性自卸车能给他们车辆购置和运行带来巨大的价值，宽体自卸车的迭代也明显加速，用户对车辆厂家提出了更大装载重量宽体自卸车的诉求，头部工程机械设备公司也看到了巨大商机，纷纷进行宽体自卸车的研发，快速推动了宽体自卸车技术发展，各主要宽体自卸车生产企业陆续推出自己的车型，宽体自卸车的技术更加成熟，配件厂家提供的配件性能更好，且因形成规模化，成本也随之降低，宽体自卸车相对于公路重型载货车、刚性自卸车，其优势更加明显。泰凯英轮胎应用户对原有标载 40t 位车型的超载诉求，采用高强度钢丝、高超载胎体结构及高性能的橡胶并引入新材料，开发了适用于宽体自卸车工况的一整套轮胎配方，为提高轮胎强度，降低轮胎故障率和提高轮胎使用寿命做了大量研究。

2019 年以后，原有标载 40t 位宽体自卸车向 60t 位进行升级迭代，轮胎也从 14.00R25 规格向单胎承重能力更强的 16.00R25 规格升级。泰凯英进行了二代产品开发，陆续推出多款产品。在产品开发过程中，工程师常年走访西北、内蒙古、山西、陕西等宽体自卸车大量使用的矿区，发现宽体自卸车使用的工况特别复杂。

2020 年以来，宽体自卸车朝着更大吨位、电动化、智能化发展，对轮胎又提出了新的要求。洞察宽体车及用户新的使用需求，泰凯英顺势而为，推出了适配一般工况的第三代产品——ET688，以及能够适配高热、长运距工况的 ET919 等产品。

泰凯英研发了差异化的花纹和个性化配方，拥有的产品花纹数量是国内宽体车轮胎生产企业最多的，结合标准型配方、耐热配方、耐切割配方、超耐切割配方，形成产品组合包，可以根据用户场景特点进行定制化产品匹配。目前，泰凯英可提供专业的宽体车轮胎产品组合解决方案。

主要产品及性能特点（按花纹分类）：

ET668：16.00R25，主要用于露天矿 70～80t 宽体自卸车。独有的横向贯通花纹沟和肩部 U 形散热槽设计，以及钢丝间胶片加厚和隐形加强筋设计，在有效解决了掉块等早期失效问题的同时，也让轮胎的操控性能、爬坡性能和抗冲击能力得到大幅改善。

ET688：16.00R25，主要用于露天矿 70～80t 宽体自卸车，拥有低故障率、高稳定性的特点，采用 3D-MAX 超黏合技术等全新独特设计赋予轮胎更长寿命，为露天矿宽体车用户提供更优异的磨耗性能和寿命优势。

ET919：16.00R25，主要用于露天矿70～80t宽体自卸车，采用了独创的散热槽设计，以及特殊的花纹、加强筋等设计，有效提升了轮胎的散热性能和节油性能。

ETOT：14.00R24、14.00R25，主要用于早期40～55t宽体车型，主要特点是产品普适性好，花纹兼容性好，能够满足市场70%以上的工况，适应于一般恶劣路况和好路况。

SUPER ETOT：14.00R24、14.00R25、16.00R25，主要适应于60～70t大载荷宽体车型，主要特点是载重性能高，花纹深，行驶面宽，更长的使用寿命，主要适用于一般恶劣工况。

ETRTV：16.00R25，主要用于露天矿70～80t宽体自卸车，主要特点是产品稳定，花纹深，饱和度大，抗刺扎性能好，适用于苛刻金属矿。

ETOH：14.00R25，主要用于60～70t露天矿宽体自卸车，主要特点是产品稳定，适应性高，牵引性能好，通过配方组合，既能适用于高热工况，也能适应于岩石工况，能够满足70%以上露天矿使用。

ETCRANE：14.00R25、16.00R25，极端高热场景专用产品，适用于露天矿60～80t宽体自卸车，主要特点是耐生热性能优异、TKPH高、通过性能好，特别适合超长运距、硬土路工况使用，产品的节油性能优异，省油又省车。

（2）刚性自卸车轮胎。泰凯英是国内最早研发刚性自卸车轮胎的企业之一，2007年公司成立不久便瞄准刚性自卸车轮胎的方向，不选择较容易实现的斜交工程胎，而明确只研发当时技术难度大的全钢子午线轮胎。这一高目标选择，成为现在泰凯英全钢工程轮胎技术国内领先的关键。①中型刚性自卸车轮胎：到2008年，泰凯英18.00R33到24.00R35中型刚性自卸车全系列轮胎已成熟，2017年后，开始升级迭代到二代产品。② 2009年开始涉足巨胎业务，2018年又进行了49in（1in=0.0254m）及51in巨胎迭代研发，到2019年年底，自主研发的27.00R49、33.00R51二代产品测试成功。

泰凯英研发了差异化的花纹和个性化配方，拥有的产品花纹数量是国内刚性自卸车生产企业最多的，结合标准型配方、耐热配方、耐切割配方、超耐切割配方，形成产品组合包，可以根据用户场景特点进行定制化产品匹配。目前，泰凯英可为33in到51in刚性自卸车提供专业的轮胎产品解决方案。

主要产品及性能特点（按花纹分类）：

ETDT：18.00R33、21.00R33、21.00R35、24.00R35、27.00R49，主要用于露天矿30～90t级别自卸车，主要特点是产品稳定，适应性高，牵引性能好，适合大部分露天矿使用。

ET304：27.00R49、33.00R51、37.00R57、40.00R57、46/90R57、50/80R57，主要用于露天矿90~240t级别自卸车，主要特点是产品稳定，花纹深，饱和度大，抗刺扎性能好，适用于苛刻金属矿。

ET355：27.00R49、33.00R51、36.00R51，主要用于露天矿90~150t级别自卸车，主要特点是兼顾磨耗性能与通过性能，主要用于采石场，也可兼顾金属矿和煤矿，产品适应性强。

SUPER RDT：24.00R35，二代产品，适用于露天矿60t级别自卸车，主要特点是磨耗性能好，抗刺扎性能好，特别适合金属矿、采石场等苛刻场景使用。

SUPER TRAC：24.00R35、27.00R49、33.00R51，二代产品，适用于露天矿60~130t级别自卸车，主要特点是生热低、TKPH高、通过性能好，特别适合超长运距、泥泞打滑的煤矿使用。

SUPER ROCK：27.00R49，二代产品，在ET304的基础上提高了轮胎磨耗及抗切割性能，进一步提升了产品寿命，主要用于切割苛刻金属矿，以及磨耗要求高的采石场和煤矿。

2. 国家及省部级技术中心

在创业初期，青岛泰凯英专用轮胎股份有限公司就获得了"青岛市技术中心"荣誉称号，并成功申报了"青岛市高新技术企业""行业隐形冠军"，目前"山东省企业技术中心"和"青岛市技术创新中心"正处于认证过程中。

（1）组织架构。技术中心成立于2008年5月，是集合公司所有优势资源建立的研发平台，公司董事长担任技术中心主任，全面负责、统筹管理技术中心的日常工作，为技术中心建设提供了强有力的组织保障。

技术中心以市场导向为指导思想，以提高创新能力和市场竞争力为主要目标，匹配公司聚焦的细分市场领域，设置了产品线管理中心及宽体车轮胎、TBR轮胎、起重机轮胎、刚性自卸车轮胎、井下车辆轮胎、特殊用途轮胎、智能轮胎7个研究室。

（2）科研试验设备。为满足新产品开发需要，公司一直注重技术中心配套设施的建设与完善，技术中心现有的可用于项目研发试验的主要仪器设备设施包括：密炼机、开炼机、双复合挤出机、三辊压延机、成型机、硫化机、X光检测机、转鼓试验机、动平衡试验机、新品试验模具等。同时，公司还充分利用战略合作伙伴的科研设备，主要包括室内转鼓噪声试验机、快检工序所需要的相关硫化仪设备、门尼检测设备、物性检测设备、断面切割机等。

3. 企业研发投资

（1）研发投入。公司始终视科技为第一竞争力。为了保障研发工作的顺利进行，公司通过自有资金投入、国家资金扶持等方式不断加大投入力度，目前研发人员占比23%，研发费用年均复合增长率为25%。大力开发新产品、积极推广应用新技术，不仅制定了《新产品开发项目管理规定》，对项目的调研、立项、实施，以及鉴定验收等全过程进行了规范，还制定了《研发经费投入核算体系》《研发辅助账管理办法》等文件，规范研发费用的使用，形成了比较完善的研发管理体系。另外，公司对于在技术研发工作中表现突出的人员年终给予一次性奖励，通过培训大幅提升了技术人员的专业水平和整体素质，有力地保障了创新团队的研发实力，以满足公司不断发展的人力和智力需求。

（2）加强研发技术团队建设。泰凯英一直致力于内部培训机制的建设，建立了较为完善的培训管理制度，根据各岗位的任职要求，明确提出了培训目标，在公司内部组织各种形式的交流，分享典型案例，加强部门间的交流沟通；在外部，加大经费投入，组织技术人员分期分批到工厂进行培训，并定期邀请外部专家学者进企业开展讲座培训，以提高员工的技术层次与视野。

为解决企业单一管理升迁渠道的局限，更好地为技术人员营造良好的工作氛围和创新环境，体现专业技术人员的价值贡献，公司制定了《突出贡献及重要成果奖励管理规定》《科技成果转化实施与奖励管理规定》等绩效考核制度，对在产品开发过程中获得新发明、新方法、实用新型、外观专利的技术人员进行相应的鼓励、激励，对科技成果转化提出明确要求，使技术人员的收入与其负责的项目绩效直接挂钩。

本着尊重知识、尊重人才和崇尚创新的理念，泰凯英积极培养年轻人，输入新鲜血液，为他们的发展提供良好的机遇与条件，公司对技术人员的激励培养，大大地激励了技术人员的积极性与创造性。

公司积极与各高等院校、科研院所在教学科研方面开展广泛合作，目前已经与中国矿业大学、北京科技大学、山东科技大学、青岛科技大学等建立了深入的合作机制，利用高校基础研究方面强大的科研实力，加大基础技术、工艺技术方面的研究。

第三节　企业文化与社会责任

1. 企业文化

（1）发展愿景：成为国际领先的矿业建筑业轮胎应用解决方案专家。

泰凯英自创业初期就确定了聚焦于矿业、建筑业轮胎细分市场的定位，致力于为行业提供更高效、更可靠、更专业的工程轮胎产品，在企业发展的14年中，泰凯英始终坚守初心，为用户打造质量过硬、技术领先的轮胎产品。同时，泰凯英也意识到，用户的需求实际上是对产品使用效果的需求，而非产品本身，因此泰凯英转变思路，从产品的定制化研发、生态链产品搭配，以及售前选型、售中服务、售后保养等服务角度入手，最大可能地以解决方案的方式满足用户使用需求。为此，泰凯英于2019年正式提出了"成为国际领先的矿业建筑业轮胎应用解决方案专家"的企业愿景。

（2）价值观：用户导向、协作共赢、持续改进、主动担当、诚实守信。

在泰凯英，用户导向是目标，也是结果，所有泰凯英人的工作都是围绕着用户的需求展开，无论是销售、研发、营销，还是财务、人力、服务等部门，所有泰凯英人的目标都是以用户为中心，让用户获得更有价值的产品与服务。为了实现用户导向这一结果，泰凯英总结出"协作共赢、持续改进、主动担当"的实现路径，其中协作共赢是方法、持续改进是原则、主动担当是心态，而上述所有结果与方法的基础必须是诚实守信，这是所有泰凯英人最基本的行为准则，也是泰凯英不断向上成长的基础。

（3）企业文化建设活动。自成立以来，泰凯英始终坚持建设高标准且高人性关怀的文化氛围，并在10余年的探索中逐渐形成了"狼性工作，品味生活"的企业文化，与员工一起创造幸福的生活是公司经营的首要目的。在泰凯英，工作时员工们以用户导向为目标，奋勇争先、携手向前，为实现用户价值与公司价值努力；而在生活中，泰凯英要求员工们必须懂得享受生活，同时为员工提供享受生活的福利待遇和机会，泰凯英相信，只有懂得生活的人，才能为公司、客户价值拼搏。

2010年，泰凯英成立了"泰凯英之家"，成员由公司不同部门的部门助理组成，为泰凯英同事做服务，让泰凯英的家人们在奋斗时没有后顾之忧，真正感受到家的温暖。

关爱员工健康。多年来，泰凯英坚持为员工提供商业保险、每年体检、情感沟通等，为公司员工带来无微不至的关怀，而且，公司组织了"泰会踢""泰能跑""泰投入"等体育活动，并按季度给予活动津贴。

坚持家庭关怀。多年来，为了让员工能有一个安心奋斗的氛围，除员工自身外，泰凯英还将无微不至的关怀延伸到员工家庭中，为员工提供亲子教育、员工生日礼物、员工生育福利、员工子女实习机会、员工家属福利、出差员工家属关怀、结婚礼物等种类多样的福利。另外设立了"泰基金"，用于家庭有困难员工的支持和扶助，并且年终为员工父母发放慰问金，让员工和家属倍感温暖。

2. 企业社会责任

（1）社会捐款。在 14 年的发展历程中，泰凯英重视创造企业价值，同时，一直积极履行社会责任，回报社会始终是公司所坚守的初心，也是公司的四大经营目的之一。14 年来，以捐资助学、社会捐赠、高校活动赞助等方式帮助有需要的人脱离困境，追求美好生活。

2008 年 11 月，泰凯英向青岛市教育发展基金会捐赠 8 万元，用于北川灾区来青岛就读学生救助，十几年持续资助家庭有困难的学生上学，并且跟海外（比如巴基斯坦、菲律宾等）的用户联合资助当地的失学和残障儿童。

2020 年新冠疫情发生以来，泰凯英积极行动，筹集捐款共计 60 万元，包括购买 1 900 件隔离服助力青岛市崂山区各街道的防疫工作；通过天大武汉校友会向武汉地区捐赠防疫物资；购买了 215 台额温枪赠送崂山实验二中、青岛超银中学等 8 所学校；购买了 20 台额温枪助力中韩街道办事处防疫工作。

2020 年 9 月 20 日，在青岛科技大学成立 70 年校庆之际，泰凯英董事长代表公司宣布为母校建立 100 万元科研合作项目基金，希望通过科研合作基金的建立，为青岛科技大学继续培育出更多的社会栋梁之材助力。

2020 年，泰凯英通过微尘基金会捐款 7.2 万元资助贫困儿童教育，为孩子们送去关怀和鼓励。

（2）环保理念。随着"十三五"绿色矿山理念深入人心，绿水青山就是金山银山的国策不断落地，国家自顶层设计层面明确了"碳达峰、碳中和"目标，泰凯英积极响应国家政策号召，从规划层面明确了公司的未来发展方向和研发重点。

2010 年，泰凯英研发并打造了一款矿山自卸车用可翻新产品，胎体经过加强可以承受正常使用 5 倍的耐疲劳性能。该产品在南美市场一炮而红，平均可翻新两次，部分用户可翻新三次，显著降低了轮胎消耗，至今在该市场的市场占有率仍居第一位。

2016 年，泰凯英与欧洲矿业公司合作开发专用翻新胎体，一举将翻新技术从小尺寸工程轮胎提升到 29.5R25。自 2019 年开始专注国内宽体自卸车轮胎的翻新研究，目前已经在内蒙古、西北、东北、云南等地区展开翻新技术的测试，并取得了良好成效。

自 2010 年以来，泰凯英在矿业领域已经朝着智能矿山、无人驾驶、新能源矿车等方向加速前进。目前，公司正在推进纯电动无人驾驶车的特种数字化轮胎研发，布局新材料研发、专业轮胎研发、车辆匹配性能研究、智能产品解决方案、大数据和云智能服务等领域。通过科技创新推动智能矿山特种轮胎的研发与应用，引领行业发展方向，提升我国轮胎产业的国际竞争力，同时为用户创造价值，为社会进步奉献力量。

未来，公司将继续多方面探索环保新路径，确保公司环保理念落地，实现与环境和谐发展。

在产品方面，公司将逐年增加可持续原材料应用占比，比如在增加采用绿色环保的补强材料方面，计划采用稻壳制备的稻壳源白炭黑，既解决了稻谷加工过程废弃物稻壳造成环保污染问题，也为工业发展提供了可再生资源硅，符合循环经济的绿色发展模式；计划使用热裂解技术产生的炭黑，实现废旧轮胎再利用，每裂解 1t 废旧轮胎可减少二氧化碳排放 1.4t。在新工艺方面，探索胶料湿法混炼工艺，可简化混炼程序，减少混炼设备、能源和劳动力投入，减少设备投入达 50% 以上，能耗平均下降 30% 左右，大幅降低碳排放值。

在服务层面，公司将持续深耕本地化，在用户端建立本地化渠道和本地仓，第一时间响应用户的产品需求，使轮胎供应服务响应速度提升至分钟级，大幅减少了轮胎物流过程中的碳排放；通过专业化服务体系，泰凯英可为矿山建筑用户提供轮胎巡检、轮胎修补、轮胎翻新、使用培训等专业化服务，有效降低轮胎故障率和增加使用寿命，从而从根本上降低碳排放值。另外，公司开发的泰科仕智能轮胎管理系统，可有效提升矿山的智能化管理水平，提升矿山运营效率；同时，轮胎温度、压力预警也能够有效避免安全事故与轮胎故障隐患，提升轮胎使用寿命，降低碳排放。

3. 企业可持续发展

（1）在商业模式方面。目前，泰凯英依托于"铁三角"商业模式，以用户价值为中心，以场景化开发体系、本地化营销渠道体系、专业化服务体系三大体系为支撑来满足用户需求，具备完善的可持续发展的巨大潜力，商业模式是泰凯英的核心竞争力之一。

一是建设产品集成研发体系。泰凯英通过深度洞察不同用户的差异化需求，通过产品定义、产品设计、产品上市验证等方式，以定制化产品方案满足不同用户在不同场景下的产品使用需求，以提高用户的综合运行效率，降低用户的使用成本。二是建设本地化营销渠道体系。为了进一步了解用户需求，就必须贴近用户、跟用户在一起，这就要求泰凯英逐步建设本地化的营销和服务体系。泰凯英计划在传统代理商的基础上，在重点市场构建子公司、办事处，并设立本地化的仓储和服务团队。通过该种方式，可以更接近用户，为其提供更加快速的服务。三是建设专业化服务体系。泰凯英专业化服务体系包括售前的对市场和用户的深度调研和对产品的精准选型；售中的对轮胎的维护保养、系统化管理及现场培训；售后的对轮胎的修补、翻新、承包以及全生命周期的管理。通过在重点国家、重点区域、重点市场组建本地化专业服务团队,增强对本地市场的专业服务能力,帮助用户提高运营安全和效率,降低运营成本。

(2)在产品与技术方面。泰凯英在14年的市场经济浪潮搏击中,依靠掌握的领先技术,在矿山轮胎基础理论研究、高性能矿山设计技术研究、高性能矿山轮胎新材料研究、智能轮胎研发制造、大数据应用技术研发等方面,已经积累了大量具有强大竞争力的核心技术。目前,泰凯英已经将研究的核心技术成熟地运用到矿业、建筑业轮胎应用解决方案中,特别在大吨位全路面起重机轮胎、井下设备轮胎、宽体车轮胎、中大型刚性自卸车轮胎、智能化设备等领域,已经有突出的技术与产品。

(3)关键技术和技术创新方面。泰凯英在技术创新方面,秉承着"销售一代,开发一代,储备一代"的技术理念,坚持做中长期技术储备,打造符合市场终端用户性能需求的、有竞争力的场景化细分市场产品。公司在"轮胎技术研发创新""智能轮胎研发制造""大数据应用技术"等领域具备核心技术能力,通过技术和科技引领推动公司未来10年的发展,保证在轮胎制造领域保持行业领先地位,为全球用户提供高品质的轮胎产品。

在轮胎技术研发创新方面,通过与哈尔滨工业大学、中国矿业大学、湖南大学等合作,采用大型计算机虚拟仿真CAE软件模拟轮胎静态和动态性能,选择出最佳的设计方案。拟建立全球研发计算机数据中心,通过产品全生命周期管理系统PLM和全球安全通信专线网络,实现全球协同研发。

在智能轮胎应用技术研究方面,泰凯英通过将研发的内嵌式芯片及传感器植入轮胎内,利用物联网技术,开发出完全拥有独立自主知识产权的泰科仕智能轮胎管理系统,可以与车联网系统对接,将轮胎运行数据传输到车辆管理平台,通过信息整合,实现车辆的救援、咨询、维修等各项服务,为车队提供数据决策及智能化经营管理支撑。

在大数据应用技术方面,泰凯英搭建矿山建筑场景下的轮胎行业大数据运营平台。通过平台建立轮胎和矿车的数据通道,包含不同专业轮胎品牌的运营数据,为用户提供专业的完整的智慧矿山应用解决方案,打造运营服务平台,为用户提供数据运营管理和智能服务。

第四节 企业人才队伍

公司历来重视组织架构对企业发展的重要性,持续进行组织架构调整与优化,目前公司已建立了规范化的管理体系，同时又为销售部门、研发部门等保留了足够的灵活性。公司的管理团队的人才梯队建设以及组织架构优势为公司竞争力提供了人才和组织保证，有利于公司长期稳定发展。

1. 人才培养

泰凯英始终坚信，人才是泰凯英最宝贵的资源，企业的所有发展都是基于人的劳动和创造，因此，在过去的14年中，泰凯英也极为重视人才培养与管理，并在探索中逐渐形成了行之有效的人才培养、管理方法。

2009年，公司开展卡内基训练，提升了全员的沟通能力和自信心，为企业文化和公司氛围塑造奠定了良好的基础。

2010年，公司开展海外用户开发与维护工作，通过海外销售领域专家讲师的知识经验分享，拓展了海外用户开发和维护的思维及方法，并强化了根据区域特点进行差异化营销的框架和意识。

2013年，公司开展铁血狼性训练营。面临愈加激烈的外部竞争，公司提出了"狼性工作，品味生活"的工作理念，为了引导内部人员实现状态的转变，特举行铁血狼性训练营，促进理念的落地。

2017年，进行欧爱学一期培训，欧爱学项目是公司跟文泰商学院合作的中层管理者培养项目，该项目的启动意味着公司对中层管理者的培养进入了更加体系化的阶段，项目的内容设计紧紧围绕中层管理者的日常工作场景，从战略到执行，以及日常管理工具，提升中层的战略思维和实战技能。

2018年，开展欧爱学二期培训；开展中欧CHO课程培训，帮助CHO们发掘管理潜能，突破思维瓶颈，构建HR工作的新思维与新模式，突破传统HR的思维边界，尝试从公司其他高管的视角，探寻提升HR综合价值的路径，拓展面向未来的新时代HR视野与专业能力；打造海外营销卓越绩效力学习项目，通过行动学习的方式帮助海外开发经理缩小目标与现实的差距，助力海外开发经理业绩目标达成。

2019年，开展欧爱学三期培训。开展中欧AMP课程培训，通过为学员提供战略思维模式、系统的理论框架和各种实用的管理工具，使学员能够同时在器具、制度、思维三个层面深刻理解管理实践，轻松地应对纷繁复杂的商业环境和管理挑战。

2020年，开展欧爱学四期培训。开展华一常青商学课程培训，主要针对各个公司的中高层管理者，提升大家在战略规划、市场思维、人才管理等方面的综合技能；开展中欧CFO课程培训及内训师项目，进行组织内部智慧的沉淀和积累，培养内部专业人才，建设人才发展梯队，打造学习型组织。

2. 人才管理体系

（1）2018年，人才发展体系正式确定。经过多年探索，泰凯英人才发展体系正式确定了精英计划、雄鹰计划和雁瑛计划三个人才发展项目。

精英计划，主要针对加入公司的应届毕业生和社招人员，以企业文化为主，帮助大家融入新的行业和公司，了解公司的发展历程，以及规章制度和流程，快速地融入公司的文化氛围和工作中，成为合格的泰凯英人。特别是主题为"融合·突破·成长"的精英训练营，除了设置学习课程，还设计了匹配公司经营逻辑的体验环节，得到了新员工的高度认可。

雄鹰计划，主要针对加入公司一年以上的员工，帮助大家提升专业能力，使其能够在专业的领域做精做深。2014年以来公司先后引入了人力资源、销售、服务、流程等顾问，帮助大家拓宽视野，打开思路，吸收各个领域的先进理念并进行落地，公司在关键专业领域的积累和实践有了飞速提升。

雁瑛计划，主要针对高潜人员和管理者，重点提升大家的领导力。瑛的含义是有光彩的美玉，管理者只有自身有光彩才能更好地照亮别人。目前雁瑛计划主要分为5个层级，初级班主要针对高潜人员，公司的发展越来越快，后备梯队的培养非常重要，所以管理技能的培养也需要前置。中级班主要针对刚提拔的管理者，以欧爱学课程为主。高级班针对上岗3年以上的管理者，更多的是拓宽视野，以综合管理的课程为主，比如MBA。领航班主要适合从中层到高层转换的管理者，基于跨岗和轮岗提升新领域的视野和能力。远航班主要面向高管，基于公司的未来和战略，以及社会发展的趋势，保证组织的活力和竞争优势，主要以EMBA的课程为主。

（2）2019年发布了岗位管理体系。人才是公司最重要的财富，人才管理能力也是组织最重要的能力。如何让组织充满活力，员工有发展，也是公司一直在考虑的问题，经过3年的建设，2019年公司正式发布了岗位管理体系，基于公司战略对岗位的价值进行评估，清晰岗位的职责和能力素质要求，以岗定薪，人岗匹配，以薪定级，更好地解决了价值创造、价值评价和价值分配的问题。该体系清晰了公司人才选拔和培养的标准，打通了从招聘、培养、薪酬绩效的各个模块，让员工明确了个人的成长和发展方向，对人才的选育用留起到了重要作用。

第十章 中机科（北京）车辆检测工程研究院有限公司

第一节 企业发展简介

1. 企业改革创新发展状况

（1）企业简介。中机科（北京）车辆检测工程研究院有限公司（简称中机检测，SYC），始建于1976年7月，是原机械工业部直属科研事业单位，主要为工程机械装备和军用改装车提供试验场地和技术保障服务。1987年，中机检测经国家经济委员会授权设立"国家工程机械质量监督检验中心"，为全国首批22家国家级质检中心之一，主要从事起重机、推土机、装载机和军用改装车等检测业务；1995年，中机检测经国家质检总局和机械工业部授权设立"机械工业环保机械产品质量监督检测中心"，主要从事环保机械产品检测业务；1997年，中机检测经机械工业部汽车工业司批准成为汽车新产品鉴定试验机构，正式迈入汽车检测领域；随后，作为国内最早一批开展汽车整车、工程机械、军用改装车检测业务的国家级检测机构之一，公司凭借在车辆检测领域丰富的行业经验和专业的检测技术，先后切入民用机场地面服务设备、特种设备〔起重机械、场（厂）内专用机动车辆〕、车辆零部件检测领域；1998年，中机检测整建制并入中央直属大型科技企业中国机械科学研究总院，更名为"机械科学研究总院工程机械军用改装车试验场"，是中国机械科学研究总院的全资子公司之一；2017年12月成为中国机械科学研究总院下属的中机寰宇认证检验股份有限公司（简称中机认检，CMCI）的全资子公司，改制后属于全民所有制国有企业，隶属于国务院国资委。

（2）企业服务范围。中机检测本部位于北京市延庆区，是全国唯一专门从事工程机械、汽车及零部件、军用改装车、特种设备、民航地面设备、环保机械等产品试验检测、科研开发和行业服务的大型"第三方"检验机构，拥有国家工程机械质量检验检测中心等20余项授权资质，检验资质齐全、资源配置完备、检测手段先进、管理体系健全、建设规模庞大，尤其是在非公路自卸车领域具有完备的检验资质、检验能力和检测经历。

（3）企业规模。中机检测本部地跨北京、河北两地，具有4个试验区和1个办公区，目前员工有265人。同时具有5家分公司和1家控股子公司，在青岛、天津、长沙、德州、怀来等地建立了外部试验基地，已逐步成为周边区域的企业产品检测的公共服务平台，为当地政府和企业提供全面、快捷、优质、方便的技术服务。

2. 公司经营状况

（1）主要业务。中机检测是一家全国性的车辆及机械设备第三方认证、检验检测综合性服务机构，主营业务为工程机械、汽车整车、军用装备、特种设备、民航地面设备、零部件等产品，包括质量、安全、性能、环保以及节能等全方面检验检测服务。

在拥有国家工程机械质量检验检测中心（CAL）、检验检测机构资质认定证书（CMA）和国家认可委实验室认可证书（CNAS）资质基础上，还获得了国家市场监督管理总局、国家认监委、工业和信息化部、交通运输部、生态环境部等部委授权的汽车产品CCC认证整车及零部件指定实验室、汽车公告产品定型试验和强制性项目检验机构、交通部道路运输车辆燃料消耗量及货车安全达标检测机构、特种设备制造许可鉴定评审机构和型式试验机构、民航局认定的民用机场专用设备检验机构和质量一致性受理审核机构、国家应急交通运输装备工程技术研究中心试验评价分中心、重型车环保信息公开检测机构等30余项资质，以及"国家高新技术企业"、北京市"专精特新"中小企业资质认定。在工程机械检测领域（包括非公路自卸车）具有多年检测服务经历，为非公路自卸车行业持续提供包括检测、认证、技术咨询等多种服务内容，非公路自卸车检测业务在行业检测市场占80%以上份额。

（2）公司的竞争地位。

1）市场定位。中机检测是我国车辆检测领域少数具备检验检测、认证一体化能力的专业第三方检测认证机构，合作客户包括徐工集团、三一集团、中联重科、中国重汽、柳工集团、中车集团、临工集团、同力股份、卡特彼勒等国内外知名厂商。公司技术研发实力扎实，主持或参与制修订149项国家标准、行业标准和团体标准。在车辆检测认证领域，公司的品牌公信力和市场认可度高。

公司检测业务为汽车整车、军用装备、工程机械、特种设备、民航地面设备、零部件等产品检测服务和认证服务,主要的试验类型可以分为性能试验、安全性试验、可靠性试验、环境试验以及国际认证等。在非公路自卸车产品检测领域,对比同行业的检测机构,中机检测在检测能力、检测技术研究和检测经历上具有明显的主导地位。

2)竞争优势。①品牌公信力优势。公司检测业务具有40多年历史,认证业务亦已开展20多年。基于对车辆和机械设备制造业先进技术与标准的充分认知,公司具有为客户提供专业检测认证服务的技术优势。公司检测、认证业务资质较为齐全,并拥有"国家工程机械质量检验检测中心""机械工业环保机械产品质量监督检测中心"等检测认证平台。公司作为国内最早一批从事车辆领域检测、认证的机构之一,凭借专业的技术实力、规范的管理模式、完善的机构设置、良好的服务质量,多年来始终为客户提供准确、公正的检测报告和认证证书,在行业中树立了较高的品牌知名度和市场公信力。②检测和认证一站式服务优势。公司是我国车辆检测领域少数具备检验检测、认证一体化能力的专业第三方检测认证机构。近年来,公司积极响应国家政策,充分发挥认检一体化优势,为客户提供认证检测一站式服务,从而减少客户选择、管理、协调众多检测和认证服务机构造成的成本和费用,缩短检测和认证时限,获得客户高度认可。③检测领域覆盖范围广泛,具有多领域检测能力。作为国内最早一批开展汽车、工程机械、军用改装车检测业务的国家级检测机构之一,公司凭借在车辆检测领域丰富的行业经验和专业的检测技术,先后切入民用机场地面服务设备、特种设备〔起重机械、场(厂)内专用机动车辆〕、零部件检测领域,现已成为我国车辆检测领域覆盖范围最广的第三方检测机构之一。公司检测领域覆盖范围广,在车辆类多领域检测经验丰富,具有较强的抗风险能力,而且不同领域间的检测业务亦可以互相促进。未来,公司将继续坚定实施"全资质、宽领域、深服务"的发展理念,不断扩大竞争优势。④技术创新和标准研究优势。对产品进行检测、认证和质量判断的依据是技术标准,包括国家标准、行业标准和团体标准等。技术标准是一个动态的概念,随着技术水平的进步需要不断更新和修订,每次标准更新往往会要求获证企业需对照新的产品标准重新检测产品,以验证其是否符合新标准的技术性能要求。参与技术标准的制定和修订是检测认证机构精准把握标准要求、掌握新技术动向的重要途径,也是检测认证机构通过标准话语权展示技术实力的有利契机。截至目前,公司主持或参与编制的技术标准共计149项,其中国家标准52项(含7项国军标)、行业标准63项、团体标准34项。具备技术创新和标准制定能力是公司保持行业竞争力的重要因素。⑤与国内知名企业建立长期合作关系,客户资源稳定。优质的汽车生产企业是公司赖以生存和发展的基础。公司已与徐工集团、三一集团、中联重科、中国重汽、柳工集团、中车集团、临工集团、同力股份等国内大型知名企业有近20年的合作历史，建立了良好的长期合作关系，为公司业务发展提供了保障，同时，也促进了公司检测技术的不断提升。大型企业的新车型种类多且更新换代快，因此检测频率高，并且一旦成为检测机构客户后由于检测业务的连续性以及互信基础的形成，往往不会轻易更换检测机构。与国内知名企业的合作不仅为公司带来长期稳定的收入且具有行业示范效应，增强公司的影响力，提高公司竞争力。

3. 管理状况

（1）质量控制管理。为了确保实验室数据信息准确、满足质量判断依据的重要标准要求、提高实验室的运行质量，中机检测严格按照国家认监委有关检测、认证机构的管理要求，依据GB/T 27025—2019/ISO/IEC 17025：2017《检测和校准实验室能力的通用要求》、CNAS-CL01：2018《检测和校准实验室能力认可准则》（2019年修订）、RB/T 214—2017《检验检测机构资质认定能力评价　检验检测机构通用要求》及上级主管部门的规范性文件等标准制度，结合公司的实际情况制定了实验室管理体系，严格保障实验室的高质量运行。中机检测建立的质量管理控制体系保障了实验室的有效运行。

（2）研发管理。中机检测作为高新技术企业，结合检验检测、认证，行业发展方向及公司未来发展规划逐步搭建并完善两级研发体系和监管模式。面向未来行业内新技术、新方法和新模式等进行创新性的技术研究，建立了完善的科研管理及激励制度并结合当前市场和客户需求，不断研究开发相适用的检测认证技术、方法和模式。

4. 国际化

伴随我国车辆产业的快速发展，尤其是新能源车辆在全球地位不断提升，我国工程机械、汽车出口规模持续增长。作为助力工程机械、汽车产品质量提升的第三方专业检测认证机构，亟须提高检测认证技术水平，积极参与和主动引领检测认证国际标准、规则制定，加快推动国际标准互认，服务中国车企走向全球。

经过多年的发展和积累，公司已成为我国车辆检测领域具备较高社会公信力的检测认证机构之一，并逐步开拓国际化业务，其中在工程机械出口检测认证中开发CE认证、海关联盟认证、伊朗认证等业务，在工程机械进口检测认证中开发型式检验、CQC标志认证、进口车"十抽二"检测认证业务，且均已初具规模。

在天津投资2 500万元合资注册中机科（天津）汽车检测服务有限公司，主营汽车产品检测、认证、咨询服务、二手车检测与评估、检测设备租赁、汽车维修、销售、租赁等业务，发挥属地化检测、咨询优势，服务政府、企业，打造口岸业务新名片。

未来，中机检测将积极响应我国检测认证"走出去"政策，加强与国际知名检测认证机构合作，提升国际标准研究制定能力，扩大国际化业务规模。

第二节　产品、技术发展

1. 服务范围

（1）常规服务。中机检测可为工程机械（包括非公路自卸车）、汽车、特种设备、军用改装车、民航地面设备等行业提供以下相关产品常规技术服务。①型式检验、部分性能试验等。②环保性能检测（排气烟度测试、非道路国四排放测试等）。③产品认证（CE认证、CQC标志认证、海关联盟认证等）。④国家标准、行业标准、团体标准、企业标准制修订。⑤企业研发与试验体系建设。⑥产品评价。⑦企业产品研发性试验。⑧试验装备研制。⑨产品技术规划。

（2）增值服务——法务服务。中机检测作为最高人民法院核准的司法技术专业机构，承担着全国范围内有关工程机械产品的司法鉴定工作。

中机检测凭借对法律、专业、标准的充分理解和长期累积的工作经验，可为企业在营销和司法鉴定过程中提供法务服务，保证企业的合法权益。

（3）技术交流服务。中机检测作为中国工程机械工业协会质量工作委员会秘书长单位，始终以助推工程机械和车辆行业高质量发展为宗旨，从1998年开始持续搭建政府与生产企业、配套商、技术服务机构、研究院所之间的沟通桥梁，起到连接和纽带作用，持续向百余家会员单位宣传贯彻国家相关前沿方针政策、法律法规，持续为会员单位及时有效地提供技术、质量、标准等综合信息服务，多年来一直主持开展以技术和质量为主要内容的信息交流活动。

（4）其他服务。中机检测作为国家认可实验室和国家工程机械质量检验检测中心，可为政府部门及军方提供业务领域内的产品质量监督抽查、行政许可检验、集中招标采购服务，并积极承担科技部、国家发展改革委和国家质检总局等部委的专项科技项目。

中机检测为满足政府、军方采购和制造商的应急需求，制定了应急保障机制；成立了以年轻骨干为基础的应急工作团队，并配有与之相适应的试验装备，在任何情况下都能满足政府、军方和客户的需求。

中机检测产品服务范围见图4-32。

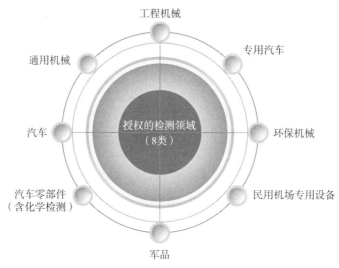

图4-32 中机检测产品服务范围

注：共授权8大领域，312个产品，1 536个标准，2 545个项目。

2. 服务能力

（1）企业服务能力。

1）硬件服务能力。中机检测本部由延庆本部、康庄试验区、西拨子试验区、东花园试验区、南马场试验区五部分组成，共有仪器设备2 000余台（套），包含整车排放及性能实验室、发动机台架试验台、PEMS测试设备、烟度仪、零部件实验室等，拥有商用车公告产品检测能力，兼顾研发试验能力以及工程机械、军工产品、民航地面设备、环保设备及其零部件委托和特需业务的试验能力。西拨子试验区、南马场试验区建设了国内实验室稀缺的综合道路试验区，具有长直线性能道路、动态广场、ABS试验道路、环形跑道等试验道路，可满足包括非公路自卸车在内的工程机械基本性能试验、可靠性强化试验。康庄试验区建有涉水池、壕沟、倾翻试验台、叉车强化试验跑道、加速跑道、叉车护顶架试验台、后防护及侧防护试验台等。

中机检测德州基地、天津基地、青岛试验基地，建设了整车排放及性能实验室和整车强检实验室，拥有商用车底盘测功机、便携式排放分析系统等，围绕商用汽车开展整车排放、油耗和汽车整车强制性检验，主营汽车、工程机械、军用改装车等产品检测、认证、技术开发、咨询等业务。

整车排放及性能实验室：目前中机检测在青岛试验基地设有整车排放及性能实验室，实验室可适用3.5～50t试验车辆，包含美国宝克商用车底盘测功机、奥地利

AVL便携式排放分析系统、奥地利德维创数据采集系统、德国GREGORY Flowtronic Technology油耗仪。同时在河北东花园试验基地、山东德州试验基地，正在建整车排放试验室，2022年投入使用，能够满足工程机械、乘用车、商用车、新能源车辆的性能测试、排放测试、油耗测试、环境适应性测试等检测能力，以满足日益增长的行业研发和检测验证需求。

发动机实验室：目前中机检测分别在山东德州试验基地和河北东花园试验基地累计布局了10个发动机测试实验室，具有发动机的性能试验、排放试验、耐久试验、低温起动试验等检验能力，涵盖汽车、非道路移动机械、船舶等产品发动机测试，能满足汽车国六及非道路移动机械用柴油机第四阶段排放检测认证试验要求，并且有4个测试台架布局了汽车国七排放要求的检测模块并且有新能源发动机测试能力、高原环境模拟试验能力。

2）软件服务能力。中机检测拥有国家工程机械质量检验检测中心、汽车产品CCC认证整车及零部件指定实验室、汽车公告产品定型试验和强制性项目检验机构、交通部道路运输车辆燃料消耗量检测、货车安全达标检测机构、特种设备制造许可鉴定评审机构和型式试验机构、民航局认定的民用机场专用设备检验机构和质量一致性受理审核机构、国家应急交通运输装备工程技术研究中心试验评价分中心、重型车环保信息公开检测机构、国家高新技术企业20余项授权资质。共授权8大领域，覆盖工程机械（工业车辆、土方机械、桩工机械、混凝土机械、流动式起重机、高空作业平台）、专用汽车、民用机场专用设备、汽车、军品、汽车零部件（含化学检测）、通用机械、环保机械领域300余个产品，检测标准（包括国内和ISO、EN标准）1 500余个标准，2 500余个项目。

目前中机检测总人数265人，硕士占26%，本科占63%；中高级职称占47%，高级职称占25%。其中，国家科技专家库在库专家5人，杰出复合型专家4人，杰出科技专家2人，特种设备制造许可鉴定评审专家22人，CCC认证工厂条件审核专家29人，公告准入专家9人，民航地面审核专家16人，全国标准化技术委员会委员27人。

3）标准化服务能力。中机检测作为包括工程机械领域在内的主导第三方检测机构，参与了行业多项标准化工作，是全国观光车标准、民用机场专用设备标准和工程机械军用标准的技术支撑机构，拥有一批标准起草和标准复核人员，拥有相关领域标委会主任委员、副主任委员、委员20多人；曾主持或参与工程机械（工业车辆、土方机械、路面机械、混凝土机械、桩工机械、流动式起重机等）等领域标准研究与制修订数百项。土方机械领域内的产品标准化工作有：①作为全国土方机械标准化技术委员会（SAC/

TC 334）副主任委员单位（委员 3 名，其中副主任委员 1 名），积极参与并承担该领域的标准制修订工作。②作为全国土方机械标准化技术委员会安全和机器性能试验方法分技术委员会（SAC/TC 334/SC 1）秘书长单位（委员 6 名，其中副主任委员 1 名、秘书长 1 名），积极参与并承担该领域的标准制修订工作。③作为全国土方机械标准化技术委员会可持续发展分技术委员会（SAC/TC 334/SC 2）副主任委员单位（委员 2 名，其中副主任委员 1 名），积极筹划该领域的标准制修订工作。④主导参与了多项土方机械系列标准（包括非公路自卸车性能、环保、安全、可靠性等方面）的制修订、审核、验证工作，并在实际检验过程中长期应用。⑤帮助国内外十几家企业制定土方机械领域企业标准，并审核操作手册。⑥现阶段主导进行的标准化工作:《土方机械 非公路自卸车 排气烟度测量方法》团体标准制定工作。

4）行业服务能力。中机检测担任 20 余个行业组织的相关工作，积极承担行业责任，在工程机械产品质量提升、引领产品技术发展等方面搭建行业研究平台，为引导工程机械行业走高质量发展之路做出重要贡献。中机检测参加的主要行业组织有：中国工程机械工业协会副会长单位、中国工程机械工业协会质量工作委员会秘书长单位、中国质量检验协会理事单位、中国工程机械学会常务理事单位、中国认证认可协会常务理事单位、SAC/TC 334/SC 1 标准化技术委员会秘书长单位、SAC/TC 334 标准化技术委员会副主任委员单位、国家强制性认证专用汽车技术专家组组长单位、中国工程机械工业协会双碳工作委员会秘书长单位。

（2）检测能力

1）授权标准。公司取得 CNAS 授权共计 7 大类，36 个小类，251 个产品，2 772 个检测项目，1 047 个技术标准，涵盖全部的土方机械检测产品，可进行排放、噪声、强度、稳定性、振动、人体舒适性、油耗、加速、制动、转向、热平衡、高低温起动、可靠性、理化试验等 160 余个参数测试检测，满足国内各种土方机械产品及其重要部件的测试要求。

①非公路自卸车试验涉及的标准：

GB 16710—2010 《土方机械 噪声限值》

GB/T 25684.1—2021 《土方机械 安全 第 1 部分：通用要求》

GB/T 25684.6—2021 《土方机械 安全 第 6 部分：自卸车的要求》

GB/T 35192—2017 《土方机械 非公路机械传动宽体自卸车 试验方法》

GB/T 35193—2017 《土方机械 非公路机械传动矿用自卸车 试验方法》

GB/T 35194—2017 《土方机械　非公路机械传动宽体自卸车　技术条件》

GB/T 35195—2017 《土方机械　非公路机械传动矿用自卸车　技术条件》

GB/T 35196—2017 《土方机械　非公路电传动矿用自卸车　技术条件》

GB/T 35197—2017 《土方机械　非公路电传动矿用自卸车　试验方法》

GB/T 21152—2018 《土方机械　轮式或高速橡胶履带式机器　制动系统的性能要求和试验方法》

GB/T 25605—2010 《土方机械　自卸车　术语和商业规格》

GB/T 25608—2017 《土方机械　非金属燃油箱的性能要求》

GB/T 25610—2010 《土方机械　自卸车车厢支承装置和司机室倾斜支承装置》

GB/T 25612—2010 《土方机械　声功率级的测定　定置试验条件》

GB/T 25613—2010 《土方机械　司机位置发射声压级的测定　定置试验条件》

GB/T 25614—2010 《土方机械　声功率级的测定　动态试验条件》

GB/T 25615—2010 《土方机械　司机位置发射声压级的测定　动态试验条件》

GB/T 25689—2010 《土方机械　自卸车车厢　容量标定》

GB/T 25692—2010 《土方机械　自卸车和自行式铲运机用限速器　性能试验》

GB/Z 26139—2010 《土方机械　驾乘式机器暴露于全身振动的评价指南　国际协会、组织和制造商所测定协调数据的应用》

②高原性能试验涉及的标准：

GB/T 20969.2—2007 《特殊环境条件　高原机械　第2部分：高原对工程机械的要求》

GB/T 20969.3—2007 《特殊环境条件　高原机械　第3部分：高原型工程机械选型、验收规范》

GB/T 20969.5—2008 《特殊环境条件　高原机械　第5部分：高原自然环境试验导则　工程机械》

③电动非公路自卸车试验涉及的标准：

GB/T 18384.1—2015 《电动汽车安全要求　第1部分：车载可充电储能系统（REESS）》

GB/T 18384.2—2015 《电动汽车安全要求　第2部分：操作安全和故障防护》

GB/T 18384.3—2015 《电动汽车安全要求　第3部分：人员触电防护》

④零部件及环境适应性试验涉及的标准：

GB/T 8419—2007 《土方机械　司机座椅振动的试验室评价》

GB/T 17771—2010 《土方机械 落物保护结构 试验室试验和性能要求》

GB/T 17772—2018 《土方机械 保护结构的实验室鉴定 挠曲极限量的规定》

GB/T 17921—2010 《土方机械 座椅安全带及其固定器 性能要求和试验》

GB/T 17922—2014 《土方机械 滚翻保护结构 实验室试验和性能要求》

GB/T 19933.1—2014 《土方机械 司机室环境 第1部分：术语和定义》

GB/T 19933.2—2014 《土方机械 司机室环境 第2部分：空气滤清器试验方法》

GB/T 19933.3—2014 《土方机械 司机室环境 第3部分：增压试验方法》

GB/T 19933.4—2014 《土方机械 司机室环境 第4部分：采暖、换气和空调（HVAC）的试验方法和性能》

GB/T 19933.5—2014 《土方机械 司机室环境 第5部分：风窗玻璃除霜系统的试验方法》

GB/T 19933.6—2014 《土方机械 司机室环境 第6部分：太阳光热效应的测定》

⑤排放试验涉及的标准：

GB 17691—2018 《重型柴油车污染物排放限值及测量方法（中国第六阶段）》

GB 36886—2018 《非道路移动柴油机械排气烟度限值及测量方法》

GB 20891—2014 《非道路移动机械用柴油机排气污染物排放限值及测量方法（中国第三、四阶段）》

T/CCMA 0082—2019 《土方机械 排气烟度 非公路自卸车测量方法》

⑥国际标准（ISO、EN）：

ISO 2631.1：1997 《机械振动与冲击 人体暴露于全身振动的评价 第1部分：一般要求》

ISO 3164：2013 《土方机械 保护结构的试验室鉴定 挠曲极限量的规定》

ISO 3411：2007 《土方机械 司机的身材尺寸与司机的最小活动空间》

ISO 3449：2005 《土方机械 落物保护结构试验室和性能要求》

ISO 3450：2011 《土方机械 轮胎式机械 制动系统的性能要求及试验方法》

ISO 3471：2008 《土方机械 滚翻保护结构试验室试验和性能要求》

ISO 5006：2006/Cor 1：2008 《土方机械 司机视野 测试方法和验收准则》

ISO 5349.1：2001 《机械振动与冲击 人体暴露于手传振动的测量评价 第1部分：一般要求》

ISO 6014：1986 《土方机械 行驶速度的测定》

ISO 6016：2008 《土方机械　整机及其工作装置和部件的质量测量方法》

ISO 6393：2008 《土方机械　声功率级的测定　定置试验条件》

ISO 6394：2008 《土方机械　司机位置发射声压级的测定　定置试验条件》

ISO 6395：2008 《土方机械　声功率级的测定　动态试验条件》

ISO 6396：2008 《土方机械　司机位置发射声压级的测定　动态试验条件》

ISO 6683：2005 《土方机械　座椅安全带和座椅安全带固定器　性能要求和试验》

ISO 10263.1：2009 《土方机械　司机室环境　第1部分：总则和定义》

ISO 10263.2：2009 《土方机械　司机室环境　第2部分：空气滤清器的试验》

ISO 10263.3：2009 《土方机械　司机室环境　第3部分：司机室增压试验方法》

ISO 10263.4：2009 《土方机械　司机室环境　第4部分：司机室的空调、采暖和（或）换气试验方法》

ISO 10263.5：2009 《土方机械　司机室环境　第5部分：风窗玻璃除霜系统的试验方法》

ISO 10263.6：2009 《土方机械　司机室环境　第6部分：司机室太阳光热效应的测定》

ISO 11500：2008 《液压传动　利用遮光原理通过自动颗粒计数测定液样颗粒污染等级》

ISO 14401.1：2004 《土方机械　监视视场和后视镜　第1部分：试验方法》

ISO 20474.1：2008 《土方机械　安全　第1部分：通用要求》

ISO 20474.6：2008 《土方机械　安全　第6部分：自卸车的要求》

ISO 21507：2010 《土方机械　非金属燃油箱性能要求》

EN 474.6：2006+A1：2009 《土方机械　安全　第6部分：自卸车的要求》

EN 13510：2000 《土方机械　滚翻保护结构试验室试验和性能要求》

2000/14/EC 《噪声指令》

2005/88/EC 《欧洲议会和欧盟理事会对关于统一各成员国有关户外用设备的环境噪声排放法律的指令　2000/14/EC进行修正的指令〔内容与欧洲经济区（EEA）相关〕》

EN ISO 2867：2011 《土方机械　通道装置》

2）检测仪器与设施。性能优良的试验设施和仪器是向社会提供公正、科学、权威数据的必要条件。中机检测拥有动态测试系统、噪声测试系统、振动测试系统、V-box测试系统、便携式排放测试系统等各类先进的检测仪器、设备1 000余台（套）。

中机检测拥有 2km 水泥混凝土直线跑道、6km 水泥混凝土环形跑道、牵引性能专用试验跑道、五条专用爬坡坡道、涉水性能试验池、倾翻试验台、司机室落物保护结构和滚翻保护结构试验台、座椅振动试验台、整车环境实验室和司机室环境实验室、淋雨实验室、燃烧实验室等试验道路及设施。

中机检测试验道路及设施见图 4-33。

a）专用爬坡坡道

b）涉水性能试验池

c）倾翻试验台

d）司机保护结构试验台

e）燃烧试验室

f）大型环境舱

图 4-33 中机检测试验道路及设施

3. 服务业绩

中机检测主营业务包括检验检测认证服务，分为汽车整车、零部件、军工产品、民航地面车辆、工程机械和特种设备业务领域。公司主营业务收入持续增长，主要得益于检测行业的快速发展和公司深耕车辆和机械设备检测领域，检测范围覆盖广、检测资质齐全，且公司是业内为数不多的同时具备检测和认证资质的车辆和机械设备第三方检测认证机构，可以为客户提供"一站式"检测认证服务，完成对产品的各项性能指标和参数的检验、测试、鉴定、分析并向客户出具检测报告。中机检测的检测能力得到徐工集团、三一集团、中联重科、中国重汽和北汽集团等众多知名汽车厂商的认可。

2019—2021年，中机检测年平均检测车辆6万余台次，随着检测业务规模的增长，公司服务数量呈逐年递增趋势。

4. 企业建设投资

中机检测东花园试验区建设。位于河北省怀来县小南辛堡镇政府西侧，占地面积11.8hm^2，累计投入1亿元资金，相继建成发动机和整车排放实验室、应急装备和综合环境实验室、零部件和EMC实验室，拥有商用车公告产品检测能力，兼顾研发试验能力以及工程机械、军工产品、民航地面设备、环保设备及其零部件委托和特需业务的试验能力。建设集标准、认证、检测、技术服务及产业孵化等全价值链"一站式"检测能力平台。

中机检测德州分公司建设。位于山东省德州市，累计投入1亿元资金，重点建设新能源车辆（电池、电机、电控）检测实验室、碰撞安全实验室、电磁兼容实验室（EMC）和汽车试验场，以新能源汽车（含低速电动汽车）检测认证为基础，同时能够满足乘用车、商用车、客车、工程车辆、军用车辆、民航地面车辆等的认证、检测需求。实验室建成后，将成为立足山东面向全国的一大新能源汽车检测综合服务平台，为新能源汽车整车及零部件生产企业提供系统的、全方位的认证、检测及研发试验技术服务。

大型驾驶员保护结构实验室建设。位于河北省怀来试验区，重点建设具有最大加载能力1 000t、整机工作质量500t以内的国内大型驾驶员保护结构实验室，填补国内大型工程机械驾驶员保护结构检验验证能力的短板和空白，不断提高完善我国工程机械整机和部件的检验验证手段和能力。

第三节　科研成果

中机检测从事的检验检测和认证领域的核心技术主要来源于长期对国家检测技术标准

的解读、对国内外检测和认证领域发展动向的密切关注，以及公司多年检测和认证行业经验和技术积累。公司一直重视技术研发工作，不断将各类检测和认证业务的新方法、新技术、新模式运用到公司具体业务中，经过多年的自主创新，公司形成了独立的研发体系，建立了完善的技术创新机制。通过承担国家、行业重大研发任务、承接行业检测难题，提升自身检测能力，不断进行科技研发。中机检测通过申请专利及登记软件著作权保护核心技术，截至目前公司共拥有 36 项已授权专利、27 项软件著作权，多项省部级奖项。

1. 承担重大科研课题

承接科技部 2015BAF07B01 "工程机械节能减排共性技术研究"科技研发项目，以工程机械中量大面广的挖掘机、装载机等土方机械为研究对象，从典型工况分析和典型工况下各部件的载荷谱、能耗谱测试出发，进行了工程机械节能技术、整机及关键零部件可靠性技术、相关试验装备、评价标准和规范等方面的研究。对推动工程机械行业产业升级，提升行业技术水平，增强自主创新能力、核心竞争力发挥了重要作用。该项目于 2018 年完成验收。

承接科技部 2015BAF07B00 "工程机械节能减排关键技术研究与应用"科技研发项目，联合国内大学院校和主机企业针对液压挖掘机和轮式装载机，通过搭建行走、回转和工作装置能量回收与再生试验平台，开展相关理论分析、关键零部件研制、试验研究和装机示范工作。项目完成了挖掘机和装载机在各种工况下的发动机、液压系统及其负载的能耗试验，确定了制动能量和势能回收与再生的液压混合动力解决方案。开展了液压混合动力系统和原系统的性能匹配与参数优化方法研究，提出了适合于不同机型的液压混合动力系统参数匹配方法，并通过仿真与试验加以验证，为液压混合动力系统设计奠定技术基础。研究成果为逐步建立绿色工程机械的评价体系奠定基础，推进节能型工程机械的应用和推广。

2. 主要技术创新

公司的核心技术为车辆和机械设备检测行业发展中的技术突破点及重要改进点，有效地解决了行业痛点及难点问题，在工程机械领域（含非公路自卸车）拥有的主要核心技术情况如下：

（1）检测技术类

1）工程机械节能减排检测关键技术。工程机械行业是高能耗行业，已成为继汽车之后又一石化能源消耗主体。面对当前石化能源日益枯竭，全球气候变暖，环境污染日益严重的问题，进行工程机械产品节能降耗的研究已经迫在眉睫。我国工程机械产品的能耗排放与工艺水平明显低于国际先进水平。能效低是我国工程机械产品的瓶颈。

公司作为国家级检测机构，联合行业协会、标委会、高校，牵头组织主流整机制造商，开展工程机械节能减排检测关键技术研究，如工程机械整机排放测试技术、整机能效评价技术、工程机械再制造技术研究，基于对工程机械整机的使用工况、排放机理，形成的多项节能减排技术研究成果得到行业的广泛应用。

液压挖掘机、轮胎装载机、推土机、压路机、平地机、非公路自卸车排放测试技术研究，在工程机械行业内首次提出《土方机械 排气烟度 测量方法》系列5项团体标准、6项PEMS测试方法团体标准，在行业内（包括整机制造商和检测机构等）率先形成了科学完善的工程机械产品排放检测能力，有效解决和统一了行业内排气烟度和PEMS测试方法不明确的问题，更真实地反映工程机械行业产品排放水平，在降低工程机械能耗、提高排放水平方面做出重要贡献。

该关键技术及其研究成果已获2021年度机械工业科学技术奖三等奖、2020年工业和信息化部团体标准示范项目，已应用此标准为徐工集团、柳工集团、国机集团、山东重工集团、临工、小松、斗山等国内外20余家工程机械制造商在进行出厂检验和环保信息公开市场准入时的600多个整机新型号、上万台整机进行了测试，逐渐成为各地环保执法监管部门进行环保执法时的测试方法，同时公司被北京市环保局授予"北京市环保局非道路机械排放污染物检测机构"。

2）工程机械多样本可靠性检测和评价技术。为落实国家质量强国发展目标，中机检测作为中国工程机械工业协会质量工作委员会秘书长单位，积极承担和履行行业责任，联合包括徐工集团、三一集团、柳工集团、国机集团、临工、日立、小松、斗山在内的多家国内外工程机械主流制造商，在国内率先开展了工程机械产品多样本可靠性试验技术和评价方法的研究。公司创新性地以同一批量下多样本整机产品为对象，依据典型工况进行可靠性试验，设定在固定置信度水平下的多样本平均无故障时间的数学期望作为评价指标，评价工程机械批量整机产品的可靠性水平。

基于该技术方法公司牵头制定了T/CCMA 0056—2018《土方机械 液压挖掘机 多样本可靠性试验方法》，关键技术及其研究成果获2021年度机械工业科学技术奖三等奖。该项关键技术有效剔除了试验过程中由于产品一致性低导致的单样本抽样误差、作业工况差异导致的试验负载误差，以及由于操作人员水平高低不一致导致的人为误差，科学、准确、严谨地评价该批次产品的可靠性水平。2018—2020年，工程机械多样本可靠性检测和评价技术自应用以来，工程机械产品整体可靠性水平得到大幅度提升。

3）超大型装备检测技术。2018 年，国家发展改革委、科技部、工业和信息化部等多部门联合发布《关于促进首台（套）重大技术装备示范应用的意见》，其中针对"首台（套）"装备技术特点和重大装备检测难度，提出"根据首台（套）检测评定需求，加强国家重点实验室、质量检验中心等建设，对首台（套）产品质量、安全、环保、可靠性等进行全面系统检测"。公司具备超大型掘进机械设备的检测能力，包括对刀盘刀具作业性能、主轴承寿命、推进系统推力、大型管片拼装机载荷、泥浆循环系统等的检测。公司研发了基于光电测距原理和多点空间坐标转换算法的检测技术，能够对超大型掘进机械的刀盘进行高精度测量（测角精度 2″、测距精度 2mm）。

该项技术与试验平台为中交天和机械设备制造有限公司自主研发的世界首创直径 11.4m 的超大直径硬岩竖向掘进机"首创号"（新疆天山胜利隧道 2 号竖井工程）、世界首台最大钻孔直径 10.4m 的加压钻进式竖向掘进机（莆田平海湾海上风电工程）、国内首台采用自主技术设计制造的直径 15.03m 的复合地层超大直径泥水平衡盾构机"振兴号"（南京和燕路过江通道工程）等超大型掘进机械的顺利运行提供了性能试验与评价等支撑。

4）专用车辆试验检测技术。专用车辆是指能够完成某些特殊的运输和作业功能的车辆，包括厢式货车、起重举升类汽车、罐式汽车、专用自卸车、仓栅车等多个种类。相比于普通商用汽车，专用汽车除了要满足基本型汽车的性能要求外，还要满足专用功能的要求。因此，中机检测针对专用汽车专用装置结构复杂、应用路况场景多等特点，持续开展专用汽车试验检测技术的研究，目前已具备检测产品种类广、整体检测技术水平居国内领先的专用汽车检测能力。面向专用汽车的专用装置功能及车辆行驶特性，公司可提供作业稳定性、操纵稳定性、半球面空间作业噪声测量、结构强度测试、燃油消耗量、爆胎应急安全装置试验、高精度车道保持的汽车电子稳定控制系统（ESC）性能试验、多平台行人碰撞模拟场景的自动紧急制动系统（AEBS）性能试验等检测服务。公司开发出模块化、可拼装、附着系数 0.3 以下的试验检测系统，有效满足大型特种车辆 ABS 防抱死制动试验需求。

公司曾为国产"首台（套）"全地面起重机、混凝土泵车等专用汽车提供试验检测服务，为我国首台 2 400t 全地面起重机超长、超重单缸插销 U 形吊臂提供结构强度试验验证服务，为大型专用汽车国产化应用提供检测技术支撑；为阿联酋联邦铁路、中国—老挝铁路、火神山建设、北京冬奥会延庆"海陀塔"和首钢大跳台等大型项目建设用专用汽车产品提供了重要的试验检测服务。

5）军工装备环境适应性检测技术。针对军工装备多环境试验需求，公司研发了包含动力性能、低温起动、热平衡、橡胶件抗老化、外露胶管抗紫外线强照射、2 000kW高压大功率电站和发电机组电气性能检测技术，以及大型移动机库、帐篷类装备、各型方舱等装备的雪载、风载、复杂环境测试等试验检测技术。同时，公司根据军工装备环境适应性试验需要，建设了完备的大型环境试验综合平台，包括分舱温度控制系统（同向、反向）、阳光模拟系统等，在检测能力方面包括−65～85℃的高低温冲击试验、耐霉菌试验、耐盐雾试验等。

公司拥有相关主管部门颁发的从事军工装备检测业务的资格证书，在军工装备检测领域牵头承担了多项国家军用和行业标准的制修订工作，包括GJB 2429A—2021《军用汽车备件和附件包装要求》、GJB 1639A—2020《军用推土机规范》、GJB 10324A—2021《军用步履式挖掘机规范》等。针对军用车辆设备常应用于高海拔作业环境等恶劣环境条件下，公司牵头制定了JB/T 039.1～2—2017《高原型履带式推土机》、JB/T 5931.1～2—2017《高原型轮胎式装载机》等一系列技术标准，为军用车辆设备在恶劣环境条件下的正常使用提供强有力的技术支撑。

该检测技术已通过部分军用装备产品的试验验证并得到应用，实现用于海拔5 000m以上高原环境下设备的试验检测。

（2）标准技术类

1）产品性能标准类别。产品技术水平的进步和质量的提升，离不开标准的引导和促进。公司作为全国土方机械标准化技术委员会副主任委员单位、全国土方机械标准化技术委员会安全和机器性能试验方法分技术委员会秘书长单位、全国土方机械标准化技术委员会可持续发展技术委员会副主任委员单位、中国工程机械工业协会质量工作委员会秘书长单位，凭借自身近50年在工程机械行业雄厚的检测技术基础、专业人才基础、先进设备基础，组织工程机械行业龙头企业，制定国家标准2项、行业标准10项，该类标准对产品提出基本要求指标和发展方向，促进工程机械产品技术质量整体提升。

2）可靠性标准类别。工程机械的低可靠性成为制约当前行业发展的主要因素，为此中机检测作为全国土方机械标准化技术委员会副主任委员单位，基于自身的检测技术基础和多年对工程机械产品的可靠性方法研究、产品原理研究，联合中国工程机械工业协会、行业主要企业，制定了JB/T 12461—2015《履带式推土机 可靠性试验方法、故障分类及评定》、JB/T 12461—2015《轮胎式装载机 可靠性加速试验规范》、JB/T 12463—2015《轮胎式装载机 可靠性试验方法、失效分类及评定》、T/CCMA 0056—2018《土方机械 液压挖掘机 多样本可靠性试验方法》。以上标准均为行业领域内，相关机种可靠性研究领域现行唯一的标准，在行业内得到广泛应用，深度解决了国产工程机械从起初的"跑漏滴""平均无故障工作时间水平低"等问题到可靠性水平直追国外产品。该类标准的制定对我国工程机械行业产品可靠性水平提升具有重要推动作用。

3）排放标准类别。为了深入贯彻《中华人民共和国环境保护法》和《中华人民共和国大气污染防治法》等国家法律法规，生态环境部和国家市场监督管理总局联合发布了GB 36886—2018《非道路柴油移动机械排气烟度限值及测量方法》。中机检测制定了液压挖掘机、装载机、推土机、压路机、非公路自卸车等土方机械排气烟度测量方法系列团体标准（T/CCMA 0078—2019～T/CCMA 0082—2019），规范了工程机械设备烟度检验工况，提高了烟度检验方法的可操作性，对通用标准进行了补充与细化。规范了新生产工程机械产品的排气烟度测量方法，为政府、行业真实评价产品排气烟度提供支撑，为控制我国工程机械产品排放做出重要贡献。

2015—2021年中机检测主持制修订标准情况见表4-11。

表4-11 2015—2021年中机检测主持制修订标准情况

序号	类别	标准名称	标准号	起草单位
1	产品性能标准	军用推土机规范	GJB 1639A—2020	中央军委装备发展部综合计划局
2		军用装载机通用规范	GJB 2942A—2021	
3		军用步履式挖掘机规范	GJB 10324—2021	
4		军用工程机械分类	GJB 2134A—2021	
5		土方机械 压实机械压实性能试验方法	GB/T 18148—2015	全国土方机械标准化技术委员会（SAC/TC334）
6		高原型轮胎式装载机 第1部分：技术条件	JB/T 5931.1—2017	
7		高原型轮胎式装载机 第2部分：试验方法	JB/T 5931.2—2017	
8		高原型履带式推土机 第1部分：技术条件	JB/T 6039.1—2017	
9		高原型履带式推土机 第2部分：试验方法	JB/T 6039.2—2017	
10		土方机械 铲运机 第1部分：技术条件	JB/T 13785.1—2020	
11		土方机械 铲运机 第2部分：性能试验方法	JB/T 13785.2—2020	
12		土方机械 铲运机 第3部分：可靠性试验方法	JB/T 13785.3—2020	
13		土方机械 振荡压路机 第1部分：技术条件	JB/T 13786.1—2020	
14		土方机械 振荡压路机 第2部分：试验方法	JB/T 13786.2—2020	
15		土方机械 振动压路机 减振系统检验规范	JB/T 13787—2020	
16	可靠性标准	履带式推土机 可靠性试验方法、故障分类及评定	JB/T 12461—2015	全国土方机械标准化技术委员会（SAC/TC334）
17		轮胎式装载机 可靠性加速试验规范	JB/T 12462—2015	
18		轮胎式装载机 可靠性试验方法、失效分类及评定	JB/T 12463—2015	
19		土方机械 液压挖掘机 多样本可靠性试验方法	T/CCMA 0056—2018	中国工程机械工业协会

(续)

序号	类别	标准名称	标准号	起草单位
20	排放标准	土方机械　排气烟度　液压挖掘机测量方法	T/CCMA 0078—2019	中国工程机械工业协会质量工作委员会
21		土方机械　排气烟度　装载机测量方法	T/CCMA 0079—2019	
22		土方机械　排气烟度　推土机测量方法	T/CCMA 0080—2019	
23		土方机械　排气烟度　压路机测量方法	T/CCMA 0081—2019	
24		土方机械　排气烟度　非公路自卸车测量方法	T/CCMA 0082—2019	
25		绿色设计产品评价技术规范　液压挖掘机	T/CMIF 139—2021	中国机械工业联合会

第四节　企业文化与社会责任

1. 企业文化

企业使命：促进中国工程机械与交通运输装备产业升级，为全国工程机械与交通运输装备工商业界提供国际水准的检测服务。

企业经营理念：诚信、求真、敬业、创新。

企业精神：坚守初心、艰苦奋斗、守正创新、勇当先锋。

企业愿景：成为工程机械与交通运输装备国内领先、国际知名的检测机构。为社会传递信任、为客户创造价值、为股东创造利益、为员工谋取福利。

2. 企业发展战略

（1）坚持创新驱动，提升服务价值。创新是第一生产力，品牌是实力载体，是赖以生存和发展的基石。建立"服务产业，关注消费，需求导向，提升效能"的创新机制，培育一站式服务客户能力，实现主营业务快速发展。

（2）坚持深化改革，激发企业动力。以中机检测战略目标为引领，落实国企改革三年行动方案，破除制约公司发展的体制机制障碍，持续优化企业治理结构和机制，激发企业发展动力。

（3）坚持问题导向，优化业务结构。贯彻新发展理念，构建新发展格局，稳步调整业务结构。面向新需求，面向国际化，立足新常态，尽快培育新的业务方向和商业模式，同时补齐能力短板，优化人才队伍结构，支撑中机检测未来业务发展。

（4）坚持精益管理，完善管控模式。坚持以战略和财务管控为抓手，以总部为战略引领，在战略绩效考核管理、人才管理、财务管理、合规管理等方面进一步实现企业治理体系和质量能力现代化。

第十一章　康明斯有限公司

康明斯有限公司（简称康明斯）创立于1919年，总部位于美国印第安纳州哥伦布市。公司拥有约75 500名员工，致力于通过教育、环境和机会平等三大领域构建健康社区，驱动世界前行。其产品涵盖柴油及天然气发动机、发电机组、交流发电机、排放处理系统、涡轮增压系统、燃油系统、控制系统、变速箱、制动技术、车桥技术、滤清系统，以及氢能制造、存储及燃料电池等。

康明斯高度重视技术研发。早在20世纪60年代后期，康明斯便组建了大型技术研发中心，为公司在后续发展中确立了柴油机技术研发领域的全球领先地位。康明斯在世界各地建立了研发机构，除美国外，还在中国、英国、法国、日本、印度等国家建造了研发中心，组建了强大的全球研发网络，这是其技术领先的重要支撑。

康明斯在全球拥有广泛的业务布局和服务网络。它在全球范围内有10 600多家认证经销网点和500多家分销服务网点，为190多个国家和地区的客户提供产品和服务支持。

在中国市场，康明斯的身影最早可追溯至1941年，以援助模式进入。20世纪80年代，重庆发动机厂获得许可证，开始生产康明斯发动机，实现了本地化生产。90年代，康明斯第一家中国合资发动机工厂成立，随后不断加大在我国市场投入。经过多年深耕，目前康明斯在我国设有37家机构，包括26家制造企业，员工达13 000多名，主要生产发动机、发电机组、交流发电机、滤清系统、涡轮增压系统、排放处理系统、燃油系统、氢能制造、存储及燃料电池等产品；还拥有18家省级客户支持中心，以及3 000多家康明斯及合资体系授权经销商。中国已成为康明斯在全球规模最大、增长最快的海外市场之一。

在发动机业务方面，康明斯发动机以卓越的可靠性、动力性和燃油经济性享誉业内，且在满足日益严格的道路排放和非道路用机动设备排放要求中一直居于领先地位。其发动机产品广泛应用于道路及非道路多种应用场景，包括中重载货汽车、客车、轻型商用汽车、轻型载货汽车、特种专用车辆，以及工程机械、农业机械等非公路领域。

康明斯是《财富》世界500强企业，也是财富杂志评选的"美国最受敬仰的企业"之一，还连续多年入选如道·琼斯全球可持续发展指数榜、福布斯全球企业2000强等各种权威榜单。

康明斯通过与中国大型企业结成战略联盟，实现了共同发展。它与东风汽车、重庆机电、陕汽集团、北汽福田、柳工集团、江淮汽车等中国领先企业合资组建了六家发动机厂，多个发动机系列实现本地化生产，为中国发动机产业的发展起到了巨大的推动作用。

凭借悠久的历史、领先的技术、广泛的产品线、全球化的布局以及在我国市场的深入发展，康明斯在动力技术领域确立了重要地位，成为全球发动机行业的重要参与者和引领者。康明斯（中国）投资有限公司成立于1997年，总部位于美国印第安纳州哥伦布市，是康明斯在中国境内成立的全资子公司。统筹管理康明斯在华投资和业务发展，同时也是康明斯东亚地区的总部。康明斯是首批在京成立地区总部的跨国公司之一。

此后，康明斯在我国投资不断扩大，陆续成立了多家合资公司和独资公司，涉及发动机、滤清器、交流发电机和涡轮增压器等多个领域。

为全方位服务非道路工业市场，康明斯提供的不同系列大功率发动机如下：

QSK19：排量为19L，功率覆盖范围为470～760hp（1hp=735.499W）。该系列发动机采用康明斯专利技术的PT燃油系统，保证发动机雾化良好，燃烧充分。其所有运动部件均为强制润滑，大容量齿轮泵提供压力润滑油对轴承进行润滑并冷却活塞。同时，该发动机采用空空中冷技术，保证进气更充分，燃油经济性更好。

QSK23：排量为23L，功率覆盖范围为520～895hp。这款发动机采用了康明斯先进的燃烧技术和高压共轨燃油系统，能够提供更高的喷油压力和更精确的喷油控制，从而提高燃烧效率和动力输出。QSK23发动机还采用了涡轮增压和中冷技术，进一步提高了发动机的进气效率和功率输出。此外，该发动机还具有较高的可靠性和耐久性，采用了高强度的材料和先进的制造工艺，能够在恶劣的工作环境下长期稳定运行。

QST30：排量为30.5L，功率输出范围为806～910kW。这款发动机设计紧凑，提供的转矩和动力比其他同尺寸发动机更高。它采用12缸涡轮增压配置，配备50Hz和60Hz配置，适用于各种应用场景。QST30发动机具有出色的性能等级，燃油消耗率低，尺寸为2 621mm×1 448mm×2 021mm，干重为3 437kg。

QSK38：排量为38L，功率覆盖范围为760～1 200hp。它采用了康明斯先进的电子控制技术，能够实现更精确的喷油控制和燃烧管理，从而提高燃油经济性和排放性能。QSK38发动机还采用了康明斯的VGT涡轮增压技术，能够根据发动机的转速和负载自动调整涡轮增压器的叶片角度，从而提高发动机的进气效率和功率输出。此外，该发动机采用了高强度的材料和先进的制造工艺，具有较高的可靠性和耐久性，能够在恶劣的工作环境下长期稳定运行。

QSK50：排量为50L，功率覆盖范围为1 350～2 500hp。对比同功率段产品，这款发动机重量更轻、体积更小，2 500hp发动机重量小于6t，节省用车成本和整车部署空间。它采用先进的高压共轨燃油系统，搭配电控系统，实现精准控制燃烧效率、瞬态响应和速度稳定性显著提升。结合康明斯大功率数字化解决方案PrevenTech，基于发动机运行数据分析及算法评估，实现远程诊断、故障预警和分级报警，保障设备出勤率，降低客户意外停机损失及运营成本。

QSK60：排量为60L，功率覆盖范围为1 800～3 500hp。该系列发动机可满足各种排放标准，其V16缸的结构可提供高达3 150hp（2 350kW）的动力，最大转矩可达11 953N·m，可轻松应对高负载。先进的燃油系统和电子控制系统有助于降低燃油消耗和运行成本。双级涡轮增压技术响应速度快，可在高海拔地区无功率损失工作。有效提升整机作业效率，使运转更加平稳。在保障作业舒适性和安全性的同时，还能降低油耗，节能环保。

QSK78：排量为78L，功率覆盖范围为2 000～3 000hp。它是一款电子控制的发动机，采用了康明斯的高压共轨燃油系统和涡轮增压技术，能够提供更高的喷油压力和更精确的喷油控制，从而提高燃烧效率和动力输出。QSK78发动机还采用了康明斯的VGT涡轮增压技术，能够根据发动机的转速和负载自动调整涡轮增压器的叶片角度，从而提高发动机的进气效率和功率输出。此外，该发动机还具有较高的可靠性和耐久性，采用了高强度的材料和先进的制造工艺，能够在恶劣的工作环境下长期稳定运行。

QSK95：排量为95L，最大功率可达4 400hp，缸径190mm，冲程210mm。这款发动机采用了康明斯先进的燃烧技术和高压共轨燃油系统，能够提供更高的喷油压力和更精确的喷油控制，从而提高燃烧效率和动力输出。它采用模块化高压共轨燃油系统，发动机噪声更低、振动更小、安装方便、瞬态响应好，在输出功率上可以与中速机一决高下。同时，QSK95采用新材料设计，保养维护便利，更加耐久可靠。

康明斯大功率发动机以其高可靠性、高耐久性和高性能而著称,适用于各种重型设备和机械,如矿山设备、建筑机械、船舶等。同时,康明斯也在不断研发和推出新的发动机技术,以满足市场的需求和环保法规的要求。

同时,康明斯也致力于推动中国柴油机行业共同发展。其中,作为康明斯在华唯一的大功率发动机生产基地,同时也是康明斯在中国本地化生产的起点,重庆康明斯发动机有限公司起到了至关重要的作用。重庆康明斯成立于1995年,由康明斯与重庆机电股份有限公司以50:50股比合资组建。目前主导产品包括康明斯N、K和M11三大系列柴油机及柴油发电机组和船用动力机组,功率覆盖范围为145~1 656kW,广泛用于载重汽车、客车、工程机械、石油机械、发电机组、船舶和轨道车辆等动力配套领域。其产品具有以下特点:

(1)油耗低、经济性好。采用康明斯专利技术的PT燃油系统,保证发动机雾化良好、燃烧充分;高效的Holset废气涡轮增压器可保证进气更充分,提高发动机效率,进一步改善燃烧,降低发动机比油耗;空空中冷技术使进气更充分,燃油经济性更好。

(2)结构紧凑、维护方便。可更换湿式气缸套,散热效果好且更换容易;所有机型零部件通用性强、系列化程度高,维修方便;缸体和缸盖均采取内置式压力润滑油道,结构紧凑,故障率低。

(3)设计先进、性能可靠。缸体采用高强度合金铸铁制造,刚性好、振动小、噪声低;缸盖每缸四气门设计,可优化空气/燃油混合比,有效改善燃烧和排放,且每缸一盖,维修方便;凸轮轴单凸轮轴设计可精确控制气门和喷油正时,优化的凸轮型线可减小冲击力,提高可靠性和耐久性;曲轴由高强度锻钢制造,圆角及轴颈的感应淬火工艺可保证曲轴疲劳强度更高。

(4)专业配置、最佳品质。润滑系统中,所有运动部件均为强制润滑,大容量齿轮泵提供压力润滑油对轴承进行润滑并冷却活塞,机油冷却器、全流式滤清器、旁通滤清器维持良好机油状态;燃油系统采用康明斯专利技术的PT燃油系统,STC分布正时系统保证全工况燃烧更好,采用低压供油系统,配置燃油单向回路,安全可靠;冷却系统采用齿轮离心水泵强制水冷,大流量水道设计,冷却效果好,旋装式水滤器及专用DCA添加剂可有效防止锈蚀和穴蚀,控制冷却液酸度并去除杂质。

在行业影响力方面,重庆康明斯发动机有限公司经过多年发展,已成为中国大功率动力行业的重要引擎。其产品广泛应用于电力市场、工程机械、矿山、油气田等多个领域,并配装主机厂用户不断开拓出口业务。该公司从合资初期的年产销发动机2 579台、销售收入2.77亿元，发展到2020年的产销发动机14 000台左右，销售收入约30亿元，实现了稳定增长。

重庆康明斯还获得了众多荣誉，如"中国机械工业100强""国家高新技术企业""重庆市工业双百企业""重庆企业100强""重庆制造业企业100强""重庆市技术创新示范企业""重庆市绿色工厂"等，受到社会各界广泛赞誉。

此外，为支持未来的持续发展，股东双方启动了"未来大发展项目"，引进新的产品技术，新建大功率发动机制造工厂以及大功率发动机研发中心。新基地项目建成后，将使重庆康明斯成为具有世界一流水平的大功率发动机制造基地，全面提升技术创新、绿色制造和智能制造能力，具备年产销康明斯大功率发动机22 000台的能力。同时，其大马力发动机技术研发中心也将成为康明斯全球重要的大功率发动机研发基地之一。

康明斯注重技术创新的同时，也高度重视产品质量。从零部件的采购到生产制造的每一个环节，都严格遵循国际标准和质量体系，确保每一台发动机都经得起时间和市场的考验。这种对质量的执着追求，使得康明斯的产品在激烈的市场竞争中脱颖而出，成为品质的代名词。

在环保方面，康明斯积极响应全球节能减排的号召，投入大量资源研发清洁能源和可再生能源技术。其推出的新能源动力产品，如电动和混合动力系统，不仅减少了碳排放，也为客户提供了更加可持续的解决方案，助力中国的绿色发展。

除了产品和技术的优势，康明斯还以优质的服务网络闻名。公司在全国范围内建立了完善的售后服务体系，拥有专业的服务团队和充足的备件供应，能够为客户提供及时、高效、全方位的服务支持。无论是在偏远的山区还是繁华的都市，康明斯的服务人员都能在第一时间赶到现场，解决客户的问题，确保设备的正常运行。

此外，康明斯中国还积极履行社会责任，关注教育、环保、公益等领域。通过开展各类公益活动和项目，为社会的发展和进步贡献力量，展现了一个企业的担当和情怀。

回顾过去，康明斯在技术创新、产品质量、服务体系和社会责任等方面都取得了令人瞩目的成就。展望未来，公司将继续秉承"驱动世界前行，实现至美生活"的使命，不断加大在中国市场的投入，加强与本土企业的合作，共同推动中国动力产业的升级和发展。

在新的征程上，康明斯将继续着眼于长期发展目标，秉承"利益相关者模式"，与合作伙伴精诚合作，不断向市场和客户提供优秀的产品，充分利用全球布局的优势，推动业务进展，并在多元能源的动力领域投入更多资源，以满足市场的不同需求。同时，康明斯也将努力提高产品的中国化生产程度，以"国际化"的技术生产"中国化"的产品，为中国客户提供更好的服务和解决方案。康明斯将凭借其强大的技术实力、优质的产品和服务，以及对中国市场的深刻理解，继续引领行业发展，为中国的现代化建设注入源源不断的动力，成为驱动中国未来的强大引擎！

中国非公路自卸车行业志

协会篇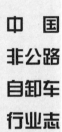

介绍中国工程机械工业协会工程运输机械分会的基本情况及主要服务内容

综合篇

市场篇

技术篇

中国工程机械工业协会工程运输机械分会

企业篇

协会篇

中国非公路自卸车行业志

协会篇

大事记

中国工程机械工业协会工程运输机械分会

1. 简介

中国工程机械工业协会工程运输机械分会（以下简称分会）成立于2004年，是中国工程机械工业协会的专业分会之一。分会的成员单位主要由国内外具有代表性的非公路自卸车整车及零部件制造企业、露天矿山和大型水利水电工程施工用户、维修及后市场服务企业，以及高校和研究院所等产业链上下游120余家单位组成。分会现任的理事长单位为内蒙古北方重型汽车股份有限公司。

分会的愿景是打造成为非公路自卸车行业具有国际影响力的一流会员组织。分会的宗旨是服务行业，服务会员单位，搭建政府、行业和企业间的信息畅通和人员交流的渠道和桥梁，促进行业的科技进步和高质量发展。分会的具体任务是传达贯彻政府有关方针、政策、法律法规，及时反映会员单位的状况和诉求，服务会员单位，维护会员单位的合法权益；服务行业发展，组织制修订行业相关团体标准，做好信息统计，引领、推动行业技术进步等。

《矿用汽车》是由分会组织编印的行业内全国范围内唯一的非公路自卸车方面的信息和经验交流资料。2018年，随着分会的发展，《矿用汽车》从最初的一年4期发展到现在的一年6期，内容主要涵盖行业资讯、市场信息、企业动态等非公路自卸车产学研用全产业链的内容，已经成为行业内高度认可和广泛关注的颇具影响力的读物。

2. 主要工作

（1）办好《矿用汽车》，传递会员心声。协会充分发挥《矿用汽车》的行业优势，积极宣传行业内各会员单位在技术创新及新产品、新工艺、新模式和品牌建设等方面所取得的成果和经验，深入生产一线介绍产品使用、技术革新和维修保养等成功经验和良好做法。长期以来，分会对行业内仅有的《矿用汽车》高度重视，对内容和形式不断创新，更加关注矿用车的技术发展、维修服务和后市场等方面的技术进步和经验分享，以及行业的动态和咨询。同时，主动向一线的基层人员倾斜，让行业可以更多地听到来自一线的声音。将新技术和成熟经验更广泛地为全行业所用，为行业的技术进步和转型升级持续做出贡献。

（2）开展学术活动，搭建交流平台。分会不定期召开创新发展论坛，与会员企业及行业用户密切联系，积极为会员企业和用户服务。分会积极研究分析国内外行业发展趋势，及时为会员企业提供行业信息；不定期组织会员单位开展生产、经营、技术、管理等方面的交流活动；采取多种形式宣传会员单位的产品及服务。

（3）跟踪前沿技术，推动落地生效。分会非常重视对前沿技术的跟踪和推广，积极推进矿用车产品的信息化、智能化、无人化、绿色化、高端化和自主可控关键技术等领域的发展和进步。为满足露天矿山对无人驾驶矿用车的需求，分会与行业领军企业协同配合，在全行业内加快推进以线控化底盘为自主技术的无人运输矿用车深度开发，积极为国内外"智慧矿山"提供自动运输系统解决方案。随着"智慧矿山"进程的不断加快，分会开始加大力度持续推动行业绿色产品开发，加速推动纯电动、氢燃料及混合动力等系列产品的商业化落地，以及无人驾驶技术的广泛应用；对标国际先进标准，积极建立适用可行的团体标准；提倡定制化、个性化服务，推进行业向高端化发展；引领有条件的企业率先开展关键核心技术攻关，增强产品核心零部件的自主可控能力，逐步解决行业"卡脖子"问题。

（4）拓宽国际视野，促进高质量发展。分会高度重视，并积极推进矿用车的国际化进程。积极为会员单位挑选专业性强、影响力大的国内外展会，并充分利用互联网等在线平台和手段，为有意愿的会员企业创造走出去的各种机会。同时，利用每年举办年会和创新发展论坛的有利时机，遍邀卡特彼勒、康明斯、艾里逊、小松、沃尔沃、通用电气、西门子、米其林和霍克摩擦材料等优秀企业代表，与国内同行一道，共同开展前沿技术、装备领域、企业管理和用户服务等方面的交流探讨，共同促进矿用车行业的高质量发展。

（5）团体标准建设。分会积极推动非公路自卸车行业团体标准的建设工作。畅通渠道，汇集行业资源，积极为会员参与团体标准的起草提供全方位的帮助和指导。分会先后制定发布了《非公路自卸车安全技术要求》《非公路自卸车操作使用规程》和《非公路自卸车运营维护规程》3项非公路自卸车团体标准，于2020年8月1日起正式实施。

（6）宣传会员企业，共建会员组织。分会鼓励会员单位参加针对性强的品牌活动，包括但不限于展览展示和品牌宣传，并积极投身其中。在所有公开活动中注重宣传企业，突出企业在行业发展中的重要作用。同时,注意凝聚行业共识,解决行业共性问题,不断吸引广大行业企业积极加入协会,壮大会员组织。

(7)打赢疫情防控保卫战。为打赢疫情防控阻击战,切实维护正常经济社会秩序,协会积极落实党中央、国务院对疫情防控和有序做好企业复工复产的决策部署,积极快速响应中国工程机械工业协会关于《众志成城、并肩作战,打赢疫情防控人民战争》倡议书精神,扎实做好复工复产统计和诉求反馈,积极落实税收减免政策等工作,助推行业企业扎实做好疫情防控与复工复产工作。

2011年后分会主要负责人见表5-1。

表5-1 2011年后分会主要负责人

名称	职务	姓名	任职时间
中国工程机械工业协会工程运输机械分会	理事长	刘久青	2011—2016.09
		邬青峰	2016.09—
	秘书长	陈学铮	2011—2016.09
		刘 智	2016.09—

综合篇

市场篇

技术篇

中国
非公路
自卸车
行业志

大事记

2011—2020年非公路自卸车行业大事记

企业篇

协会篇

大事记

2011—2020年非公路自卸车行业大事记

2011—2020年非公路自卸车行业大事记

2011年

5月，北方股份被科技部、国家发展改革委、工业和信息化部等多部委和中国科学院、中国工程院联合授予"重型非公路矿用车国家地方联合工程研究中心"，成为我国唯一的国家级非公路矿用自卸车研发基地。

5月，首台国产300t电动轮自卸车SF35100型（图6-1）在湘电重装下线。

图6-1 SF35100电动轮自卸车

6月，首批秦皇岛天业通联重工股份有限公司（简称天业通联）的矿用自卸车发往蒙古国，标志着我国国产化的矿用自卸车正式走向国际市场。

7月，陕西同力重工股份有限公司（简称同力重工）第5 000台非公路宽体自卸车下线（图6-2）。

图 6-2　同力重工第 5 000 台非公路宽体自卸车下线典礼

8月，内蒙古北方重型汽车股份有限公司（简称北方股份）自主研发的NTE260（图6-3）电动轮矿用车正式下线，标志着我国已具备自主研发高品位、大吨位、低价位电动轮矿用车的能力。

图 6-3　NTE260 电动轮矿用车

8月，国内首台400吨级矿用自卸车HMTK6000（图6-4）在中冶京诚湘潭重工成功下线。

图 6-4 HMTK6000 矿用自卸车下线试运行

9月，首钢自主研发的交流电传动矿用自卸车在首钢水厂铁矿成功运行。

9月，由徐工汽车公司自主研发的 NXG5640DT 型 6×4 非公路矿用自卸底盘成功下线。

10月，柳工集团和首钢集团合作后首度推出的 SGE190 矿用自卸车亮相 BICES 2011 展会。

10月，首批卡特 793D 矿用自卸车交付神华五彩湾煤矿（图 6-5）。

图 6-5 793D 矿用自卸车在神华五彩湾煤矿现场

10月，徐工集团自主研制国内首台交流电传动自卸车DE170（图6-6）亮相BICES 2011展会，标志着徐工集团在大吨位电传动自卸车研发领域有了重大突破。

图6-6　DE170交流电传动自卸车

年内，卡特彼勒完成对比塞洛斯的收购，Unit-Rig品牌消失，Unit-Rig自卸车产品并入卡特彼勒产品序列（图6-7）。此后相继推出794AC、796AC和798AC，载重覆盖290～372t。

图6-7　Unit-Rig品牌MT产品线并入卡特彼勒并改用卡特部件产品

年内，北方股份研发了ROPS/FOPS驾驶室，在国内率先满足国家标准GB 25684.4《土方机械　安全》中关于自卸车ROPS/FOPS的功能要求。

年内,湘电集团有限公司研发的国内首台具有自主知识产权的220吨级电动轮自卸车获中国工业大奖表彰奖,是国内矿用自卸车行业首次获得该奖项。

年内,三一矿机厂内和野外试验场分别在江苏昆山和浙江湖州建成,试验验证体系初步形成。

年内,广西柳工机械股份有限公司与首钢矿业公司签署战略合作协议,柳工收购首钢重汽42%股权,标志着柳工集团正式进军矿业市场。

2012年

3月,北方股份35吨级矿用自卸车NTS35研发成功。

3月,湘电重装出口澳大利亚力拓集团的首台230t SF33901型电动轮自卸车成功下线并于5月起陆续发往皮尔巴拉矿区汤姆普莱斯矿。

3月,卡特彼勒发布777F非公路自卸车的升级换代产品777G(图6-8)以应对排放升级。

图6-8 卡特777G型自卸车

5月,中冶京诚HMTK600B 400t电动轮矿用自卸车在神华准格尔哈尔乌素煤矿投入试运行。

6月,国内首台自主研制的NTE150电动轮矿用自卸车在北方股份正式下线。

8月,由宇通重工自主研发的YTG50刚性矿用车顺利下线。

9月,由我国自主研制的拥有完全自主知识产权的载重220t NTE240电动轮矿用车在北方股份顺利下线,这是继260吨级和150吨级电动轮矿用车后,北方股份成功研制的第三种自主品牌产品。

9月，小松（中国）投资有限公司730E（AC）矿用车升级为交流驱动（图6-9）。

图6-9 小松730E（AC）矿用车

11月，北京二七轨道交通装备有限责任公司190t交流电传动矿用自卸车EQ190AC（图6-10）下线。

图6-10 EQ190AC自卸车

11月，北方车辆成功研制400t电动轮交流传动控制系统。

11月，装载了中国南车株洲所自主研发的首台220t矿用电动轮车牵引变流器在别拉斯通过试验考核，标志着株洲所自主品牌打破了技术垄断，在矿山电动轮车交流电传动领域实现了历史性突破。

11月，徐工400吨级矿用自卸车DE400（图6-11）下线并亮相上海宝马展。

图6-11　徐工DE400型自卸车

11月，天业通联TTA51铰接式矿用车下线并亮相上海宝马展。

11月，徐工DAE60电传动铰接式自卸车（图6-12）亮相上海宝马展。

图6-12　DAE60电传动铰接式自卸车

11月，三一重装国际控股有限公司（简称三一重装）230t电动轮矿用自卸车SET230（图6-13）亮相上海宝马展。

图 6-13　SET230 型电动轮矿用自卸车

12月,中国首台108t交流传动国产化电动轮自卸车下线,这项直流传动改交流变频传动系统的研发、改装工作由中船重工第712研究所和湘潭市星达机电共同完成。

12月底,航天重工首台220t(WTW220E)电动轮矿用车(图6-14)开展试验,并于次年9月正式交付大唐国际锡林浩特矿业有限公司。该车采用双发动机、4轴线、8悬架、16×16全轮驱动、全轮转向设计。

图 6-14　WTW220E 双发多轴电动轮自卸车

年内,NTE330电动轮矿用车(图6-15)下线,将北方股份自主品牌产品载重量提升到了300吨级的新高度。

图 6-15　NTE330 电动轮矿用车

年内，湘电集团为力拓集团定制化研发的载重量 230t 的 SF33901 电动轮自卸车（图 6-16），首批 4 台车成功交付澳大利亚力拓集团，国产大型矿业装备实现了批量出口，在我国重工业发展史上具有里程碑的意义。

图 6-16　230t 矿用自卸车

年内，三一矿机的 ET230 电传动自卸车成功下线并发往本钢试用。

2013 年

1 月，载重 220t 的 SCT-121 型电动轮自卸车在广州电力机车有限公司顺利下线。

SCT-121型电动轮自卸车（图6-17）高度超过7m，电牵引与制动功率近2 000kW，最高车速达到64km/h。

图6-17 SCT-121型电动轮自卸车

1月，中冶京诚（湘潭）重工研制的HMTK600B型（363t）电动轮自卸车在哈尔乌素煤矿成功完成现场工业性运行试验，顺利通过产品鉴定。

5月，航天重工110t两轴电动轮矿用自卸车研制成功。

6月，徐工集团首台XDE300矿用自卸车（图6-18）顺利下线。

图6-18 XDE300矿用自卸车

6月，中铁十一局汉江重工研发的HKC190电动轮自卸车完成试运行。

7月，同力重工第三代非公路宽体车上市，在安全性、可靠性、舒适性、高效性、经济性等方面实现了全面提升。

10月，别拉斯发布的75710型矿用自卸车（图6-19），采用双发设计，载重量达到450t。

图6-19　75710型矿用自卸车

10月，柳工集团SGE240型自卸车（图6-20）亮相BICES 2013。该车由首钢与柳工集团联合打造，发动机为2 500马力（1马力=735.499W），最大转矩839N·m，电动机额定功率为970kW，载重量为240t，全车长12.54m，高5.894m。

图6-20　SGE240型自卸车

10月，航天重工HT3110自卸车（图6-21）在BICES 2013展会上亮相。

图6-21　HT3110自卸车

2014年

7月，北京二七轨道交通装备有限责任公司的EQ190AC型电动轮在袁家村铁矿进行运用考核试验，达到190t满载运行。

10月，航天重工363t矿用自卸车HT3363（图6-22）研制成功。

图6-22　HT3363矿用自卸车

11月，三一重装SAT40铰接式自卸车（图6-23）亮相上海宝马展。

图6-23　SAT40铰接式自卸车

11月，徐工XDE240电传动自卸车（图6-24）、XDA45铰接式自卸车（图6-25）亮相上海宝马展。XDA45铰接式自卸车额定载重41 000kg、整备质量34 000kg、最高车速51km/h、额定功率/转速1 800kW/350r/min、最大爬坡度45%。

年内，北方股份研发了NTE200、NTE240DC电传动矿用自卸车（图6-26），并成功研发了电动轮中央控制系统，引入控制器。

图6-24　XDE240电传动自卸车

图 6-25　XDA45 铰接式自卸车

图 6-26　NTE240DC 电传动矿用自卸车

2015 年

8月，北方股份首台双能源动力电动轮 330 吨级电动轮矿用车（图 6-27）成功下线，并发往纳米比亚湖山铀矿。

图 6-27　330 吨级电动轮矿用车

9月，比亚迪纯电动宽体自卸车下线。

年内，北方股份 TR100A 矿用车入选国家火炬计划项目。

年内，北方股份研发了 NTE260 高原矿用自卸车。

年内，三一矿车业务根据集团发展需要整体从江苏昆山搬迁到辽宁沈阳新产业园并完成了矿车生产线建设，以及 SRT95C、SRT55D 等升级换代产品设计、下线和量产销售。

年内，同力股份推出我国非公路宽体矿用车第四代同力 D 系列产品，挂牌新三板。

年内，北方股份矿用车累计销售量突破 5 000 台。

2016 年

2月，徐工 XDA40 铰接式自卸车成功下线。

4月，同力重工全线产品升级到"国三"标准。

6月，中车北京二七机车有限公司 90t 矿用自卸车下线。

8月，广州电力机车有限公司 SCT-A261 型电传动铰接自卸车完成现场试用鉴定。

9月，小松在 MINExpo 上展示载重 230t 的无驾驶室自动驾驶矿用自卸车（图 6-28）。

图 6-28　小松无驾驶室概念车

9月，小松推出400短吨的980E-4矿用自卸车（图6-29）以及930E-5矿用自卸车。

图 6-29　980E-4 矿用自卸车

9月，卡特彼勒推出794 AC交流传动自卸车（图6-30）。

图 6-30　794 AC 交流传动自卸车

11月，东风重工（十堰）有限公司推出载重45t的DF45E新能源混合动力矿用车。

11月，临工重机发布新一代矿车CMT70。

12月，同力重工D系列宽体自卸车上市。

年内，北方股份成功研发了NTE120电传动矿用自卸车。

年内，北方股份研发了ROPS和FOPS试验台（图6-31）。

图6-31　ROPS和FOPS试验台

年内，北方股份被评为第1批制造业单项冠军示范企业。

2017年

1月，北方股份载重236t的NTE260高原型电动轮矿用车在海拔5 300m以上的驱龙铜矿投入使用。

2月，中车北京二七机车有限公司CR240E电传动矿用自卸车下线。

6月，经过优化升级的全新一代徐工XDA60E铰接式自卸车成功下线。

7月，由瑞士企业改装锂电池的小松HD605在重载下坡工况实现零燃料补给，次年4月正式交付用户。

9月，徐工XDE110高原型电传动自卸车交付海拔超5 000m的巨龙铜矿。

9月，北方股份首台采用国产电驱动系统矿车NTE120交付鞍钢集团，标志着北方股份在核心的系统总成件上开始逐步打破完全依靠进口件的局面。

10月，临工重机股份有限公司CMT106自卸车（图6-32）上市，产品满足非道路国三排放标准，采用低转速、大转矩的530马力发动机，更加环保、动力更强劲。

图6-32　CMT106自卸车

11月，北方股份第1 000台TR100矿车下线，进入全球单品销量千台俱乐部。

12月，卡特彼勒签署协议，批量改造793F自卸车（图6-33）用于澳大利亚铁矿的自动化运营。

12月，北方股份TR100矿车创造了年运行8 000h的纪录。

12月，湘电重装成功中标国家电力投资集团公司内蒙古南露天矿10台SF31904C型108t电传动矿用自卸车（图6-34）订单，这是从2012年以来，湘电重装公司取得的单笔最大自卸车订单。

图6-33　无人驾驶的793F自卸车

图 6-34　SF31904C 型电传动矿用自卸车

年内，北方股份率先研发了无人驾驶电动轮矿用自卸车。

年内，北方股份研发了 NTE400 电动轮矿用自卸车，参与国际投标竞争，为践行"一带一路"倡议提供采矿优选设备。

2018 年

1 月，徐工集团 60t 轻型矿用自卸车 XDM60 下线。

1 月，小松自动化运输系统（AHS）实现商业化部署 10 周年，实现无人化运输 15 亿短吨。超过 100 台无人驾驶自卸车在澳大利亚、北美洲和南美洲运行（图 6-35）。

图 6-35　运行在澳大利亚的小松无人驾驶自卸车

1月，沃尔沃建筑设备收购特雷克斯公司自卸车4年后，特雷克斯品牌自卸车逐渐停止生产，沃尔沃品牌自卸车登场。

5月，卡特彼勒793系列车型生产数量达到5 000台。

6月，卡特彼勒797系列车型生产数量达到1 000台。

6月，航天重工110t矿用车通过国家科技成果鉴定，达到国际先进水平。

8月，北方股份成功研制国内首台混合动力矿用车NTH35。

8月，宇通重工研发的国内首台纯电动矿用自卸车YTK90在河南一矿区正式开始运行。

9月，北方股份172t MT3600无人驾驶电动轮矿用自卸车在包钢集团试运行。

11月，卡特彼勒796 AC和798 AC交流电传动自卸车加入产品线。（图6-36）

图6-36 卡特彼勒796AC交流电传动自卸车

11月，潍柴与别拉斯达成协议，潍柴将为别拉斯多个型号矿用自卸车提供发动机。

年内，小松全系列机械传动自卸车升级为-8，以满足Tier4排放要求。

年内，北方股份研发了智能化、信息化矿用自卸车及车联网平台。

年内，三一矿机首款SKT90S宽体自卸车研制成功下线并批量上市，成为全球首家能够在一个厂区同时进行机械轮自卸车、电动轮自卸车、铰接式自卸车、宽体车的设计生产厂家。

年内，同力股份开始研究非公路宽体自卸车智能驾驶。

年内，北方股份成功实现大型电动轮湿式盘制动器工艺与工装研制，实现关键核心零部件自制。

2019 年

年初，随着国内首台 110t NTE120AT 无人驾驶电动轮矿用车在北方股份成功下线，我国成为世界上第三个进入无人驾驶矿车研究领域的国家。

4 月，小松 980E-4AT 自动化自卸车在加拿大油砂矿投入使用。

5 月，三一重装发布新一代 S 级宽体车 SKT90S。

6 月，中国北方车辆研究所推出大吨位油气悬挂智能称重系统。

6 月，最大载重量为 220t 的中车大同电力机车有限公司 CR240E 电传动矿用自卸车下线，并于 11 月交付鞍钢齐大山铁矿投入工业性试验。

9 月，载重 120t 的徐工 XDE120 无人驾驶矿用自卸车（图 6-37）投入"乌山露天矿无人驾驶运输系统研究与应用"项目。

图 6-37　XDE120 无人驾驶矿用自卸车

10 月，三一重装 SKT90E 纯电宽体自卸车正式发布。

11 月，由航天重工、江铜集团、青岛慧拓等单位联合研制的 5G 网络智能无人驾驶矿用车亮相。

12 月，中车永济电机和潍柴共同研制的首台国产 200t 以上的氢燃料-锂电池混合能源矿用自卸车原型车成功下线。

年内，北方股份研发了 NTE360 电动轮矿用车，露天矿山在同等产量的情况下，使用大吨位矿用车可减少用车数量，提高工作效率和安全性，同时进一步丰富和完善公司的电动轮产品。

年内，三一矿车国际化业务快速发展，通过组建专业的国际营销服务团队，参与国际竞争，在东南亚、非洲、俄罗斯、蒙古国等地区取得了良好的销售业绩。

年内，哈尔滨博威动力设备股份有限公司成功登陆新三板，成为首家在新三板上市的矿用自卸车专业化服务维保公司。

2020 年

3月，北方股份与澳大利亚沃克沃思矿业有限公司签订 NTE360A 电动轮矿车采购合同，合同总金额近 10 亿元。

4月，北方股份 10 台型号为 NTE200AT（图 6-38）装配踏歌智行无人驾驶系统的新车正式投入生产。运作在白云铁矿的无人驾驶车辆（图 6-39）。

图 6-38　装配无人驾驶系统的 NTE200AT 自卸车

图 6-39　白云铁矿的无人驾驶车辆

5月，湘电重装的 SF32000W 型 100m³ 洒水车在神华北电胜利能源开展现场试验。

7月，装载英威腾自主研发的牵引系统的 MT5500B 电动轮自卸车（图 6-40）批量改造项目顺利通过考核验收，这是我国具有自主知识产权的 330 吨级电动轮自卸车变流产品批量应用项目。

图6-40 MT5500B电动轮自卸车

8月,北方股份7台NTE240电动轮矿用车(图6-41)远赴塞尔维亚(图6-42),这是北方股份矿用车首次进入欧洲市场。

图6-41 NTE240电动轮矿用车

图6-42 NTE240电动轮矿用车在塞尔维亚工地

8月，徐工第1000台矿用自卸车XDM80在徐工矿机下线。

8月，由航天重工和中车时代电气分别研发的矿用车无人驾驶系统用于准能930E改造项目投入试验。

9月，首台湘电重装SF32001AC型110吨级交流传动电动轮自卸车发往大雁煤业集团扎尼河露天矿进行工业试运行。

9月，北方股份推出新一代NTR100A矿用自卸车。

12月，同力重工非公路宽体自卸车入选全国制造业单项冠军产品（第五批）。

年内，北方股份出产的每辆矿车都安装了依托"矿车远程健康诊断服务平台"的智能化中央控制系统，实现对整车的所有部件的远程实时监控服务。

年内，北方股份研发了330t国产电动轮矿用自卸车。因国内电动轮矿用车市场竞争激烈，生产企业不断降低成本，提高整车性价比成为提高产品竞争力的有力手段，采用国产零部件可以大幅度降低整车成本。

年内，北方股份成功研发出第一台纯电动矿用自卸车——TR50E。

年内，SKT90Ei纯电动无人驾驶宽体自卸车研制成功下线并实现销售，开启了三一矿车的电动化、智能化之路。

年内，同力股份新能源产品实现小批量销售，自动驾驶产品成组在工地运营。

年内，艾里逊非公路产品8610 ORS首次为自动驾驶刚性矿用自卸车配套。

年内，北方股份新一代300吨级NTE360A（图6-43）电传动矿用车下线。

图6-43　NTE360A电动矿用车

广告索引

单位名称	页码
内蒙古北方重型汽车股份有限公司	后特页 2
三一重型装备有限公司	后特页 3
陕西同力重工股份有限公司	后特页 4
湘电集团有限公司	后特页 5
康明斯有限公司	后特页 6
中机科（北京）车辆检测工程研究院有限公司	后特页 7
艾里逊变速箱公司	后特页 8
株洲变流技术国家工程研究中心有限公司	后特页 9
泰凯英专用轮胎股份有限公司	后特页 10

广告

进一座矿山　树一次品牌
交一批朋友　拓一片市场

无人驾驶 / 远程控制 / 信息共享 / 数据驱动

内蒙古北方重型汽车股份有限公司
INNER MONGOLIA NORTH HAULER JOINT STOCK COMPANY LIMITED

网址：http://chinanhl.norincogroup.com.cn/
电话：0472-2642010
地址：包头市稀土高技术产业开发区

广告

矿世英雄·智领未来

—— 三一重型装备有限公司

主营产品：SKT90S/E、SKT95SH、SKT105S/E/EC 宽体矿用自卸车
SRT55D、SRT95C 机械传动矿用自卸车
SET150S、SET240S 电传动矿车自卸车
SAT40C 铰接式矿用自卸车

三一国际·三一重型装备有限公司
地址：沈阳市经济技术开发区开发大道16号街25号
邮编：110027
客户服务热线：400 - 8808 - 318
网址：www.sanyhe.com

广告

XEG240电动轮自卸车
XEG120直流电动轮自卸车
XEG220E纯电电动轮自卸车
XEG330T电动轮清障车
XEG100WE纯电电动轮洒水车
XEG330电动轮自卸车
磁悬浮工程维护牵引车
20t无人驾驶电机车

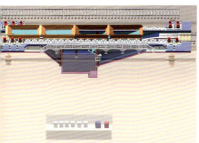

智慧轨道系统
150t电力机车
XJK65t隧道机车

湘电集团是我国电工行业的大型骨干企业、国家重大技术装备国产化研制基地、国家高技术产业基地和国家创新型企业。

湘电重型装备有限公司是湘电集团旗下控股子公司,是国内矿用电动轮自卸车领军企业、国家重大装备国产化基地,大型电动轮自卸车诞生地和行业标准制定单位,国家电传动产品专业检测基地。公司致力于矿山装备、特种车辆等成套装备制造业,主要产品包括:拥有完全自主知识产权110～330t(交、直流)全系列矿用电动轮自卸车产品、100m³电动轮洒水车、100～300t清障车等配套产品、矿用及轨道电机车和特种车辆等。2012年公司成功向澳大利亚力拓公司批量出口电动轮自卸车及核心配套部件,2017年成功研制65t无人驾驶电力机车和建筑环保工程装备、2020年成功研制120t交流传动矿用电动轮自卸车、2021年世界120t纯电自卸车问世、2024年国内220t纯电自卸车诞生。

地址:湖南省湘潭市岳塘区电工北路66号(411101)
电话:0731-58596513
传真:0731-58595979
网址:www.xemc.com.cn

广告

广告

中机科（北京）车辆检测工程研究院有限公司
（国家工程机械质量检验检测中心）

中机科（北京）车辆检测工程研究院有限公司是专门从事工程机械、汽车及零部件、军用改装车、特种设备、民航地面设备、环保机械等领域的检验检测与认证、产品评价体系建立、试验研究与故障诊断、标准制修订、试验装备研制、研发体系与试验体系策划、产品企划与技术规划等内容的大型"第三方"服务机构。

作为全国土方机械标准化技术委员会安全和机器性能试验方法分技术委员会秘书处单位，公司牵头主持了多项国家、行业、团体标准的制修订。

公司拥有 CAL、CMA、CNAS、国防科技工业实验室、非道路机械排放污染物检测机构、CE 认证机构签约实验室、司法技术专业机构等资质，检验资质齐全、资源配置完备、检测手段先进。

工程机械领域服务范围

广告

艾里逊自动变速箱
非凡的生产力，创造无比威力

- 成熟的不间断动力技术确保卓越性能和效率
- 变扭器稳定地增大发动机转矩，向车轮输出更强动力
- 发动机驱动的双取力器（PTO）接口
- 可选窄速比或宽速比

- 具备DynActive™ 动态感应换挡的FuelSense® 2.0节油技术策略
- 先进的第六代控制系统
- 先进的预诊断功能
- 减少维修保养成本，日常维护仅包括艾里逊油和滤芯的更换

艾里逊变速箱

北京市朝阳区建国门外大街2号院2号楼
中国人保大厦1803室
邮编：100022
电话：+86 (10) 6468 6800
传真：+86 (10) 6468 5155

上海市浦东新区世纪大道1198号
世纪汇一座1501室
邮编：200122
电话：+86 (21) 6035 3788
传真：+86 (21) 6035 3705

信息或规格如有变更，恕不另行通知。

2022年艾里逊变速箱公司版权所有

allisontransmission.com

如需更多信息，请联系艾里逊变速箱销售代表。

Improving the Way the World Works

广告

泰凯英专用轮胎股份有限公司

专注于**场景化轮胎开发和本地化服务**

为全球矿业和建筑业用户**提供专用、省心的轮胎解决方案**

服务全球 100 多个国家和地区的矿山和建筑用户
为全球知名矿山企业和设备制造商提供优质服务

| 聚焦矿业和建筑业 | **17** 年 | 服务国家和地区 | **100**+ | 国际配套&跨国用户合作 | **40**+ |

 @Techking Tires

@Techking Tires Limited

公众号　视频号

www.techking.cn